»Die meisten Emigranten löschen während des schweren Existenzkampfes im neuen Lande, den sie höheren Alters als Bettler beginnen, das Gedächtnis aus an eine verlorene Heimat, die ihnen Ehre und Kraft geraubt hat und ihre Menschenwürde mit Füssen trat. Mir wird das nicht gelingen und es ist auch nicht mein Ziel. Ich betrachte das Beschreiben dieser Blätter nicht als Katharsis. Wenn ich sie im März auf das Frauenfelder Postamt gebracht haben werde und wenn später im Angesicht der New Yorker Freiheitsstatue das neue Leben anhebt – nie, solange das dritte Reich besteht, will ich mich vom Hass reinigen.« (S. 14)

Käthe Vordtriede
»Es gibt Zeiten, in denen man welkt«

Mein Leben in Deutschland
vor und nach 1933

Herausgegeben
und mit einem Nachwort versehen von
Detlef Garz

Libelle

Inhaltsverzeichnis

$1,000 *Preisausschreiben*

★

AN ALLE

die Deutschland vor und nach Hitler gut kennen!

★

Zum Zweck rein wissenschaftlicher Materialsammlung, die für eine Untersuchung der *gesellschaftlichen und seelischen Wirkungen des Nationalsozialismus auf die deutsche Gesellschaft und das deutsche Volk* verwendet werden soll, stellen wir eintausend Dollar als Preis für die *besten unveröffentlichten Lebensbeschreibungen* (*Autobiographieen*) mit dem folgenden Thema zur Verfügung —

"MEIN LEBEN IN DEUTSCHLAND VOR UND NACH DEM 30. JANUAR 1933"

Das Preisausschreiben steht unter der persönlichen Leitung der folgenden Mitglieder des Lehrkörpers der Universität Harvard, die auch das Preisrichterkollegium bilden werden. Sie tragen die alleinige Verantwortung für die Beurteilung der eingereichten Manuskripte und für die Preisverteilung:

GORDON WILLARD ALLPORT *Psychologe*
SIDNEY BRADSHAW FAY *Historiker*
EDWARD YARNALL HARTSHORNE *Soziologe*

Die folgenden Preise werden ausgesetzt:

ERSTER PREIS $500 ZWEITER PREIS $250 DRITTER PREIS $100
VIERTER PREIS $50 5 FÜNFTE PREISE JE $20

Manuskripte können unter *einem angenommen Namen* oder *ohne Namensnennung* eingereicht werden; sie müssen aber *wahrheitsgetreu* sein.

Die Manuskripte können *Deutsch oder Englisch* geschrieben sein: die Wahl der Sprache hat keinen Einfluss auf die Beurteilung. Die Arbeiten können *beliebig lang* sein, sollen aber ein Minimum von 20,000 Worte betragen.

Das Preisausschreiben schliesst am 1. April 1940. (Manuskripte müssen den Poststempel spätestens dieses Datums tragen.)

Die Arbeiten werden *streng vertraulich* behandelt werden.

BESONDERE RICHTLINIEN:

Manuskripte werden nur angenommen, wenn auf der ersten Seite klar die folgenden Angaben gemacht werden: ALTER (ungefähr) und GESCHLECHT des Verfassers; die GEGEND Deutschlands, in der der Verfasser lebte, und die EINWOHNERZAHL SEINES WOHNORTS; die RELIGION des Verfassers, sowie weitere wesentliche Angaben über die GESELLSCHAFTLICHE STELLUNG des Verfassers in Deutschland (z.B. verheiratet oder ledig, Kinder, ungefähres Einkommen, Ausbildung, usw.) (Ihre gesellschaftliche Stellung als solche hat keinen Einfluss auf Ihre Gewinnaussichten.)

Ihre Lebensbeschreibung sollte möglichst *einfach, unmittelbar, vollständig* und *anschaulich* gehalten sein. Bitte BESCHREIBEN Sie wirkliche Vorkommnisse, die WORTE und TATEN DER MENSCHEN, soweit erinnerlich. Die Preisrichter haben kein Interesse an philosophischen Erwägungen über die Vergangenheit, sondern vor allem an einem Bericht persönlicher Erlebnisse. Zitate aus *Briefen, Tagebüchern, Notizbüchern,* und *sonstigen persönlichen Schriftstücken* geben Ihrer Schilderung die erwünschte *Glaubwürdigkeit* und *Vollständigkeit.* Dies soll kein literarisches Preisausschreiben sein. Sie sollten sich daran wagen, selbst wenn Sie nie vorher geschrieben haben, wenn Sie nur ein gutes Gedächtnis, scharfe Beobachtungsgabe, und Menschenkenntnis besitzen. Selbst wenn Sie keinen Preis bekommen, kann Ihre Arbeit als Quelle für das Studium des neuen Deutschlands und des Nationalsozialismus sehr wertvoll sein.

Anschriften erbeten an:

S. B. FAY, 776 WIDENER LIBRARY, CAMBRIDGE, MASSACHUSETTS, U. S. A.

Weitere Exemplare dieser Ankündigung stehen auf Ansuchen gern zur Verfügung.

Für dieses Preisausschreiben verfasste Käthe Vordtriede im Winter 1940 ihre politische Autobiographie.

Personalangaben

Alter: Ich bin am 2. Januar 1891 geboren.
Geschlecht: Weiblich.
Die Gegend in Deutschland, in der die Verfasserin lebte, die Einwohnerzahl: Geboren bin ich in Hannover, lebte die ersten zwei Jahre in Deli auf Sumatra, wo mein Vater Tabakplantagendirektor in holländischen Diensten war, dann in Herford in Westfalen während meiner Jugend und der ersten Jahre meiner Ehe mit dem verstorbenen Fabrikanten *Gustav Adolf Vordtriede,* i/Fa. Schnabel und Vordtriede, Schokoladenfabrik, Herford in Westfalen, Bünderstrasse. Nachdem mein Mann 1914 zum Militär eingezogen wurde, zog ich nach Bielefeld, 20 Minuten von Herford entfernt, Roonstrasse 9, Industriestadt von 100.000 Einwohnern. Seit 1923 lebte ich in Freiburg im Breisgau, 100.000 Einwohner, als Witwe.

Religion: Konfessionslos, protestantisch erzogen und verheiratet, von jüdischen, aus dem Judentum ausgetretenen Eltern stammend.

Gesellschaftliche Stellung in Deutschland: Von Anfang 1923 an Universitätssekretärin an einem medizinischen Institut, seit 1925 Lokalberichterstatterin der sozialdemokratischen »Freiburger Volkswacht«, von 1930–1933 in gleicher Stelle als festbesoldete Lokalredakteurin, von 1934 Ende bis 1938 Mitte Reisende der Firma Sunlicht-Gesellschaft A.G., Berlin O 2, Kaiser-Wilhelmstrasse 62.

Verheiratet oder ledig: Witwe.

Kinder: Tochter Dr. phil. Fränze Vordtriede, Lehrerin, 19 Warwick Avenue, London W. 9, Maida Vale, geboren den 7. Oktober 1911 und Sohn Werner Vordtriede, M. A.

an der Universität Cincinnati/Ohio c/o Mrs. Hueneke, 449 Riddle Road, geboren den 15. März 1915.[1]

Einkommen: Zinsen aus einem Vermögen von 20.000.–, die die Lebensversicherung nach dem durch Eisenbahnunfall tödlich verunglückten Ehemann auszahlte, in Wertpapieren angelegt, bis 1934 8%, dann 4%.
Eigene Einnahmen vom Verlag der »Volkswacht« in Halbtagsstellung ca. 80.– monatliches Gehalt, dazu ca. 40.– von anderen Zeitungen. Bei der Sunlichtgesellschaft mehr. Es handelte sich dort um einzelne Reisetouren, zwischen denen Pausen lagen und die verschieden honoriert wurden [...].

Ausbildung: Lyzealbildung vom 6.–15. Lebensjahre. Kein Beruf erlernt.

---

1 Tatsächlich ist Werner Vordtriede am 18. 3. 1915 geboren; D. G.

1940

Vorwort

Motto:
»Lieben Freunde, es gab schön're Zeiten
Als die unsern – das ist nicht zu streiten!«
An die Freunde. Friedrich von Schiller 1802

Untätig, in erzwungener Arbeitslosigkeit, im Transitland auf die endliche Einreise in den New Yorker Hafen wartend, erreichte mich der Aufruf zum Preisausschreiben, einmündend in das Pauluswort: »Sprich die Wahrheit aus und die Wahrheit wird dich frei machen!«
Die Aufgabe bedeutet für mich in der ungesunden, unnatürlichen Atmosphäre der vorläufigen, nicht endgültigen Emigration eine Erlösung. Im Schreiben empfinde ich das Warten auf die amerikanische Freiheit nicht mehr so erdrückend. Als weibliches Wesen sollte ich das Warten gelernt haben. Jede Frau und Mutter hat Übung darin. Als illegal in ein »Gastland« Eingedrungene aber, eingekerkert in die Verhältnisse, fällt es mir jedenfalls schwer. Es gibt Zeiten, in denen lebt man nicht, Zeiten, in denen man welkt.
Ich habe in der Schweiz alles, was ich in Deutschland nicht mehr hatte: Ehre, Essen, Trinken, Kohlen, Ruhe vor Denunzianten, Frieden vor der Gestapo, ich kann über die Strasse gehen ohne Wutanfälle über »Die Parole der Woche«, Stürmerkästen und Hetzplakate gegen England. Ich höre vor meinem Fenster nicht mehr: »Wenn's Judenblut vom Messer spritzt« singen – denn die vorüberziehenden Schweizer Soldaten singen: »Im Aargäu sind zwei Liebi, Es Maitli und es Büebi« – ich habe in der Schweiz alles, nur nicht die Sicherheit des Bleibendürfens bis zur Weiterwanderung, die von Monat zu Monat

bei der eidgenössischen Fremdenpolizei erkämpft werden muss.
Die meisten Emigranten löschen während des schweren Existenzkampfes im neuen Lande, den sie höheren Alters als Bettler beginnen, das Gedächtnis aus an eine verlorene Heimat, die ihnen Ehre und Kraft geraubt hat und ihre Menschenwürde mit Füssen trat. Mir wird das nicht gelingen und es ist auch nicht mein Ziel. Ich betrachte das Beschreiben dieser Blätter nicht als Katharsis. Wenn ich sie im März auf das Frauenfelder Postamt gebracht haben werde und wenn später im Angesicht der New Yorker Freiheitsstatue das neue Leben anhebt – nie, solange das dritte Reich besteht, will ich mich vom Hass reinigen. Ich weiss, dass der sittliche Mensch kein Gedächtnis für das erlittene Böse haben soll. Es handelt sich aber für mich nicht darum, dass dieses Land meine eigenen Fähigkeiten brachgelegt und meine eigene Hingabe an Volk und Nation mit Gefängnis und Verachtung bezahlt hat, sondern ich denke, dass man immer wieder, nach *Lassalles* Wort, »aussprechen soll, was ist!« Solange deutsche Schwestern und Brüder leiden und in täglicher Angst zittern. Im heutigen Deutschland, das ich verabscheue, hat mich die Krankheit des Menschenhasses gepackt.
Dennoch gibt es heimwehkranke Stunden, in denen ich mich nach dem Teutoburger Wald und nach dem Schwarzwald, nach den Leidensgefährten und nach meinem zurückgelassenen treuen Hunde Timm sehne, in denen ich auf »das Wunderbare« warte, in denen ich von einer befreiten Heimat träume, die ihren umherirrenden Kindern zuruft: »Kehrt zurück!«

1924 – 1933

1. Kapitel

Warum ich Mitglied der Sozialdemokratischen Partei wurde und blieb

Ich gehöre zu den in der sozialdemokratischen Partei Deutschlands von 1918 bis 1930 verachteten »Novembersozialisten«. Von dann ab, als die ehemaligen Arbeiter, späteren Gewerkschaftssekretäre und Redakteure und endlichen Beherrscher der sozialdemokratischen Partei allein nicht mehr fertig wurden mit den Lawinen der nationalsozialistischen Rabulistik, als bei der Reichstagswahl vom 14. September 1930 die erste Zenithöhe der Nationalsozialisten erreicht wurde mit sechs Millionen Wählern, in der Hauptsache unpolitischen, die sich bisher nie einer Wahlurne genähert hatten und die nun die nationalsozialistische Stimmenzahl von 809.541 im Wahl-Mai 1928 mit einem Schlag auf 6.401.210 steigerten und somit statt 12 Reichstagsmitgliedern deren 107 erhielten – von da ab galten wir lange verachteten »Intellektuellen«, ehemals »Bürgerlichen« in der sozialdemokratischen Partei als wertvolle »alte Kämpfer«. Es hat immerhin 12 Jahre gedauert. Bedeutend länger, als die Karriere bei den Nationalsozialisten dauert, bei denen man 1934 zum »alten Kämpfer« avancierte, wenn man 1932, ein halbes Jahr vor Hitlers Machtantritt, schon dazugehörte, so dass Staatsanwälte 1934 siebzehnjährige Verbrecher dem Gericht zur Begnadigung empfahlen, weil sie als »alte Kämpfer« schon 1932 der Hitlerjugend angehört hatten und in Saalschlachten die Sozialdemokraten schlugen.

Als ich mich 1918, acht Tage nach dem Friedensschluss, als die Waage der Welt wieder im Gleichgewicht zu stehen schien, als Parteimitglied auf dem Bielefelder Sekretariat anmeldete, geschah es im übermächtigen Gefühl des »Seid umschlungen, Millionen«. Hand ruhte in Hand. Weit standen unsre Herzen dem Frieden und der Freiheit offen. Dem sinnlos vergossenen Blut sollte ein Geist der Einigkeit entspriessen. Wir träumten von allgemeiner Verbrüderung. Ich glaubte das goldene Zeitalter angebrochen, und ich fühlte mich gesegnet, dass meine Kinder in ihm aufwachsen durften. Es war die glücklichste Zeit meines Lebens. Die materielle Not durch die beginnende Inflation empfand ich nicht schwer, aber dann wurde das neue Jahr 1919 eingeleitet durch die Ermordung von *Rosa Luxemburg, Karl Liebknecht, Kurt Eisner, Gustav Landauer, Karl Gareis, Hans Paasche* und so vielen anderen idealistischen Linkspolitikern – da war es schon aus mit dem goldenen Zeitalter. Die Deutschen hatten nicht nur den Krieg, sondern auch die Revolution schon im Februar 1919 verloren – durch die historische Schuld der führenden Sozialdemokraten. Damit fing ihr eigener Untergang an, der Untergang der sozialdemokratischen Millionenpartei Deutschlands, der grössten sozialdemokratischen Partei der Welt.

1916 waren meine ersten schriftstellerischen Tastversuche in der sozialdemokratischen »Bielefelder Volkswacht« erschienen. Ich war stolz, mich gedruckt zu sehen, erkannte aber zu meinem Glück bald, dass ich keine dichterische Begabung besass, sondern nur eine journalistische. Der Protest der Sozialdemokratie gegen den uneingeschränkten U-Boot-Krieg nach der Versenkung der »Lusitania« am 7. Mai 1915 durch ein deutsches U-Boot liess mich die erste politische Versammlung meines Lebens besuchen und flammend mitprotestieren. Im Jahre 1917 brachte der am 26. August 1921 bei Griesbach in Baden von Nationalsozialisten ermordete *Matthias Erzberger* seine Friedensresolution im Reichstag ein. Sie machte grossen Eindruck auf mich. Ich begann, mich für Politik zu interessieren, und las, wenn auch nicht das

schwierig zu bewältigende »Kapital« von Karl Marx selbst, so doch seine Interpretation von Adler und Friedrich Engels' Bücher über den Ursprung der Familie und des Kapitals. In einer Gartenversammlung im Sommer 1917, in der der sozialdemokratische Bielefelder Reichstagsabgeordnete *Karl Schreck* für einen *Erzberger-Scheidemann*-Frieden, das heisst für einen schleunigen Friedensschluss ohne Annexionen aller Kriegführenden, eintrat, sprach ich zum erstenmal in meinem Leben in einer Diskussion – natürlich im pazifistischen Sinne. Das war in Deutschland mitten im Weltkrieg möglich, wenn man eine unbekannte, einflusslose Frau aus dem Volke war und nicht eine so exponierte wie *Rosa Luxemburg,* die, ebenso wie *Karl Liebknecht,* 1917 wegen ihrer Berliner Reden gegen die Fortführung des Krieges verhaftet wurde und – mit kurzer Unterbrechung – bis zum November 1918 im Barnimer Frauengefängnis sass. Meine sechsjährige Tochter hatte ich zu jener Versammlung mitgenommen und sie lauschte stolz ihrer Mutter Jungfernrede.
Ich fühlte mich, da infolge des langen Krieges die eigene Scholle unter mir wegbröckelte, zu jenen hingezogen, die nicht in eigener Produktion Ware herstellen können, sondern Verkäufer ihrer »Ware Arbeitskraft« sind. Ich begeisterte mich für die eine einige Riesenklasse, in der es, wie Marx gelehrt hat, auf die »Dieselbigkeit der Quelle aller Einkünfte« ankommt.
Ich habe mich in der Partei gegen Verantwortungsscheu, Opportunismus, Dummheit und Intrigen nicht durchsetzen können, aber ich habe bis ans bittere Ende in ihr ausgeharrt, weil ich wusste, dass klare politische Ideologie nur in einer sozialdemokratischen Partei sein konnte, in der historischer Materialismus die Stütze und die Erkenntnisquelle ist. Alles, was heute in Deutschland zum Entsetzen des gesitteten Ausländers geschieht, ist mir ein Beweis mehr dafür, dass alle Not des Volkes urmaterialistisch ist, das Resultat einer unzulänglichen Wirtschaftsordnung, und wenn der Nationalsozialismus

auch hektoliterweise Metaphysik produziert und von verlorener und durch Hitler wiedergewonnener Volksehre schwatzt. – Ich bin aus der Partei nicht ausgetreten, weil ich nicht helfen wollte, ein organisatorisches Gebilde zu zertrümmern, von dessen Notwendigkeit zur Erhaltung der letzten wenigen Sozialrechte ich überzeugt war, wenn auch die Führer *Otto Braun, Karl Severing* und Genossen versagten. Ich bin wiederholten Aufforderungen, mich der von *Kurt Rosenfeld* und *Max Seydewitz* gegründeten neuen sozialistischen Arbeiterpartei anzuschliessen, nicht gefolgt, obgleich unsere besten Köpfe und idealsten Geister, wie Professor *Anna Siemsen* und ihr Bruder Dr. *August Siemsen,* zu ihr abschwenkten. Ich wollte in der Stunde der Gefahr des anwachsenden Nationalsozialismus nicht fahnenflüchtig werden.

Käthe Vordtriede in den 20er-Jahren.

Aus dem Hygienischen Institut der Universität Freiburg im Breisgau, in dem ich fast drei Jahre als Sekretärin des Direktors, Geheimrat *Paul Uhlenhuth,* war, trat ich aus, weil ich die Tierexperimente zur medizinisch-biologischen Forschung nicht mehr sehen mochte. Im Jahre 1933, fast neun Jahre nach meinem Fortgang, fielen mir die Leiden der armen, vivisezierten Kaninchen, Meerschweinchen, Hunde, Katzen und Affen wieder ein, als der grosse Menschenschlächter Göring als Tierschützer auftrat und ein Gesetz gegen die Versuche am höher stehenden Tier erliess. Damals waren alle Zeitungen, besonders *Graf von Reventlows* »Reichswart«, voll von den Behauptungen, dass die »herzlosen Folterknechte« immer jüdische Gelehrte gewesen seien. Nach ihrer Verjagung sei es ein Leichtes, die Antivivisektionsideale zu erfüllen. In unserm Institut gab es zufällig zu meiner Sekretärszeit keine jüdischen Wissenschaftler. Ich erinnere mich aber gut, wie oft den unter der Quarzlampe winselnden, angeketteten Meerschweinchen, die mit Carcinom ›vorbehandelt‹ waren, die Zunge herausgeschnitten wurde, weil ihr Jammern die Mediziner bei der Arbeit störte.

Ich war froh, in der Inflationszeit, diese Stelle gefunden zu haben, denn dieses wissenschaftliche Institut hatte noch eine sichere Existenz, da es vom Rockefeller-Fonds erhalten wurde. Ich fühlte mich aber zur Presse hingezogen, wurde erst lose Mitarbeiterin der »Volkswacht« in Freiburg und dann mit festem Monatsgehalt angestellt.

Wenn man erst einmal angefangen hatte, sich der sozialdemokratischen Partei als Funktionärin zur Verfügung zu stellen, wurde man bald sehr beansprucht, weil es immer an Leuten fehlte, die bereit waren, ihre Zeit zu opfern. Das war die eigene Schuld der Partei, da die

Wähler-

Dienstag, 15. Mai:

Lahr. Abends 8 Uhr im Rappen. Referent Genosse Unterstaatssekretär a. D. Dr. Eisler-Wien.

Mittwoch, 16. Mai:

Grenzach. Abends 8 Uhr in der Restauration zum Bahnhof. Referenten die Genossen Unterstaatssekretär a. D. Dr. Eisler-Wien und E. Rösch-Lörrach.

Wyhlen. Abends 8 Uhr im Ochsen. Referenten die Genossen Unterstaatssekretär a. D. Dr. Eisler-Wien und Rinderspacher-Kandern.

Bellingen. Abends 8 Uhr. Referent Landtagsabg. Marzloff-Freiburg.

Murg. Abends 8 Uhr im Hirschen. Referentin Genossin Frau Vordtriede-Freiburg.

[redacted] Uhr in der Krone. Referent Genosse Nußbaum-Freiburg.

Breisach. Abends 8 Uhr in der Kanone. Referent Genosse Landtagsabgeordneter Weißmann.

Wiechs. Abends 8 Uhr in der Krone. Referent Genosse Kuttler-Maulburg.

Emmendingen. Abends 8 Uhr im Gewerkschaftsheim öffentliche Beamtenversammlung. Referent Genosse Postsekretär Waldecker-Karlsruhe.

Als Wahlkämpferin in Murg: aus einer Ankündigung der sozialdemokratischen Wähler-Versammlungen des Freiburger Bezirks. Das Dokument verzeichnet auch Auftritte von Käthe Vordtriede in Oeflingen-Brennet und Windenreute.

sogenannten »Intellektuellen« von den Autodidakten schlecht behandelt wurden.

Da war zunächst meine politische Tätigkeit. Vor allen Wahlen fuhr ich landauf und landab (siehe Beilage), um unsere Kandidaten durchzubringen im Landtag und im Reichstag. Es wurde nach Wahlkreisen gewählt. Je weniger hervorragende Kandidaten wir im badischen Wahlkreis in unserer Partei hatten, desto sinnloser war meine Tätigkeit. An Angriffen der politischen Gegner fehlte es natürlich nicht, wenn eine Frau sprach. In Haltingen gingen die Kommunisten einmal mit Stühlen auf mich los, als ich 1924 während des grossen Kommunistenprozesses gegen die Lörracher Kommunisten in Frankfurt am Main meine Verwunderung über den kommunistischen Landtagsabgeordneten *Bock* aussprach, der seine Immunität als Abgeordneter dazu benutzte, um vor dem Prozess eines Lungenleidens wegen nach Davos zu verschwinden und seine Anhänger allein vor die Schranken des Gerichts treten liess.

Zum Schluss meiner rednerischen Tätigkeit wurde ich 1933 in St. Georgen auf der Strasse von Nationalsozialisten nach meinem Vortrag umzingelt, sodass meine Parteigenossen mich heraushauen mussten. In Eisenbach, einem Kurort auf dem hohen Schwarzwald, hatte ich das Zentrum als Gegner. Das Zentrum bekämpfte mich nicht mit Stühlen und Fäusten, sondern mit feineren Waffen. Als ich mitten in meiner Rede war, öffnete sich die Tür des Saales, und der katholische Pfarrer von Bubenbach kam mit seinem ganzen Kolpingverein herein und setzte sich in der Nähe des Rednerpults nieder. Ich bot ihm aber keine Angriffsbasis, indem ich das Zentrum als gegnerische Partei gar nicht erwähnte. Dennoch erhob sich der streitbare Herr Pfarrer als erster Diskussionsredner, zerpflückte meine Rede und schloss mit den Worten: »Wenn ich dieses Weibsbild da oben ansehe, da danke ich doch meinem Herrgott auf Knien dafür, dass er das Zölibat über mich verhängt hat!« – Natürlich hatte er die Lacher auf seiner Seite. Im Schlusswort aber bekam ich doch das letzte Wort und erwiderte ihm, dass ich ihn auch um alles in der Welt nicht heiraten wollte. Ich amüsierte mich sehr, und da es ein Sonntagnachmittagsvortrag war, ging ich hinterher auf den schönen, dörflichen Friedhof. Da kam mein Pfarrer mit seinen Kolpinggesellen auch daher, wir mussten alle lachen und schlossen Frieden miteinander. So harmlos ging es anno 1927 in der badischen Politik zu.

Im Oktober 1925 kandidierte ich selber für den badischen Landtag und empfahl mich den badischen Wählern bis in die Städte um Mannheim herum, zog aber doch nicht als Abgeordnete ins Karlsruher Rondell ein, weil nur noch der auf der sozialdemokratischen Liste vor mir

„Warum muß jede Frau für den Volksentscheid stimmen?“

Darüber spricht in

öffentlichen Frauen-Versammlungen

die Schriftstellerin Käte Vortriede von Freiburg in Speyer: am Freitag, 18. Juni, abends 8 Uhr, im Stadtsaale.

*

»So hatte ich denn volle Säle und viel Beifall mit meiner Aufforderung, die Fürstenansprüche abzuweisen…«

Kandidierende gewählt wurde und ich durchfiel. Ganz unfruchtbar war meine agitatorische Tätigkeit gegen den Fürstenentscheid im Juni 1926. Ich sprach damals in 15 Städten der Rheinpfalz, Ludwigshafen, Speyer, Pirmasens, Kaiserslautern und weiter in den Pfälzer Wald hinein.

Es handelte sich damals in ganz Deutschland darum, ob man den gerichtlichen Klagen, die damals sämtliche Fürsten Deutschlands, ausser dem guten badischen Grossherzog, gegen ihre Untertanen auf 100%ige Aufwertung ihres Vermögens und dessen Herausgabe anstrengten, ob das Volk diesen Klagen nachgeben sollte. Das allgemeine Rechtsgefühl war dagegen, insbesondere wollte man nicht Wilhelm II. die monatlich verlangten 50.000.– RM in holländischen Devisen nach Schloss Dorn schicken, denn wir alle hatten unser Vermögen in der Inflation restlos verloren. So hatte ich denn volle Säle und viel Beifall mit meiner Aufforderung, die Fürstenansprüche abzuweisen. Insofern waren meine Vorträge nicht vergebens. Aber, obgleich die Mehrheit des Volkes für die Ablehnung der fürstlichen Klagen war, fiel uns bei der Reichstagsabstimmung unsere eigene Partei in den Rücken und stimmte für die 100%ige Aufwertung. Es war der übliche Kuhhandel mit dem Zentrum, das das Volk nicht begehrlich machen wollte durch Erfüllung seines Willens, weil es ihm sonst etwa einmal einfallen könnte, auch die Klostervermögen zu hoch zu finden.

Die Enteignung der Klöster hat nun mit der Zeit Hitler gründlicher vorgenommen, als es sich das deutsche Volk je hätte träumen lassen. Damals aber war das Ganze eine ungeheure Blamage für die Sozialdemokratie, die ihrer Ministersessel wegen in der Abstimmung sich den rechts stehenden Parteien, den Deutschnationalen und der Deutschen Volkspartei, anschloss, die selbstverständlich für die Erhaltung des Besitzes stimmten. Nur wenige ehrliche Sozialdemokraten stimmten gegen die Herausgabe der Fürstenvermögen im Reichstag, und so war ich unnütz im Lande herumgejagt.
Etwas wohler war mir, wenn ich im Auftrag der Partei gelegentlich des Internationalen Frauentages wegen sprach, der jedes Jahr im April stattfand und immer sieben Tage lang Vorträge brachte. Diese Vorträge waren immer sehr gut besucht, es kamen oft mehr Männer als Frauen, und ich behandelte die sich mit Mutter und Kind beschäftigenden Reichsgesetze auch nie als spezielle Frauen-, sondern stets als allgemeine Menschheitsfragen.

*

Internationaler Frauentag in Ludwigshafen

Im Laufe dieser Woche finden auf dem ganzen Erdenrund, wo es sozialistische Frauen gibt, Kundgebungen statt, um für Frauenrechte zu demonstrieren. Das Motto lautet diesmal: »Mehr Recht und mehr Schutz für Mutter und Kind.« Die Frauenabteilung der Ortsgruppe Ludwigshafen veranstaltete diese Kundgebung gestern abend im großen Saale des Städtischen Gesellschaftshauses, die sehr gut besucht war. Erfreulicherweise hatten sich zur Verschönerung des Abends in uneigennütziger Weise genügend Kräfte zur Verfügung gestellt. Genossin Setzer, die Vorsitzende der Frauenabteilung, eröffnete den Abend, begrüßte die Erschienenen recht herzlich und wies auf die Bedeutung der Veranstaltung hin. Worte des Dankes richtete sie an die Mitwirkenden. Der stattliche gemischte Chor der Chorvereinigung sang unter Leitung seines Dirigenten Blum zwei mit stürmischem Beifall aufgenommene Lieder: »Fahnenschwur« von J. S. Bach und »Morgenrot« von Otto de Nobel. Dann folgten Rezitationen von Frl. Else Schmitt, die in der bekannten ansprechenden Art vorgetragen wurden.

Den Kernpunkt des Abends bildete der Vortrag der Genossin Käthe Vordtriede. Sie zeigte in der Einleitung zu ihrem Referat, an Hand der Geschichte, daß ein fortgeschrittener Kulturzustand keineswegs immer identisch mit dem Schutz für Mutter und Kind sei, den sie als einen wichtigen Faktor im gesamten Klassenkampf bezeichnete. Sie begann ihre Ausführungen mit unseren Forderungen für die minderbemittelte und die erwerbstätige Mutter und begleitete das Kind auf seinem Lebenswege – immer unter Berücksichtigung der gesetzlichen Materie – bis zur Berufswahl. Niemand empfindet die unzureichenden Schutzbestimmungen härter als die in Hoffnung stehende Industriearbeiterin. Mit der reichsgesetzlichen Verbesserung vom 1. August 1927 kann man sich nicht zufrieden geben. Weiter steht der Kampf für Mutterschaftsschutz, in den auch endlich die Landarbeiterinnen und die Industriearbeiterinnen einzubeziehen sind.

Der Säuglingssterblichkeit wirken jetzt endlich auch Parteien rechts von uns – getrieben von der Sorge um immer neue Massen von der Ware Mensch auf dem Arbeitsmarkt – entgegen. Wir stimmen in das Jammern über den Geburtenrückgang nicht ein, wir sehen vielmehr unser Vorbild in den skandinavischen Ländern, denen es auf Qualität, nicht aber auf Quantität in der Kinderaufzucht ankommt. Änderungen der Waisenhäuser wurden verlangt, und die traurigen Kapitel der Abtreibung und des Kindermordes gestreift.

Die an sich notwendige Berufsvormundschaft der unehelichen Kinder, sowie die Fürsorgeerziehung, muß ihres polizeilichen Charakters entkleidet werden. Eine steigende Bedeutung beanspruchen die Ferienkolonien, die die beste Vorbeugung gegen eine akute Tuberkulose bilden. Die hauptsächlichste Quelle allen Kinderelends aber ist die gewerbliche Kinderarbeit, gegen die wir energische Maßnahmen verlangen. Ob es sich aber um ausgenutzte, um mißhandelte oder um sittlich verwahrloste Kinder handelt – Ursache ist immer die materielle Not der Eltern! Nicht zuletzt kämpfen wir für besseren Ausbau der Berufskunde, der Erforschung der körperlichen und geistigen Anforderungen der einzelnen Berufe, damit nicht wiedergutzumachende Fehler in der Berufswahl vermieden werden.

Der Rednerin kommt es darauf an, das in der Masse unterdrückte Persönlichkeitsbewußtsein wieder zu heben. Ihre Forderungen für

Mutter und Kind will sie nicht als besondere Belohnung für eine Leistung angesehen haben, mit der das Weib nur dem Diktat seines Blutes folgt. Sie hält diese Frauenfrage für eine Menschheitsfrage. Die Sozialdemokratie wird immer bemüht sein, Müttern zu helfen, Kinder zu retten, aber zur Erfüllung dieser wichtigen Forderung müssen mehr als bisher Männer und Frauen ihr Gefolgschaft leisten. Die inhaltsreichen Ausführungen der Genossin Vordtriede lösten stürmischen Beifall aus.
Das Lied der modernen Jugend: »Wann wir schreiten« von Claudius, vertont von M. Englert, bildete den würdigen Abschluß des ersten Teiles. Zwei Tänze, ausgeführt von allerliebsten kleinen Mädels: »Das Leben der Blume« und »Das Bilderbuch« sorgten dann noch für Unterhaltung. Die netten Darbietungen wurden durch stürmischen Beifall gelohnt. Alles in allem war die Veranstaltung eine wohlgelungene. Hoffentlich wirkt sie sich in der Gewinnung vieler neuer weiblicher Mitglieder aus.
[Zeitungsausschnitt ohne Quellenangabe]

*

Aus den pfälzischen Parteiorganisationen

Oggersheim. Im Rahmen des Internationalen Frauentages veranstaltete der Ortsausschuß der Arbeiter-Wohlfahrt am vergangenen Sonntag im Lokale der Wirtschaft »Zur Sonne« eine öffentliche Frauenversammlung. Als Referentin war Frau Käte [sic] Vordtriede, Schriftstellerin aus Freiburg, gewonnen. Sie sprach über das Thema: »Mehr Schutz und Recht für Mutter und Kind«. Die Vorsitzende des Ortsausschusses, Genossin Böhm, eröffnete um 4 Uhr die Versammlung, begrüßte die erschienenen Frauen und die Referentin und erteilte letzterer das Wort zu ihrem Vortrage. In wohldurchdachter und leichtverständlicher Rede machte die Referentin die anwesenden Frauen auf den vermehrten Schutz für Mutter und Kind aufmerksam und erntete für ihre trefflichen Ausführungen den Dank der Versammlung. Eine gesellige Unterhaltung schloß sich an und bei Musik- und sonstigen Vorträgen verbrachten die Anwesenden noch manche anregende Stunde. Dem Ortsausschuß aber sei Dank gesagt für die Arrangierung dieser schön verlaufenen Frauenversammlung. Eine öftere Arrangierung solcher Nachmittage wird auf den Besuch befruchtend wirken, nur ist zu wünschen, daß die Genossen ihre Frauen auf diese Veranstaltung aufmerksam machen.
[Zeitungsausschnitt ohne Quellenangabe]

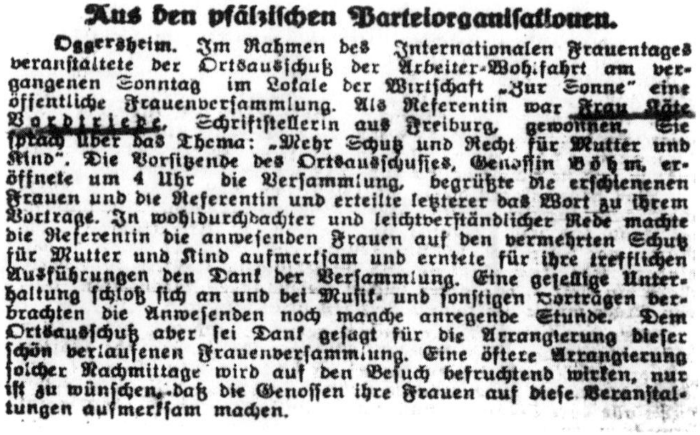

Aus den pfälzischen Parteiorganisationen.

Oggersheim. Im Rahmen des Internationalen Frauentages veranstaltete der Ortsausschuß der Arbeiter-Wohlfahrt am vergangenen Sonntag im Lokale der Wirtschaft „Zur Sonne" eine öffentliche Frauenversammlung. Als Referentin war Frau Käte Vordtriede, Schriftstellerin aus Freiburg, gewonnen. Sie sprach über das Thema: „Mehr Schutz und Recht für Mutter und Kind". Die Vorsitzende des Ortsausschusses, Genossin Böhm, eröffnete um 4 Uhr die Versammlung, begrüßte die erschienenen Frauen und die Referentin und erteilte letzterer das Wort zu ihrem Vortrage. In wohldurchdachter und leichtverständlicher Rede machte die Referentin die anwesenden Frauen auf den vermehrten Schutz für Mutter und Kind aufmerksam und erntete für ihre trefflichen Ausführungen den Dank der Versammlung. Eine gesellige Unterhaltung schloß sich an und bei Musik- und sonstigen Vorträgen verbrachten die Anwesenden noch manche anregende Stunde. Dem Ortsausschuß aber sei Dank gesagt für die Arrangierung dieser schön verlaufenen Frauenversammlung. Eine öftere Arrangierung solcher Nachmittage wird auf den Besuch befruchtend wirken, nur ist zu wünschen, daß die Genossen ihre Frauen auf diese Veranstaltungen aufmerksam machen.

Vor einer Frauenversammlung der Arbeiter-Wohlfahrt in der Pfalz.

Angesichts des heutigen Deutschlands kann ich einen Seufzer über meine sinnlos geopferte Zeit nicht unterdrücken, und ich bereue es, dass ich mich nicht lieber meinen Kindern und dem Haushalt gewidmet habe in meinen wenigen freien Tagen, und ein alter Spottvers aus dem »Kladderadatsch« kommt mir in den Sinn:

»Eia popeia, nun schlaft, ihr Rangen,
Die Mutter ist wieder versammeln gegangen,
Eia popeia, o bleibt mir gesund,
Die Mutter hält Reden, der Vater den Mund.«

Schöner und sinnvoller war meine Tätigkeit für die Arbeiterwohlfahrt, eine Tochterorganisation der sozialdemokratischen Partei, die am 13. Dezember 1919 von den Genossinnen *Juchacz, Wachenheim, Heymann* und *Gertrud Hanna* und den Genossen *Friedrich Bartels,* Landeshauptmann *Dr. Caspari* und *Konsul Schlesinger* gegründet wurde. Einer ihrer Zweige war die örtliche Erholungsfürsorge. Die vielen armen Kinder unserer Stadt konnten nicht alle in Badeorte für die Sommerferien gebracht werden. So entstand die örtliche Erholungsfürsorge. Fünf Jahre sammelte ich jeden Sommer 6 Wochen lang 125 Kinder zur Erholung in einer grossen Waldwirtschaft in Freiburgs Umgebung, die morgens mit der

Tram heraus fuhren und abends wieder heim. Nach diesen fünf Jahren hatten wir es zu einem wunderschönen eigenen Heim in einem Dorf bei Freiburg gebracht, in dem wir die kleinen Proletarierkinder noch besser verpflegen konnten. Das Arbeiterwohlfahrtshaus ist ein schmuckes Heim aus Holz mit roten Fensterläden, in die ich als Gucklöcher das Wahrzeichen der Arbeiterwohlfahrt schnitzen liess: die von einem Herzen umrahmten Buchstaben A. W. Da die Nationalsozialisten uns alles gestohlen haben, so auch dieses Heim samt den Fensterläden mit dem sozialdemokratischen A.W.-Zeichen. Ich selbst habe es freilich nie wieder fertig gebracht, an diesem Heim vorüberzugehen, in dem keine Schublade ist, die ich nicht liebevoll eingerichtet habe.
Heute, da alles, samt der dazugehörigen Ottilienwiese, die die sozialdemokratische Partei dazukaufte, den Nazi gehört, sind die Zeitungen alljährlich im Sommer voller Lob über die örtliche Erholungsfürsorge, die die Nationalsozialisten geschaffen haben, und sie betonen, dass es so etwas vor Hitlers Zeiten noch nicht gegeben habe. Heute werden keine Kinder mehr aufgenommen, deren Eltern nicht Parteimitglieder sind – ich habe nie nach der Parteizugehörigkeit gefragt, sondern habe die vom Stadtarzt untersuchten und erholungsbedürftigen Kinder genommen und nur solche zurückgewiesen, die es körperlich nicht so sehr nötig hatten, falls sich mehr als die vorgeschriebene Zahl von 125 meldeten. Und wenn heute aus meinem alten Arbeiterwohlfahrtsheim die Kinder jetzt, obgleich sie noch die alten, von mir einmal besorgten, schönen Luftanzüge tragen, Pogromlieder herausschallen lassen, so habe ich meine Pflegekinder jeden Morgen einen kindlichen Choral singen lassen, z. B.:

»Ihr, lieben Eltern mein,
Ich will euch dankbar sein,
Die ihr mir habt gegeben
Von Gott ein schönes Leben«,

was mir manchen Tadel der sozialdemokratischen Parteihäupter eingetragen hat, die der Meinung waren, ich müsste den Kindern die Marseillaise beibringen. So, wie ich es aber heute ablehne, unschuldige Kinder zu politisieren, so habe ich es schon damals abgelehnt. Die örtliche Erholungsfürsorge, bei der auch meine Kinder mir treu halfen und ihre Ferien zum Teil opferten, war der beste Teil meiner öffentlichen Tätigkeit. Ich hatte nie grössere Freude, als wenn meine kleinen Helden, die mich sehr liebten, zur Schlussuntersuchung beim Schularzt ein kleines Wachstum und eine ordentliche Gewichtszunahme aufwiesen. Heute sind unter den mittlerweile Erwachsenen sicher nur wenige, die ihre alte »Tante Käthe« nicht auf Geheiss ihres Führers totschlagen würden.

*

Die örtliche Erholungsfürsorge 1929 der Arbeiterwohlfahrt

Die Arbeiterwohlfahrt der Stadt Freiburg ist gut organisiert, verfügt über geschulte freiwillige Helfer und Helferinnen und erweitert unter der Leitung von Frau Dr. Hölzl ihren Aufgabenkreis beständig. Invalidenfürsorge, Jugendgerichtshilfe, Schutzaufsicht der Unehelichen, Eheberatung – das alles gehört zu ihren Einrichtungen. Der alljährlich herausgegebene Tätigkeitsbericht erfüllt die Arbeiterschaft stets mit Genugtuung über die von ihr selbst geschaffene Hilfe am Werke. Ist die Arbeiterwohlfahrt so als Subjekt ein Werk der Arbeiterschaft, ist sie doch dem Objekt gegenüber völlig neutral. Die hundertzwanzig Kinder, die sie dieses Jahr in örtliche Erholungsfürsorge nahm, wurden von den Herren Schulärzten Dr. Pflüger und Dr. Schwarz aus der großen Zahl der Angemeldeten unter dem Gesichtspunkt der körperlichen Bedürftigkeit ausgewählt. Außerdem spielte die soziale Indikation eine Rolle: Sprößlinge aus kinderreichen Familien, Söhne und Töchter von Witwen, Kriegsbeschädigten und Sozialrentnern wurden bevorzugt.

Die kulturpolitischen Kämpfe des Katholikentages liegen hinter uns. Auch die Arbeiterwohlfahrt weiß, daß die Kinder unser höch-

stes Gut sind. Auch sie will fürsorgerische Maßnahmen für Jugendliche, damit die Gemeinschaft nicht einst wertvolles Menschenleben von der Straße auflesen muß. Unterernährt ist der größte Teil unserer Schuljugend. Zahlen reden hier deutlicher als Worte. In Deutschland sind von den neuaufgenommenen ABC-Schützen in gutem Ernährungszustand 8 Prozent, in mittlerem Ernährungszustand 79 Prozent und in schlechtem Ernährungszustand 13 Prozent. 6,5 Prozent werden durchschnittlich in Deutschland nicht zum Eintritt in die Schule zugelassen wegen großer Körperschwäche.
Dieses unerfreuliche Bild kann verbessert werden, wenn die Eltern mehr als bisher ihre Kinder der örtlichen Erholungsfürsorge zuschicken. Es gibt noch genug Eltern, die sich diesen Vorschlägen gegenüber ablehnend verhalten. Sie glauben, ihre Kinder bei der Hausarbeit nicht entbehren zu können oder sie in den großen Ferien einem Erwerb zuführen zu müssen oder die Mutter will einfach ihr Püppchen aus lauter Egoismus dauernd um sich haben, und so müssen solche Kinder auf Erholung, auf Sonne, Wald und Freude verzichten.

Noch haben wir außer gütlichem Zureden kein anderes Mittel an der Hand, der Unvernunft entgegenzutreten. Wer indessen das Schlußfest der örtlichen Erholung der Freiburger Arbeiterwohlfahrt am letzten Samstag besuchte, wer die Längen- und Gewichtszunahme der Ferienkinder kontrolliert, der erkennt wohl auch die soziologische Bedeutung unserer fürsorgerischen Maßnahmen.
Das Schlußfest war von zahlreichen Müttern, Vätern und Geschwistern der Pfleglinge besucht. Ein kleines Theaterstück hatten die Kinder spielend gelernt, um ihre Eltern zu erfreuen; sie wiegten sich im Volksreigen, sie übten sich in der Kunst des Sackhüpfens und sie veranstalteten ein Motorrad- und Autorennen, das von einem jugendlichen Startkontrolleur geleitet, von Samariterinnen beschützt wurde und bei dem die menschlichen Opel-, Mercedes- und Adlerwagen übereinander kugelten, bis schließlich ein ausgezeichneter Bugatti den süßen Preis davontrug. Eine kleine Probe rhythmischer Gymnastik zeigte, daß man sich auch bemühte, Rückgratverkrümmungen durch regelmäßige Morgenübungen zu verhindern. Nach dem ersten Teil des Vergnügens, das auf der Schützenwiese in Littenweiler stattfand, wechselten die kranzgeschmückten Kinder die lustigen blauen und roten Luftbadeanzüge mit den Sonntagskleidern und man zog in das Gasthaus zur »Krone« zum Festmahl, das aus Kakao und von freundlichen Gönnern

gestifteten Kuchen, Kakes, Gutsele und Obst bestand. Ein kleiner Lockenkopf sprach einen Begrüßungsprolog und unterbrochen von Liedern-, Geigen- und Zithervorträgen wurden noch zwei Ansprachen gehalten. Die erste im Namen der Mütter von Frau Lina Baum. Frau Baum sprach in so frischer, herzgewinnender Weise, daß man ihre Rede als rechten Gewinn für die gute Sache verbuchen kann. Sie sagte etwa: »Schon zum vierten Male versammeln wir uns hier, um mit unseren Kindern das Schlußfest der Arbeiterwohlfahrt zu feiern. Aus den engen Straßen der Stadt hat man unsere Kinder herausgeführt in die freie Natur und mit ihnen gelacht und getollt und sie aufs beste verpflegt, wofür wir der Arbeiterwohlfahrt, der Leiterin mit ihren Helferinnen und den Behörden herzlichen Dank wissen. Gern würden wir Mütter selbst mit unseren Kindern hinausziehen und jung und froh mit ihnen sein, wenn wir nicht arme Proletarier ohne Zeit und Geld wären. Nach allem, was wir gesehen haben und was uns geboten ist, erkennen wir, daß die Arbeit hier in Littenweiler getragen ist vom Geiste der Nächstenliebe. Schon zum vierten Male treffen sich hier Kinder aus allen Stadtteilen wieder und Freundschaften fürs ganze Leben werden hier vielleicht geschlossen durch die Erziehung zur Gemeinschaft. Die Arbeiterwohlfahrt mit ihrer örtlichen Erholungsfürsorge ist jetzt zu einer Einrichtung geworden, die für manches im häuslichen Elend eingeengte Kind größtes seelisches Erlebnis bedeutet. Grundstein wird hier gelegt für manches spätere Leben. Wenn erst alle diese Kleinen im Räderwerk der Arbeit stehen, werden sie erkennen, was diese alljährliche Herausnahme aus proletarischer Häuslichkeit für sie bedeutet hat.«

Die zweite Ansprache hielt Herr Stadtrat Peter Mayer. Er begrüßte den Vertreter der Behörden, die zum guten Werke wöchentliche ärztliche Untersuchungen, durch Freifahrt auf der Straßenbahn und durch Geldmittel beigetragen haben und dankte allen. Er begrüßte die Mütter und Väter, die der Arbeiterwohlfahrt ihre Kinder anvertraut haben und bat sie, den Gedanken der örtlichen Erholungsfürsorge überall hinauszutragen. Dann kann, wenn größere Mittel von der Stadt geworben werden, im nächsten Jahre eine erhöhte Anzahl von Kindern betreut werden. Alles soll noch besser ausgebaut werden – ein eigenes Haus für die Ferienerholung ist nächstes Ziel. Der Redner sprach ferner den kleinen Helfern vom Blumentag herzlichen Dank aus, die an einem einzigen Sonntag so reichliche Mittel durch den Verkauf von Blumen für die Ferienerholung zusammengetragen haben und wies zum Schluß auf die

Arbeit der Damen hin, die sich das Wohl der 120 Kinder in diesem Jahre mit großer Gewissenhaftigkeit und Liebe angelegen sein ließen. Es sind dies die Leiterin Frau Käthe Vordtriede, die Helferinnen Fräulein Paula Lingner, Fürsorgerin, Fräulein Lotte Urban, und die Schwestern Fräulein Dorli Dümmler und Bärbel Dümmler. Allen Kindern sagte der Redner zum Schluß ein herzliches »Auf Wiedersehn im nächsten Jahr!«
Eine mit großem Stimmenaufwand vorgetragene Schnitzelbank, die einen Tagesablauf schilderte, beschloß die Feier und schließlich mußten die Kinder sich trennen von den Tanten und von der Ferienerholung in Littenweiler, die nur den einen Fehler hat, daß sie nicht das ganze Jahr hindurch dauert.
[Zeitungsausschnitt ohne Quellenangabe]

Mein eigentliches Gebiet bei der sozialdemokratischen Partei aber war die Journalistik, und da schrieb ich am liebsten literarische Sonderberichte wie den beigehefteten [hier nicht abgedruckt] über den Friederike-Brion-Tag in Meissenheim. Ich bin aber auch in meinen Versammlungsberichten über die nationalsozialistischen Veranstaltungen stets sachlich geblieben, und wenn Hitler selber in Stadien der Stadt Wahlreden hielt, und ich finde in meinen Besprechungen, wenn ich sie heute durchblättere, nicht eine Übertreibung oder persönliche Verunglimpfung. Wir dummen Sozialdemokraten wollten immer noch am anständigen, parlamentarischen Ton festhalten. Die Partei hat wegen mir nie eine Beleidigungsklage zu bezahlen gehabt, ich habe alle gegen mich angestrengten Presseprozesse der Nazi gewonnen, weil ich immer durch zahlreiche Zeugen nachweisen konnte, dass die von mir geschriebenen Äusserungen des Naziredners genau von ihm getan waren.
Durch meine Besprechungen der literarischen und wissenschaftlichen Vorträge in der Universität habe ich viele grosse Dichter und Wissenschaftler Deutschlands persönlich kennen gelernt.
Ein ganz anderer Bereich war meine Gerichtsberichterstattung. Ich habe mehrere Mörder und Mörderinnen

kennen gelernt. Wenn sich das Gericht zur Urteilsbeschlussfassung zurückzog, sprach ich immer über das Wetter und solche Dinge mit ihnen, um ihnen über die angstvolle Stunde hinwegzuhelfen. Alle machten einen so jämmerlichen Eindruck, wie der in der Beilage [hier nicht abgedruckt] von mir geschilderte Kindsmörder Tscheulin. Die Naziraufbolde, die von 1931 an Prozesse am laufenden Band lieferten, waren bedeutend unsympathischer. Ich kann mich nur an ganz bösartige Typen erinnern, die vom Gericht mit Sammethandschuhen angefasst wurden, im Gegensatz zu den in die Schlägerei verwickelten Kommunisten. Justiz, Verwaltung und Erziehung sind in Deutschland immer reaktionär gewesen, aber so schlimm, wie seit 1930 nicht mal unter Wilhelm II. Ich selber war auch häufig Schöffin und auch einmal Geschworene. Diese Tätigkeit bot mir zwar ein reiches Feld des Menschenstudiums, aber es war doch ein schreckliches Gefühl, wenn ich da oben in meinem schwarzen Samtkleid über den armen Sünder thronte, und ich habe mich immer bemüht, die Herren Richter zu einem geringen Strafsatz zu veranlassen.

1928 – 1933

2. Kapitel

Wie war es möglich?

Wie war es möglich, dass Hitler zur Macht kam? Dass er am 5. März 1933 die absolute Majorität bei der Reichstagswahl erhielt? Eine relative Mehrheit, d. h. die grösste Partei Deutschlands, besass er bereits seit April 1932. Die Sozialdemokraten, die jahrzehntelang den ersten Platz auf der Liste der Parteien einnahmen, waren an die zweite Stelle gerückt. – Nun fielen Hitler 51% sämtlicher Wahlstimmen zu. Wie kam es, dass er nun »legal« zum Diktator wurde?

Die Schwerindustrie, die *Kirdorf, Thyssen* und *Krupp*, hatten künstlich eine Arbeitslosigkeit von 6 Millionen hergestellt, um der Verzweiflung und damit Hitler und mit ihm der Wiederaufrüstung den Weg zu bahnen.

Die Wundersüchtigkeit des deutschen Arbeiters, der von Hitlers »Sofortprogramm« alles Heil augenblicklich erwartete, liess ihn zu den Nazi überlaufen, die noch nie enttäuscht und ihre Versprechen gebrochen hatten, wie alle andern Parteien, denn sie waren gerade erst vor 5 Wochen, am 30. Januar 1933, in die Reichsregierung gelangt.

Die überaus geschickte Demagogie der Goebbels und Konsorten brachte die Unpolitischen, die bisherigen Nichtwähler an die Urne, und zwar ausschliesslich für ihre eigene Partei.

Ich habe als Pressevertreterin in Freiburg im Breisgau sämtliche öffentlichen nationalsozialistischen Versammlungen vor der Machtergreifung besucht, weil meine Zeitung in den letzten Jahren ihres Bestehens finanziell nicht in der Lage war, ausser mir noch einen zweiten

Lokalberichterstatter zu besolden. So kenne ich die nationalsozialistischen Rednergarnituren, von der ersten Garnitur mit Hitler, dem seit dem 30. Juni 1934 verschwundenen Reichstagsbrandverteidiger *Dr. Sack*, dem ebenfalls verschwundenen *Gottfried Feder* usw. bis herab zur vierten Garnitur, zu den stotternd um Worte ringenden Faselhänsen, zu denen der heutige Reichsstatthalter von Baden gehört, der im Volksschullehrerexamen durchgefallene und deshalb 1923 zu Hitler nach München als letztem Notanker eilende *Robert Wagner*, damals noch auf den gut oberbadischen, aber nicht salonfähigen Namen Backfisch hörend, und zu denen der Prinz Auwi gehörte, der vierte Sohn Wilhelms II., *August Wilhelm von Hohenzollern*, wahrlich auch kein Demosthenes.

In den für Versammlungen geeigneten Jahreszeiten prasselten die nationalsozialistischen Versammlungen seit 1931 auf die Freiburger herab, dass sie nicht mehr zu Verstande kamen. Trotz dieser gewaltigen Versammlungswelle mussten die Nationalsozialisten immer den grössten Saal der Stadt mieten, denn Erscheinen aller Nationalsozialisten war Pflicht.

Auf Grund der journalistischen Tätigkeit bin ich zu der Erkenntnis gekommen, die die meisten meiner Genossen weit von sich weisen: Der Nationalsozialismus ist eine geistige Strömung!

Es spielt dabei keine Rolle, dass Hitler, Göring und Streicher ungeistige Führer sind.

Nach gründlichem Studium des wissenschaftlichen Sozialismus, zu dem mich der spätere Reichsinnenminister *Karl Severing*, damals politischer Redakteur in Bielefeld, anregte, nicht allein aus Sympathie und Mitleid mit den Enterbten, kam ich 1918 zur sozialdemokratischen Partei als Mitglied in Bielefeld, einer grösseren Industriestadt in Westfalen. Ich bin ihr treu geblieben, was nicht immer leicht war, denn niemand hat wohl mehr unter der Parteidisziplin gelitten als ich, und ich besitze heute noch mein Mitgliedsbuch in der Schublade des Tisches, auf dem ich diese Worte schreibe – oder wenigstens die Fetzen davon, denn das Mitgliedsbuch fiel schon bei der ersten meiner fünf Haussuchungen in Freiburg im Breisgau dem Gestapomann Gutgesell in die Hände, und er zerriss es mit Gebärden und Ausrufen des Ekels und warf es in einen Mülleimer, aus dem ich es wieder herausfischte mit sämtlichen bis 1933 geklebten Beitragsmarken, und zwar noch im Beisein der Häscher, als sie einen Augenblick nicht aufpassten, ehe sie mich ins Gefängnis abführten.

Meine soziologischen Untersuchungen über das Thema »Wie war es möglich?« habe ich nur als Marxistin machen können. Ohne diese Schulung wäre mir die soziale Analyse der Unterschichten und des verarmten Mittelstandes als typischer Vertreter und Wegbahner des Nationalsozialismus unmöglich gewesen.

Man kann eine geistige Strömung nicht aus unmittelbarer Kausalerklärung herleiten. So genügen die drei oben angeführten Tatsachen zur Erklärung des Ungeheuerlichen nicht im entferntesten.

Die alt und hässlich gewordene Sozialdemokratie kannte nur noch Eines: Taktik! Ihre Redner setzten in kläglich besuchten Versammlungen und auf Parteitagen ihren Hörern nur noch auseinander, wie sie, die opportunistischen Führer, es taktisch fertig brächten, mit allem erweiterten Koalieren, mit Paktieren, mit äussersten Kompromissen einen kleinen Zipfel der Macht zu behalten. Und dafür baten sie die Wähler um Unterstützung, immer unter der natürlich berechtigten Warnung, dass es ihnen sonst unter der Hitlerdiktatur noch viel schlechter gehen würde. Also Taktik statt Ideen!

Der Nationalsozialismus aber verstand es, das soziale Ressentiment der wirtschaftlich bedrückten Arbeitslosen und Kurzarbeiter in nationales Ressentiment zu wandeln. Die nationalsozialistischen Redner machten sich die historische Erfahrung des 1. August 1914 zunutze. Mit Hilfe der gleichen in der marxistischen Ar-

beiterschaft ruhenden Energien, auf Grund geschickter ideeller Umstellung führten sie sie vom revolutionären Kampfesmut in den nationalen Kampfesmut. Immer unter Zuhilfenahme des gleichen marxistischen Rohmaterials, nur anders verwertet. Denn der deutsche, in Gewerkschaften marxistisch herangebildete Arbeiter ist immer auf der Suche nach dem Schuldigen, nach dem System, das die herabdrückenden wirtschaftlichen Tendenzen verursacht. Da nun warf der Nationalsozialismus zur Ablenkung vom wahren Schuldigen, dem ihm verbündeten Schwerindustriellen, unter starker Überbetonung des Irrationalen und pathetischer Anrufung der Affekte, zwei ausserwirtschaftliche Momente in die Debatte: das Rassistische – im Antisemitismus – und das Aussenpolitische – im Chauvinismus.
Die nationalsozialistischen Redner hatten im allgemeinen von marxistischer Theorie keinerlei Wissen. Marxismus war für sie nur Wortsymbol für ihren Hass gegen die sozialistische Arbeiterbewegung. Es war ihnen unbewusst, dass Nationalsozialismus und Marxismus dieselbe Quelle haben. Der Gewerkschaftler war nie in den philosophischen Sozialismus, den Karl Marx begründete, eingedrungen, aber die vulgär-marxistischen Ausgangspunkte vom wirtschaftlichen Unterbau und vom ideellen Überbau waren ihm geläufig.
Diese Lehre brachte der nationale Radikalismus ins Wanken, indem er behauptete, es gelte zunächst nationalistisch zu sein; ausserdem aber sei der Nationalsozialismus viel antikapitalistischer und viel antibürgerlicher als die Sozialdemokratie. Die marxistische Deutung geht dahin, dass die betont nationalistische Haltung erstens der ideologische Ausdruck eines Konkurrenzkampfes der Kapitalismen und zweitens geeignet ist, die internationale Einheit der Arbeiter, also ihre hauptsächlichste Machtposition, zu zerstören. Der Nationalsozialismus aber liess den deutschen Arbeiter glauben, dass die beiden unversöhnlichen Strömungen des 19. Jahrhunderts,

Nationalismus und Sozialismus, sich vereinigt hätten, und dass diese Kombination, wenn nur das Nationalistische die Vorherrschaft behielte, den Arbeiter erlösen würde.

Während jedoch Karl Marx in seinem Objektivitätsdrang zu den Wurzeln des Übels vordrang und den Weg von wirtschaftlicher Anarchie zur Wirtschaftsordnung freilegte, ohne in seinem wissenschaftlichen Lebenswerk sich an Einzelpersonen zu halten, förderten die Nationalsozialisten eine subjektive Landsknechtsmoral und bezeichneten in ihren Reden die Personen namentlich, deren »Köpfe nach der Machtergreifung rollen« würden. Zur Beurteilung der heutigen Lage in Deutschland, da der Deutsche wieder geduldig hungert, friert und den französischen Kanonen den Kopf hinhält, ist die nationalsozialistische Erziehungsarbeit von 1932 in ihren zahllosen Versammlungen sehr aufschlussreich: Der Druck des Versailler Vertrags war damals durch die Rheinlandräumung und durch den Youngplan viel leichter geworden, und trotzdem riefen die nationalsozialistischen Redner 1932 ihren Hörern zu, dass er die Ursache der Arbeitslosigkeit sei. Dabei existierte der Versailler Vertrag in den Jahren 1924–1928, den Jahren des wirtschaftlichen Aufschwungs in Deutschland genauso; es wurden Zahlungen geleistet, die Rheinlandbesetzung bestand, und er war noch nicht durch die Konferenzen Locarno, London, Spa usw. durchlöchert und gemildert – wir aber hatten in jener Zeit keine fürchterliche Arbeitslosenkrise, und die Arbeitslosigkeit hielt sich in den üblichen Grenzen der Saisonarbeitslosigkeit. Der Nationalsozialismus aber bewirkte mit dieser Fälschung das grosse Anwachsen der Bewegung, und, da er überdies behauptete, nur das internationale Judentum hätte ein geldliches Interesse an der »Erfüllungspolitik«, an der Kriegsschuldenzahlung bis zum Zusammenbrechen des deutschen Arbeiters, gab er der Bewegung die gewaltige Stosskraft.

Nach meinem Wegzug von Bielefeld nach Freiburg in Baden war ich dort noch neun Jahre lang, bis zum März 1933, Funktionärin der sozialdemokratischen Partei und hielt in dieser Zeit einige hundert Wahlreden.
Es gab Reichstags-, Landtags- und Kommunalwahlen. Ausserdem nach *Eberts* Tode zweimal Reichspräsidentenwahlen. Eigentlich dreimal. Ebert war am 28. Februar 1925 gestorben, und der erste Wahlgang für seine Nachfolge fand am 29. März 1925 statt, blieb aber ergebnislos. Vor der endgültigen Wahl am 26. April 1925, aus der *Hindenburg* als Sieger hervorging, einigten sich die drei grossen republikanischen Parteien, Sozialdemokratie, Demokratie und Zentrum, auf den gemeinsamen Verlegenheitskandidaten *Wilhelm Marx,* den früheren Reichskanzler und sehr weit rechts stehenden Zentrumsmann, der nach seiner Niederlage in dieser Reichspräsidentenwahl von den Linksparteien schleunigst wieder abrückte und aus dem Reichsbanner, der von diesen drei Parteien gegründeten Schutztruppe der Regierung, austrat und so das Abfallen vieler Zentrumsanhänger von den schwarz-rot-goldenen Idealen der jungen Republik verschuldete.
Ich trat damals im Markgräflerland und in Lörrach in kombinierten Versammlungen auf, in denen je ein sozialdemokratischer, ein demokratischer und ein zentrümlicher Redner für Marx und gegen Hindenburg agitierten. Versammlungspräsident war meist ein Demokrat. Ich kann mich gut an eine solche Versammlung in der Lörracher Turnhalle erinnern. Präsident war der Gewerkschaftssekretär der Textilarbeiter des Wiesentals Kieslich-Lörrach, ein braver Sozialdemokrat, der auch die Befreiung des Vaterlandes nicht mehr erleben sollte. Er starb 1934. Er hatte die Versammlung als Frauenversammlung aufgezogen mit drei weiblichen Rednern,

und der Erfolg war ein von Hörern beiderlei Geschlechts vollständig besetzter Saal. Für die Demokraten sprach Frau *Vortisch*, eine Honoratiorengattin aus Lörrach, und für das Zentrum Fräulein Dr. rer. pol. Weber, die in Freiburg bei der katholischen Caritas angestellt war.

Es war eine besonders dankbare Versammlung, von einer vergnügten Stimmung getragen, mit witzigen Diskussionsrednern, die alle uns drei Frauen zustimmten – ich aber erinnere mich nur ungern daran. Es gehörte viel Parteidisziplin dazu, für Marx zu agitieren und zu stimmen. In meiner peinlichen Situation, an dem von mir empfohlenen Kandidaten gute, rühmenswerte Eigenschaften entdecken zu müssen, stellte ich ihn als einen geistig interessierten und klugen Mann hin, während ich von Hindenburg zart das Gegenteil andeutete und seine berühmten Aussprüche aus dem »Stahlbad« von 1914–1918 zitierte: »Der Krieg bekommt mir wie eine Badekur« und vor allem »Ich habe seit meiner Kadettenzeit kein Buch mehr gelesen – abgesehen von kriegswissenschaftlichen Büchern, die zu meinem Beruf gehörten!«

Hindenburgs Wahlperiode dauerte sieben Jahre. Bei seiner Wiederwahl im Jahre 1932 vermochten es einige sozialdemokratische Funktionäre, für ihn in Wahlversammlungen Propaganda zu machen, da es galt, den gefährlichen Gegenkandidaten Hitler zu schlagen, aber mich hätten in jenem wetterwendischen April keine zehn Pferde ans Rednerpult gebracht.

Im übrigen galt es, je nachdem, in den verschiedenen Städten, über Reichs- oder Landesgesetze zu sprechen vom sozialdemokratischen Standpunkt, während ich mich als Rednerin zu Neuwahlen eines städtischen Parlamentes, dem sogenannten Bürgerausschuss, an grundsätzliche Forderungen der Sozialdemokraten halten musste, da mir die örtlichen Sorgen der Stadtväter und -mütter in den fremden Städten in Einzelheiten nicht bekannt sein konnten. Ein männlicher Koreferent übernahm dann das Hauptreferat.

Die Legislaturperiode aller Parlamente war in der Reichsverfassung und in den Landesverfassungen auf vier bis fünf Jahre festgesetzt. Während der Reichstag nie eines natürlichen Todes starb, sondern immer, manchmal schon nach wenigen Monaten, gesprengt und frisch gewählt wurde, blieb der badische Landtag dank seiner zielklaren Leitung unter dem Sozialdemokraten *Adam Remmele,* dem ehemaligen Müllergesellen, immer seine vorgeschriebenen vier Jahre am Leben und wurde nie gewaltsam aufgelöst. Baden war von jeher politisch das »Musterländle« und erfreute sich schon vor dem Weltkriege von 1914–1918 entschieden demokratischer Einrichtungen, wie der Simultanvolksschule, der Koedukation auf Mittelschulen und vieler sonstiger Fortschritte, die in Preussen erst nach dem Weltkriege erkämpft werden mussten. Die Badener sagten schon in den 90er-Jahren des vorigen Jahrhunderts: »Wir haben eine Republik mit's Grossherzogs an der Spitze!«
Auf dem sozialdemokratischen Landessekretariat in Mannheim erhielt ich das statistische Material für die Städte, die ich als Wahlrednerin besuchte, damit ich mich über die Zusammensetzung meiner Hörer orientierte. So konnte ich meinen daheim auswendig gelernten Vortrag in jeder Stadt beim Morgenkaffee im Hotel etwas ändern, je nachdem die berufliche und politische Zugehörigkeit des neuen Publikums das erforderte. Ich hatte im Schwarzwald, im badischen Oberland immer und im badischen Unterland sehr häufig mit einer überwiegend katholischen Bevölkerung zu rechnen, denn das badische Volk ist in seiner Mehrheit katholisch, während sein Herrscherhaus, die Zähringer, die es bis 1918 milde regierten, Protestanten waren, umgekehrt also wie das frühere Königreich Sachsen, das protestantisch war und von den katholischen Wettinern regiert wurde. Die beigelegten Tabellen [hier nicht abgedruckt], die bei meinen wenigen mitgenommenen politischen Erinnerungen waren, veranschaulichen den Machtanfang der National-

sozialisten. Diese Abstimmungsergebnisse, mir vor den Landtagswahlen 1929 übergeben, haben mit Propagandamaterial nichts zu tun, sie wurden nicht veröffentlicht, dienten nur unserer Unterrichtung und entsprechen genau der Wahrheit.

Zur Erklärung sei vorausgeschickt, dass unter »Anzahl der Bevölkerung« alle Einwohner zu verstehen sind, auch die noch nicht wahlfähigen bis zum 20. Lebensjahr. Aus den Statistiken ist ersichtlich, dass man 1925 von Nationalsozialisten in Baden noch nichts wusste und dass ihre Erfolge nicht auf Kosten anderer Parteien zu buchen sind, sondern dass die neuen Naziwähler die bisherigen Nichtwähler waren. Wenn beispielsweise in der Industriestadt Weinheim, dem Sitz der grossen Freudenbergschen Maschinenfabrik, 1928 plötzlich 936 nationalsozialistische Wähler zu buchen sind, während bei der vorhergehenden Wahl noch nicht einer vorhanden war, so konstatiert man, dass von den andern grossen Parteien keine ihre Wähler an die Nazi verlor, da sie im Gegenteil alle Stimmzuwachs erhielten. Nur von den Deutschnationalen, den Vätern der Nazi, wanderten 329 ab, also doch nur wenig mehr als ein Drittel der aufgetauchten Naziwähler. –

In Orten ohne jüdische Mitbürger haben die Nazi auch 1928 im allgemeinen keine Stimme erhalten oder doch nur eine oder fünf, wie man aus den Ergebnissen in Oberflockenbach, Rippenweier und Ritschweier sieht. Die Kunst der Naziwahlredner bestand nämlich darin, dass sie in unsachlichen Gegenüberstellungen die am Ort wohnenden Juden verunglimpften. So hörte ich einmal einen Naziredner in Endingen am Kaiserstuhl ausrufen: »Unser Volksgenosse (folgt Name und Adresse) bewohnt mit seinen sechs Kindern eine Zweizimmerwohnung mit einem Loch von Küche, der freche Saujud (folgt Name und Adresse) bewohnt trotz der Wohnungsnot mit seiner Sara alleine eine Fünfzimmerwohnung! Gehet hin und seht Euch die beiden Wohnungen an!«

Wenn auch der Redner verschwieg, wie viele Zimmer er selbst innehatte, so zogen doch diese dem wirklichen, örtlichen Leben entzogenen Argumente tadellos, und solche Zugnummern waren nicht anwendbar, wenn keine Juden vorhanden waren. – In Orten mit vielen Industriearbeitern war der sozialdemokratische Wahlerfolg grösser als in Orten mit landwirtschaftlichen Arbeitern, auch, wenn beide Orte den gleichen Prozentsatz von katholischer Bevölkerung haben. Der katholische Industriearbeiter war schon längst der katholischen, der Zentrumspartei, entglitten.
Ich bewohnte mit meinen Kindern ein Haus im Vorort Haslach, in einer 1895 von Sozialdemokraten und Zentrum unter Führung eines idealistisch gesinnten Privatdozenten der Universität, Dr. rer. pol. *Fuchs*, gegründeten Eigenheimsiedlung. Der Vorstand der Siedlung war mein 1936 verstorbener Nachbar, der sozialdemokratische Arbeitsamtsdirektor Karl Reisch.

Das Siedlungshaus im Freiburger Vorort Haslach. Die 2. Türe von rechts gehört zum Hausteil, den Käthe Vordtriede mit ihren Kindern bewohnte.

Haslach war eine »sozialdemokratische Hochburg«. Die Wahlen und ihre Auszählung am Wahlabend fanden in der Haslacher Schule statt. Selbstverständlich war immer einer von uns Sozialdemokraten im paritätisch zusammengesetzten Wahlvorstand, der für Ordnung und Genauigkeit sorgte. Am Abend, dem grossen Moment der Urnenöffnung, wurden die anonymen Stimmzettel nach ihrer Parteizugehörigkeit sortiert und vom Wahlleiter oder seinem Stellvertreter gezählt, unter Kontrolle aller Beteiligten.
Immer ging alles in Höflichkeit und Anstand vor sich, auch dann noch, als schon ein uniformierter S.A.-Mann mit im Parteivorstand sass, denn natürlich hatten die Nazi seit ihrem ersten grossen Wahlsieg im Jahre 1930 und der dadurch veränderten Konstellation der Wählerschaft in allen Organisationen die ihnen prozentual gebührenden Sitze. Auch die kommunistische Partei Haslachs war vertreten, denn an der andern Seite des Dörfchens Haslach, 20 Minuten von unserer Gartenstadt entfernt, befindet sich die sogenannte »Laubenkolonie«, eine windig gebaute städtische Siedlung im Laubenstil, in der die winzigen Etagen hintereinander an einem Laubengang liegen, eine Treppenhaus sparende, Beleidigungsprozesse fördernde, billige Bauweise, da an dem langen Laubengang jeder in die niedrigen Zimmer der Anwohner hineinsehen kann. Die Stadt steckte in diese billigen Wohnungen hauptsächlich asoziale Elemente, von denen die meisten Mitglieder der kommunistischen Partei waren.
Nirgendwo in Freiburg sah man sonst so viele kommunistische Fahnen mit Sichel und Hammer am Wahlsonntag, und nirgendwo sonst schlüpften die Männer so geschwind und fast restlos in die braunen S.A.-Hosen. Am 20. April 1933, an Hitlers Geburtstag, zählte ich unauffällig die Hakenkreuzfahnen der Laubenkolonisten. Es waren ungefähr 450. Selbst die Bewohner der sehr niedrigen Parterrewohnungen hatten es sich nicht neh-

men lassen, ihre Gesinnungslosigkeit zum Fenster herauszuhängen.

Am 5. März 1933, als die bürgerliche Presse seit der am 30. Januar 1933 erfolgten Ernennung Hitlers zum Reichskanzler schon ergeben dem Diktator huldigte, fünf Tage nach dem Reichstagsbrand, war der Siegesübermut der Haslacher Nazi so gross, dass sie einen ungehemmten Wahlterror ausübten. Von einem paritätisch zusammengesetzten Wahlvorstand war keine Rede mehr, die Delegierten anderer Parteien wurden vom Vorstandstisch weggeekelt. Die Wahlplakate nichtnazischer Parteien vor dem Wahllokal wurden abgerissen, die Träger solcher an Holzgerüsten befestigten gegnerischen Plakate von kräftigen Nazifäusten niedergeschlagen, und die bereits von Göring im ganzen Reich befehligte Polizei liess sich nirgends blicken. Manche S.S.-Leute wählten 4 oder 5 Mal. Die Einteilung war, wie immer, nach den Anfangsbuchstaben der Wähler vorgenommen, d. h., Leute mit den Anfangsbuchstaben A–G wählten im Schulzimmer Nr. I usw. Die S.S.-Leute betraten die verschiedenen Schulzimmer und gaben jedesmal unter einem anderen Namen einen Stimmzettel ab. Sie holten unter Drohungen den vom Statistischen Amt ins Haus geschickten Wahlschein bei Leuten ab, die sich von ihnen einschüchtern liessen und wählten damit nationalsozialistisch.

Ich lief zum Parteisekretariat und ins Gewerkschaftshaus und berichtete meinen Genossen den Skandal. Sie zuckten die Achseln. Und tatsächlich – jeder hat es büssen müssen, der es versuchte, sich dem Wahlterror entgegen zu stemmen. Der Polizeibeamte Max Weisser z. B., ein Sozialdemokrat aus meiner Nachbarschaft, der dem Sohn eines Kollegen, einem S.S.-Mann entgegentrat, wurde deswegen im Innenministerium in Karlsruhe angezeigt, kam im April ins Gefängnis und verlor seine Stelle, sodass er mit Frau und vier Kindern in grosse Not geriet.

Der sozialdemokratische Parteisekretär von Freiburg, *Peter Mayer,* floh am nächsten Morgen mit dem Landes-Parteisekretär aus Mannheim, *Georg Reinbold,* und dem Landessekretär der Rheinlandpfalz Setzer-Ludwigshafen. Die drei hatten sich am Sonntag Abend nach Bekanntwerden der Wahlresultate im Mannheimer Rheinhafen Maxau getroffen. Ein ihnen bekannter Schiffseigentümer verbarg sie in der Nacht auf den Montag in seinem Schiff, und dann flohen sie zunächst nach Basel. Der sozialdemokratische preussische Ministerpräsident *Otto Braun* war schon am 2. März 1933 im Auto nach Ascona geflüchtet.

Wagt es jemand, den ersten Stein auf diese Flüchtlinge zu werfen angesichts des zu Tode gemarterten ehemaligen mecklenburgischen Ministerpräsidenten *Johannes Stelling,* des im badischen Konzentrationslager Kislau totgeschlagenen Staatsrates Dr. *Ludwig Marum,* des in Oranienburg zum Idioten geprügelten, jetzt in Dachau tierisch dahinvegetierenden ehemaligen Berliner Polizeipräsidenten *Zörgiebel?* Angesichts dieser und 50.000 weiterer sozialdemokratischer Märtyrer? Ist es nicht genug der Opfer? Ich meinerseits fühle im bedrückten Herzen eine ganz kleine Erleichterung bei dem Gedanken an die wenigen geflüchteten Parteiführer, die den deutschen Mördern entkamen. Mir ist in den Folterkellern der S.A. in der Hedemannstrasse 5 – 6, im Columbiahaus in Berlin, im Wasmerhaus in Freiburg im Breisgau, in den Konzentrationslagern meine eigene Menschenwürde mit zertrampelt worden. Dennoch musste ich noch oft von meinen eigenen politischen Freunden hören: »Die führenden Genossen hätten uns nicht verlassen dürfen, ihre Flucht vor dem Beginn unseres Elends war eine Feigheit!« – Als ob eines Peter Mayers Gefangennahme und sein Martertod einem einzigen Deutschen geholfen hätte! – Die sozialdemokratischen Führer waren verspiessert, ideenlos und egoistisch geworden – aber ein Verbrecher war nicht unter ihnen. Durch Mord hat sich keiner den Ministersessel erobert. Ihre politischen Fehler haben sie tausendfach abgebüsst, ob sie nun kümmerlich sich im Exil durchhungern oder verarmt und verachtet in Deutschland leben oder im Konzentrationslager vor den Launen ihrer Peiniger zittern.

Am Abend des 5. März 1933, dem letzten freien Wahlsonntag in Deutschland, frisierten die nationalsozialistischen Wahlvorstände das Ergebnis, ohne Kontrolle der übrigen Parteien, noch ein bisschen nach eigenem Gutdünken. Trotz des ungeheuren Wahlterrors aber behielten Sozialdemokraten und Zentrum ihre bisherige Anzahl von Wählern. Den Zuwachs haben die Nazi in der Hauptsache von den Kommunisten erhalten.

Wir fürchteten unter den Nazi die ehemaligen Kommunisten am meisten. Sie waren die schlimmsten Denunzianten, und übereinstimmend wird mir erzählt, dass sie auch die grauenhaftesten Peiniger in den Konzentrationslagern waren. Manch einer von den Freiburger Nationalsozialisten, der als S.S.-Mann meine sozialdemokratischen Parteifreunde im Konzentrationslager geschlagen hat, war ein von ihnen früher her bekannter, ehemaliger Kommunist. Ihr altes Arsenal von Schlagworten brauchten sie nur wenig zu verändern. Die sittlich verkommensten unter ihnen bekamen die höchsten Posten. Der ehemalige Anstreicher Blum, ebenfalls in der städtischen Siedlung des Lumpenproletariats wohnhaft, hat von 1927 bis 1930 wegen Vergewaltigung seiner 13-jährigen Tochter im Zuchthaus gesessen. Zunächst wurde er S.A.-Mann, dann bei der Machtübernahme Angestellter des städtischen Elektrizitätswerkes, alle seine sechs Kinder bekamen gute Stellen – und die erlittene Zuchthausstrafe wurde zum »persönlichen Racheakt des Weimarer Systems«.

Die Inflationsgeschädigten

Die Inflation war ein wichtiges Thema der Einpeitscher in den »Kampfjahren«. Ihre robuste Gesinnung machte vor keiner Geschichtsfälschung halt. Die Inflation wurde als das Teufelswerk der Juden und der Sozialdemokraten hingestellt. Verschwiegen wurde, dass jedes Land, Sieger wie Besiegte, von der Inflation heimgesucht wurde. Diskussionen waren von jeher in Naziversammlungen verboten. So gab es für niemand Gelegenheit, öffentlich festzustellen, dass es die Reichsregierung *Cuno* und keine Linksregierung war, die die Kosten des passiven Widerstandes mit einer Tag und Nacht druckenden Notenpresse finanzierte. Niemals wurde *Hugo Stinnes,* der Hauptschuldige an der Inflation, der auf Kosten des Reiches Fabriken, Bergwerke und Wälder zusammenramschte, erwähnt. Ebenso wenig, wie die Tatsache, dass die 70 Millionen Kriegsanleihen keine Werte geschaffen hatten, sondern im Kriege sinnlos vergeudet worden waren. Jetzt hatten einfach die »Novemberverbrecher« sie gestohlen, und das Gedächtnis der Zuhörer ist kurz in Deutschland. Ein Referat des Nationalsozialisten *Richard Kunze*-Berlin habe ich hier beigeheftet, so, wie ich es nach meinem stenografisch aufgenommenen Bericht in der »Volkswacht« zum Druck gab.

*

Knüppel-Kunze als Geschichtsklitterer

Männer der Sozialdemokratie entfesselten unter falschen Vorspiegelungen die Revolution, um nach dem Sturze der Monarchie im Verein mit dem Zentrum und der Demokraten die Staatsgewalt an sich zu reißen. In einer zwölf Jahre langen Verschwendungssucht gelang es den Novemberlingen, das deutsche Volk auszuplündern und der Verelendung preiszugeben. Die Republik, durch den Verlust der Krieges arm geworden, errichtete Sportanlagen, erstellte

Schwimmhallen, legte Asphaltstraßen an, erbaute elektrische Bahnen, lediglich um einigen tausend Arbeitern Arbeit und Brot zu verschaffen. Wie glücklich sei doch der deutsche Volksgenosse vor dem Kriege gewesen. Er fuhr zwar auf holprigen Straßen, wusch seinen Körper in irgend einem Waschzuber, huldigte dem Fußballspiel auf einer abgelegenen Wiese oder in einer alten Sandgrube, aber glücklich lebte er, viel glücklicher als wir in unserer Republik mit ihren sogenannten segensreichen Einrichtungen. Die Ausgaben sind durch diese Verschleuderungspolitik in das Unermeßliche gestiegen, die öffentliche Hand werde überbeansprucht, eine erhöhte Steuerlast für den einzelnen Volksgenossen ist die Folge. Das Gemeinste aber ist, daß die Novemberlinge dem deutschen Volke ihre in Hunderten von Jahren ersparten Groschen durch die Inflation abgegaunert haben, unter anderem die 70 Milliarden Goldmark Kriegsanleihe. Dieser Volksbetrug muß ein Ende nehmen. Darum weg mit den Männern [?] der Sozialdemokratie, Zentrum und Demokraten, die unfähig sind, ein Volk zu regieren. Platz den Männern mit Gewissen, Verstand und Charakter. Wir haben in unserer Partei zu Hunderten solcher Männer wie I C H bin, die etwas verstehen und dem deutschen Volke eine geordnete Zukunft bieten. Füllt die Reihen der NSDAP, dann kommen wir legal an die Macht. Heil.
[eingeklebter Zeitungsausschnitt ohne Datum]

*

Den Beinamen »Knüppel-Kunze« hatte dieser Mann im Reichstag erhalten, weil er die Juden mit dem Knüppel austreiben wollte. Ein anderer Naziredner, der spätere Polizeipräsident von Potsdam, *Manfred von Killinger,* machte seine Sache noch besser. Auf dem Plakat, das seinen Vortrag in Freiburg ankündigte und das an jeder Strassenecke prangte, hiess es: »Heute spricht der Fememörder und Reichstagsabgeordnete Manfred von Killinger!« – Fememörder war ein Ehrentitel. So etwas war möglich unter der Regierung *von Papen* im Sommer 1932. Am besten aber verstand der nationalsozialistische Reichstagsabgeordnete *Kube,* das Volk zu erwärmen. Er rief den atemlos lauschenden Witwen und Kleinrentnern zu: »Werdet Mitglied der NSDAP, wählt Hitler, gebt uns die Regierungsmacht, damit wir euch das in der Inflation gestohlene Vermögen wiedergeben können! Das wird unsre erste Amtshandlung sein, wenn wir zur Macht gelangt sind! Auf Heller und Pfennig, mit Zins und Zinseszins bekommt ihr eure Ersparnisse zurück! Und wenn ihr mich fragt: ›Ja, woher will der Führer denn das viele Geld nehmen?‹ Dann antworte ich euch: ›Von den Juden! Von denen, die es euch gestohlen haben!‹ In Schubkarren werden wir das Geld bei den Juden abfahren und unter die Inflationsgeschädigten verteilen! Auch du, armer, gebeugter Greis und du, kinderreiche Witwe, ihr werdet euer Geld wieder bekommen! Und wenn dann so ein altes gebeugtes Mütterchen zu mir kommt und sagt: ›Aber Herr Kube, ich habe alles vergessen, ich weiss gar nicht mehr, wieviel ich verloren habe‹, dann werde ich mit beiden Händen in den grossen Banknotenhaufen fassen und werde sagen: ›Mütterchen, halt nur die Schürze auf!‹ und dann werde ich ihm soviel Geld hineinwerfen, wie es nur irgend tragen kann, sodass es für seinen Lebensabend genug hat!« – Mit Jubel wurden diese Grimmschen Märchen quittiert. Strahlende Gesichter sah ich von meinem Platz am Pressetisch, der vorn, unter der Rednertribüne, dem Publikum gegenüberstand. Ich erinnere mich an Gespräche nach den Versammlungen, mit einer kinderreichen Pastorenwitwe usw. Nie ist es mir gelungen, diese strahlende Gläubigkeit zu dämpfen. Jeder und jede dachte an die Rentenpfennige im Geldbeutel, die sich unter Hitler wieder in Rententaler und Zehnmarkscheine verwandeln würden. Die Bestätigung der marxistischen Theorie vom materialistischen Untergrund in aller Politik war wieder einmal vorhanden.

Freiburg war ein ausgezeichneter Platz für solche Tiraden. Wunderbar gelegen unter den sanften, elegant geschwungenen Hügeln vom Rosskopf, über den Schlossberg bis zum Schönberg, am Fusse des Schauinsland,

einem der lieblichsten Berge des Schwarzwalds, hatte es von jeher einen Ruf als Rentnerstadt. Kein Rauch aus Fabrikschornsteinen verrusste die Stadt. Ausser der Nähseidefabrik von der Mez A.G. gab es vor 1914 keine nennenswerte Industrie. Nach dem Weltkrieg kam die Kunstseidenfabrik Rhodiaseta hinzu, die aber ganz weitab liegt. Die Aussenquartiere Freiburgs werden von den schönen Villenvierteln der Wiehre, Günterstals und Littenweilers gebildet. Grosse, hässliche Arbeiterviertel gibt es nicht. Um die schöne, 1911 aus rotem Sandstein erbaute, neue Universität kristallisierte sich das geistige Leben – im grossen, modernen gut geleiteten Theater genoss ich die stürmende Lust, die von der Bühne herab die Menschenherzen erfasst. Bedeutende Tagungen, internationale Kongresse gab es in jedem Jahr mehrere, über die ich stets ausführlich und mit grosser journalistischer Liebe in der »Volkswacht« berichtete. Meinen Bericht über den Auftakt zur grossen »Rheinischen Dichtertagung« (gez. K. V.) füge ich hier bei [hier nicht abgedruckt].
Dieser Breisgauort, bekränzt von Rebhügeln, in allen Hauptstrassen durchzogen von lustig schwätzenden Schwarzwaldbächen, unterbrochen von stillen, stubenartig abgeschlossenen Stadtplätzen, hatte für mich früher das hellste Antlitz Deutschlands. Seit 1933 das dunkelste.
»Nicht möglich!« soll der Clown Grock wieder in seinem berühmten Tonfall gesagt haben, als er »die Stadt des Waldes, des Weines und der Gotik« bei seinem Gastspiel sah. Kein Wunder, dass seit vielen Jahren reiche Rentner und pensionierte hohe Offiziere diese Stadt für ihren Lebensabend wählten, dass sie sich an ihren Hängen schöne Villen in idyllischer Klarheit erbauten. Diese zugezogenen, reichen Leute waren die Mäzene der Stadt. In der Inflationszeit wurden sie zu ihren Fürsorgeempfängern. Die Prachtvillen vermieteten sie, blieben in ihren Mansarden oder Kellern wohnen und schliesslich

waren sie eines Tages der Stadt als Eigentum verfallen, wenn ihre völlig verarmten Besitzer zehn und mehr Jahre lang die Grund- und Gebäudesteuer schuldig geblieben waren. Diese Kleinrentner, die ehemals Kapitalrentner gewesen waren, strömten der NSDAP infolge ihrer trügerischen Versprechungen fast restlos zu.
Meine verwitwete Schwiegermutter, Frau *Elise Vordtriede*, geborene Adams, in Herford in Westfalen, früher eine ganz vernünftige Frau, gehörte auch dazu. Mein Schwiegervater *Friedrich Adolf Vordtriede* war 1919 gestorben. Die Ersparnisse, die er während seines langen Lebens in der Leinenstadt Herford mit dem Betrieb einer kleinen Wäschefabrik gemacht hatte, lagen auf einer kleinen Herforder Bank. Sie wurden vollständig von der Inflation verschlungen. Als der alte Vordtriede die Wäschefabrik aufgab, glaubte er, ganz besonders klug zu handeln, indem er ein grosses Grundstück der lippischen Eisenbahn kaufte, die Herford als Nebenbahn mit den Badeorten des Lipperländchens verband. Auf diesem Platz baute er sich für sein Alter ein Haus, dicht am Bahnhang. Sein Eigentum zog sich eine schöne Strecke neben dem Bahnkörper hin. Sein Spekulationsplan ging dahin, dass diese Bahn zweigleisig werden würde – sie war nur eingleisig – und dass der Fiskus dann sein neues Haus abreissen und ihm das Grundstück mit gewaltigem Wertzuwachs abkaufen müsste. Das neue Haus aber wurde immer älter, und der Bahnausbau kam nicht. Er war ganz unnötig, da die Herforder auch mit einer kleinen, bimmelnden Sekundärbahn nach Salzuflen und in den lippischen Wald fahren konnten. Der Schwiegervater aber setzte mir bei jedem Besuch auseinander: »Sie müssen mir kommen!« Und als er wirklich einmal einen Geometer mit Vermessungsgeräten vor seiner Türe hantieren sah, wurde er fast verrückt vor Freude. Sie kamen ihm aber doch nicht, doch noch auf seinem Sterbebette prophezeite er seiner Frau, dass sie durch dieses Grundstück zu einer der reichsten Frauen Herfords würde.

Stattdessen wurde sie immer ärmer. Ein Schicksalsschlag nach dem anderen traf sie. Einer ihrer Söhne, der sich 1918 bei der Obduktion eines gefallenen Offiziers als Oberstabsarzt eine Leichenvergiftung zugezogen hatte, starb nach schweren Leiden, Frau und zwei Kinder hinterlassend. Als der Dollar im Sommer 1923 200 und 300 Millionen notierte, musste sie das Reichtümer verheissende Grundstück mit dem liebgewonnenen Haus darauf für schlechtes Schwundgeld verkaufen. 1931, mit nahezu achtzig Jahren, wurde sie zur gehässigsten Nationalsozialistin, mich und meine Partei, von der ich mit meinen Kindern als Witwe zum Teil lebte, in jedem Brief beschimpfend – alles in der Hoffnung auf die in der Inflation verlorenen Gelder, die ihr »ihr Führer« zurückerstatten würde, wenn sie ihn brav wählte. Sie starb 1935, nicht als reiche, sondern als verarmte Frau, hitlertreu bis zum letzten Atemzug. Auf die Frage, weshalb Hitler ihr das verlorene Geld noch nicht wiedergegeben habe, äusserte sie sich so getrost, wie ihr verstorbener Mann in Bezug auf den Eisenbahnfiskus: »Das wird schon kommen, der Führer hätte es gern längst gegeben, aber die Judenregierung hat ihm eine zu grosse Aufräumungsarbeit hinterlassen!«
Im Jahre 1939 glaubte allerdings kein Inflationsgeschädigter mehr an die Rückgabe seines Vermögens, aber wenn ich meine scheinbar harmlosen Fragen an diese von kindlicher Gläubigkeit Beseelten stellte, dann bekam ich immer und immer wieder die gleiche Antwort: »Ja, der Führer konnte es nicht ermöglichen, uns unser Geld wiederzugeben, weil die Staatsschulden, die man ihm als Erbe hinterliess, zu gross waren, und es stimmt auch, wir müssen manches entbehren an Nahrung und guter Kleidung, aber, wenn wir die Judenregierung behalten hätten, dann ginge es uns heute noch viel schlechter!« – Gegen dieses Argument kann man nichts einwenden, weil es nicht beweisbar ist.

Beim Ausbruch des zweiten Weltkrieges hatte kein Deutscher einen Hass auf Frankreich, weil er nicht befohlen war; dagegen war der Hass auf Polen und England gross infolge obrigkeitlicher Verfügung.
Bis 1933 aber hiess es: »Wählt Hitler, damit das Elsass wieder unser werde!« Seinen Aufstieg verdankt Hitler zum grossen Teil der von ihm im deutschen Volke genährten Revanchegedanken nach seinen Ausführungen im II. Band von »Mein Kampf«, Seite 715.[1] Wenn die S.S. und die S.A. gegen den »inneren Feind«, die Marxisten und die Juden, bewaffnet wurden, so wurde es die Hitlerjugend gegen Frankreich, und bei ihren Märschen und aus ihren sommerlichen Zeltlagern heraus tönte nicht nur das oft gehörte »Siegreich woll'n wir Frankreich schlagen«, sondern noch viele neue Lieder gegen den »frechen Welschen«. Die zwiespältige Republik konnte sich nicht einmal dazu aufraffen, die zur Rückeroberung von Elsass-Lothringen auffordernden Stellen in den Lese-, Geschichts- und Erdkundebüchern der Schulkinder bei Neuauflagen ausmerzen zu lassen. In allen diesen Dingen hat die Sozialdemokratie versagt.
Später hat Hitler zwar mit der ihm eigenen Logik erklärt, dass er »im Westen keine territorialen Ansprüche habe«. Er kann dem deutschen Michel alles gerade so vorsetzen,

---

1 Dort heißt es in Bezug auf den Friedensvertrag von Versailles u. a.: »Wir wollen wieder Waffen. Jawohl, dazu kann ein solcher Friedensvertrag dienen. In der Maßlosigkeit seiner Unterdrückung, in der Schamlosigkeit seiner Forderungen liegt die größte Propagandawaffe zur Wiederaufrüttelung der eingeschlafenen Lebensgeister einer Nation. Dann muß allerdings, von der Fibel des Kindes angefangen bis zur letzten Zeitung, jedes Theater und jedes Kino, jede Plakatsäule und jede freie Bretterwand in den Dienst der einzigen großen Mission gestellt werden.« [Hinzufügung durch den Hg.]

wie er's im Augenblick gebraucht. Wenn es sich um Expansionsgelüste handelt, hat er zu viele Menschen auf engem Raum; wenn es um bevölkerungspolitische Ziele geht, hat er zu wenig Menschen; die Ehepaare mit nur einem Kind werden als »Amüsierpärchen« in der Presse gebrandmarkt, und die Kleinhaltung der Familie ist eine »Schande«. Geburtsanzeigen wie diese: »In treuer Pflichterfüllung gebar meine Frau heute dem deutschen Vaterland einen kräftigen Hitlerjungen!«, stehen nicht nur im »Schwarzen Korps«, sondern auch in den Tageszeitungen.

Wenn Hitler auch seit der Remilitarisierung des Rheinlandes die Revanchelieder wieder verbieten liess und seit 1936 Frankreich gegenüber einen anderen Kurs einschlug, so hat er doch mit der vor 1933 in Aussicht gestellten Wiedergewinnung des linken Rheinufers Hunderttausende von Anhängern gewonnen.

Besonders in Oberbaden, wo man drüben im Elsass den Rhein entlang vor 1933 die Forts alle paar Meter entstehen sah. So war bei uns damals eine gute Domäne zur Schürung des Franzosenhasses. Wie die Nationalsozialisten das machten, sei nur an einem Beispiel erläutert:

Am 28. Mai 1932 schrieb die Freiburger Nazizeitung: »Heimgekehrt! Eine erschütternde Tragödie zur Kulturschande der Grande Nation!«

Ein armes Schneiderlein mit nicht ganz sauberer Vergangenheit, Ignaz Hummel aus dem nahen Offenburg, war Anfang Mai 1932 nach Italien geradelt. Dort ging ihm das Geld aus, und er musste das Fahrrad verkaufen. Um gratis mit der Eisenbahn heimfahren zu können, schrieb er den Eheleuten Daubmann in Endingen am Kaiserstuhl, dass er ihr seit der Schlacht bei Amiens im Jahre 1916 vermisster Sohn Oskar sei, die Franzosen hätten ihn so lange in afrikanischer Gefangenschaft gehalten, bis Neapel habe ihn ein italienisches Schiff nach seiner Flucht mitgenommen, und sie möchten ihm doch das Reisegeld bis zur deutschen Grenze schicken. Die alten

Eltern, die ihren Sohn Oskar im Jahre 1924 amtlich für tot erklären liessen, gingen mit diesem Brief zum Bürgermeister. Der wandte sich an den deutschen Konsul in Neapel, der Ignaz Hummel vorlud, auf den Schwindel hereinfiel und ihm das Geld für ein Zweiter-Klasse-Billett auf deutsche Staatskosten gab und etliches dazu. Mittlerweile hatte die glückliche Mutter Daubmann überall von der bevorstehenden Rückkehr ihres einzigen Kindes erzählt, und die nationalsozialistischen Kreisleitungen bemächtigten sich des Falles zur Propaganda des Revanchegedankens. Ein nationalsozialistischer Eisenbahnassistent, der ohnehin die Bahn umsonst benutzen durfte, mit Namen *Schlageter*, wurde nach Chiasso an die schweizerisch-italienische Grenze gesandt, um Oskar Daubmann feierlich einzuholen und auf seinen ehrenvollen Empfang in Endingen unter Girlanden und Nazifahnen, mit vielen Ehrenjungfrauen, vorzubereiten. Dem armen Schneiderlein wurde es Angst und Bange und er wäre dem wichtigtuerischen Nazi gern entwischt, aber der liess es nicht zu, sondern sah seine hohe Mission darin, Hummel überallhin zu begleiten, sogar auf den Abort.

Während so der Einreiser am liebsten zum Ausreisser geworden wäre, schwoll die Freiburger Nazipresse an jenem Empfangstage über von Beschimpfungen auf das sadistisch-perverse Frankreich, das Daubmann 14 Jahre über das Kriegsende hinaus in Nordafrika in einer Betonzelle angekettet hielt, und sie schwor dem »Todfeinde des deutschen Volkes« Rache nach dem Muster ihres Meisters in »Mein Kampf«, Seite 757–767. Nach Luzern schickte sie Daubmann-Hummel einen Reporter mit ihren neuesten Zeitungen entgegen, in denen der ganz verwirrte Schneider alles fand, was er zur Durchführung seiner Komödie brauchte: Fotografien seiner künftigen Mama und des Papa sowie von seinem künftigen Elternhaus, das seit hundert Jahren im Besitz der Familie Daubmann ist. So wurde er zum gelehrigen Schüler und lernte

die Daubmann-Rolle auswendig, samt dem ganzen Karl-May-Roman, den die Nazi in dieser Zeitungsnummer ausgearbeitet hatten. Auch erfuhr er aus dieser Zeitung, dass die Nazi die badische Regierung, besonders den sozialdemokratischen Staatsminister *Adam Remmele,* heftig beschimpften, weil sie es abgelehnt hatte, ihm einen offiziellen Empfang auf dem badischen Bahnhof in Basel zu bereiten, während sie für »jeden ehrlosen, franzosenfreundlichen Pazifisten sicher herbeigeeilt wäre«.
Es kam aber doch zu einer grossen Huldigungsversammlung in Basel, die von Nationalsozialisten und Deutschnationalen arrangiert war. Die Freiburger Abgesandten, Eisenbahnbeamte, Zöllner und Reisende riefen: »Hoch, Daubmann!« Die liebreizende Freiburger Ullstein-Vertreterin trat ihm mit den Kaiserstühler Spezialitäten entgegen: Landbrot, Schwartenmagen und Wein, sowie einem Blumenstrauss, den sie tags zuvor auf Endingens Fluren eigenhändig gepflückt hatte.
Dann ging die weitere Triumphfahrt erster Klasse inmitten der ganzen Korona nach Freiburg, und unter Musikgeschmetter der Militärkapelle fuhr Ignaz Hummel ein. Tausende waren aus Endingen, Emmendingen, Kenzingen und Gundelfingen herbeigeeilt. Der Bahnsteig war überfüllt. Die Eltern hatte man in einem blumengeschmückten Auto holen lassen.
Die von der Stadt Endingen zu Ehren des »letzten Heimkehrers« an Daubmanns Haus angebrachte Inschrift wurde von den Eltern bei der Verhaftung Hummels wieder ausgekratzt.
Ich stand neben dem alten Frauchen, das hin und her trippelte vor Aufregung. Von Zeit zu Zeit murmelte sie vor sich hin: »Dass i nur nit stirb! Dass i nur nit stirb!« Zu den Umstehenden sagte sie: »I hab's immer g'wusst, dass mei Oschkärle lebt!« – Endlich hielt der Zug, und es wäre Selbstmord gewesen, wenn in diesem Augenblick Ignaz Hummel die Wahrheit gesagt hätte, denn »das Leben ist der Güter Höchstes« auch für ein armes Schneiderlein.

Und als »das Mütterlein, das ihn doch gleich erkannt«, ihm um den Hals fiel, ihn drückte und küsste und »mei Oschkärle« rief, da lehnte er sich in Gottes Namen an die Brust einer mütterlich-zärtlichen Frau und sagte ganz leise: »Mutterle, Mutterle!«
Oskar küsste seinen Vater nicht, sondern hielt ihm nur mit ängstlich abgewandtem Gesicht die Hand zum Gruss hin. Darauf ging ich zur Redaktion und drückte in meinem Bericht über den rührenden Empfang meine Zweifel an der Identität Daubmanns aus und warnte meine Leser vor den Versammlungen, die die Nazi angekündigt hatten und in denen sie Daubmann über seine von den Franzosen erlittenen Misshandlungen öffentlich sprechen lassen wollten. Die Nazipresse antwortete mir im »Alemannen« am 1. Juni 1932: »Die ›Volkswacht‹ quittiert also schon im voraus die von dem durch Franzosenhass viehisch Misshandelten für die nächste Zukunft angekündigten Auslassungen mit schnödem Argwohn. Daubmanns Berichterstattung wird allerdings nicht zugunsten der welschen Sadisten ausschlagen. Und hier eben liegt für die ›Volkswacht‹ der Hund begraben!«
Daubmann zog also als Gast der Nazi in ganz Baden umher und hielt Vorträge über die an ihm verübten Grausamkeiten der Franzosen. Die tüchtigen Endinger Geschäftsleute veranstalteten ein Riesenfest, denn das brachte Geld ins Städtchen.
Das Tollste vollbrachte der nationalsozialistische Gewerbeschuldirektor Dr. Bumiller aus Hohenzollern-Sigmaringen, der sich an den »letzten Kriegsgefangenen« heranschlich, um Geschäfte mit ihm zu machen.
Er verhalf ihm zu einer Einladung zum Fürsten von Hohenzollern-Sigmaringen, bei dem er vor vielen hohen Herrschaften seinen Lügenvortrag zum Besten gab. Serenissimus heftete ihm eigenhändig, trotz sogenannter Republik, die Hohenzollernsche Ehrenmedaille mit Schwertern an und seinen »Hausorden der Treue«. Bu-

miller trat auch mit Filmgesellschaften in Verbindung, um die abenteuerliche Flucht Daubmanns aus der Betonzelle filmen zu lassen, wobei immer er und nicht Daubmann das Geschäft machen sollte. Ausserdem holte Bumiller fast einen Zentner Afrikalektüre aus der Freiburger Universitätsbibliothek, um sich über jenes Land zu unterrichten, in dem Daubmann, wie Bumiller bald merkte, nie gewesen war. Dann schrieb er einen »Tatsachenbericht« im Ichstil, ein dickes Buch, das er als Daubmanns eigene Autobiographie im Nazi-Verlag »Tradition«, Inhaber Wilhelm Kolk-Berlin, herausgab. Später, vor Gericht, musste Bumiller sich unter seinem Eid zur Vaterschaft dieses Opus bekennen, von dessen Inhalt Ignaz Hummel zum erstenmal – auf der Anklagebank sitzend – etwas vernahm durch die Vorlesung des Gerichtsvorsitzenden. Das Buch enthielt auf jeder Seite fast Beschimpfungen Frankreichs und peinliche Ausmalung seiner Foltermethoden, die 16 Jahre lang an dem Kriegsgefangenen Daubmann geübt wurden.
Da unterbrach die Kriminalpolizei am 10. Oktober 1932 die Vortragstournee »Daubmanns«, in der er allabendlich auf Geheiss der Nazi die Franzosen und ihre »Scheinkultur« in Götzischen Kraftausdrücken beschimpfte. Die Rachegelüste gegen Frankreich stiegen in Baden auf den Höhepunkt. Hunderte von Müttern und Frauen sahen ihre als vermisst gemeldeten Söhne und Männer in einer afrikanischen Betonzelle schmachten. Die Wahrsagerinnen machten Geschäfte.
Die Fingerabdrücke, um die die Kriminalpolizei nun Daubmann ersuchte, erwiesen, dass er der wegen allerhand kleiner Schwindeleien vorbestrafte Schneider Hummel war.
Der Daubmann-Prozess im Januar 1933, zu dem sämtliche grossen, deutschen Zeitungen und sogar einige französische ihre Berichterstatter schickten, war einer der sensationellsten, über die ich je referierte. Er war eine Riesenblamage für die Nazi, die es nicht unterliessen, die

ganze Schuld auf die »Volkswacht« zu wälzen, die »schon im Juni alles gewusst und Hummel als Schwindler bezeichnet, aber trotzdem den Skandal nicht verhindert hätte!« – Als ob uns das bei der von den Nazi inszenierten Franzosenhetze gelungen wäre!

Das Schneiderlein, das weiter nichts gewollt hatte als eine Gratisrückfahrt von Italien, um recht bald wieder die Beine auf seinem Offenburger Schneidertisch kreuzen zu können, wanderte für 2½ Jahre ins Freiburger Gefängnis. Als er auf der Armesünderbank sass und der Gerichtsvorsitzende seinen in höchster Not im italienischen Strassengraben geschriebenen Lügenbrief an die Eltern Daubmann vorlas, weinte er bitterlich. Er wollte gerne noch Mutter Daubmann um Verzeihung bitten, nachdem er seit Mai im Bette ihres toten Sohnes Oskar geschlafen hatte, aber das Gericht liess es nicht mehr zu. Der Prozess fand am 22. Januar 1933 statt. Hitlers Ernennung zum Reichskanzler stand bevor. Die deutschen Zeitungen, die sechs Pressetische voll Berichterstatter nach Freiburg geschickt hatten, erwähnten den für die Nationalsozialisten so blamablen Prozess am nächsten Tag dennoch nur ganz beiläufig und an unauffälliger Stelle. Es war der gleiche Tag, an dem sie erfuhren, dass es künftig nicht mehr ratsam sei, Hitlers Gefolgschaft blosszustellen. Bei mir hatten vier Zeitungen um einen ausführlichen Bericht über den tragikomischen Fall Daubmann gebeten, zwei davon telegrafisch und die »Süddeutsche Sonntagszeitung« sogar mit Bildern. Ich liess sie anfertigen und sandte in der Nacht nach dem Prozess meine Berichte ab. Keine der nicht sozialdemokratischen Zeitungen hat ihn noch zu bringen gewagt. Die Münchner »Süddeutsche Sonntagszeitung« bezahlte die Bilder und schrieb mir entschuldigend, dass sie den veränderten Zeitumständen Rechnung tragen müsse und von einem Bericht absehe, der den Nationalsozialismus in ungünstigem Lichte erscheinen liesse. Gezeichnet war der Entschuldigungsbrief: Walter Tschuppik. Herr

Tschuppik ist trotzdem ins Konzentrationslager Dachau gekommen. Ob er lebend wieder herauskam, weiss ich nicht.

„Wieder geht ein Mann dahin, dem das nationale Bürgertum einst wie einem Halbgott zujubelte."

Von Käthe Vordtriede eingeklebte Karikatur zum »Fall Daubmann«, den sie noch im Januar 1933 in ihrer Berichterstattung gegen die Nazis politisch zuspitzte.

*

Aus »Daubmanns« Märchenbuch

Wie Herr Bumiller den Nationalismus hochpeitschen wollte!

Das – nun längst eingestampfte – Opus muß als Beweis dafür einmal angeprangert werden, in welch schamloser Weise der deutsche Nationalismus die Propaganda des Hasses, von dem er lebt, zu fabrizieren versteht. Wenn Hummel nicht rechtzeitig entlarvt worden wäre – jahrelang hätten unsere beruflichen Franzosenhetzer von ihm gelebt!

Aus dem Vorwort

... so mußte ich bald erkennen, daß meine Erlebnisse nicht überall geglaubt wurden. Man hielt sie vielfach für unwahrscheinlich und phantastisch. Und als die französische Regierung nach langer Untersuchung amtlich erklärte, daß sich keinerlei Anhaltspunkte für die Richtigkeit meiner Angaben finden ließen, scheuten manche Stellen nicht davor zurück, mich für einen Abenteurer – für einen Schwindler zu erklären. So bin ich gezwungen, den Wahrheitsbeweis für die Richtigkeit meiner Angaben anzutreten. Ich tue dies, indem ich mein Schicksal hiermit der Öffentlichkeit übergebe, und indem ich zugleich erkläre, daß ich bereit bin, mich den französischen Behörden gegen freies Geleit zur Verfügung zu stellen. In Constantine in Algier werde ich dann die Zelle zeigen, in der ich 15 Jahre lang von der Mitwelt abgeschlossen als Sträfling Nr. 102 geschmachtet habe...

Endingen am Kaiserstuhl, im Oktober 1933.

Oscar Daubmann.

*

Hummel als Märtyrer

... Endlich teilt mir der Dolmetsch mit, daß mein Urteil gefällt sei. Zwanzig Jahre Kerker! ... Ich leide Unsägliches und friere furchtbar in der dünnen Sträflingskluft. Auf alle Bitten um dickere Decken hat man nur eine Antwort, die man mir immer wieder – grimmig und höhnisch – entgegenschleudert: »Sale Boche!«

... Afrika! ... Aus dem glühenden Brand der afrikanischen Sonne traten wir in die dunklen Gänge des Kerkers. Eine eisige Luft, modrig und feucht, schlug uns entgegen, die uns schaudern ließ... Endlich fielen unsere Ketten. Unsere Handgelenke waren blutig zerschunden. Kaum konnten wir sie bewegen. Schorf und Eiter trat aus den Wunden... Über den Hof geht's in ein anderes Gebäude – in meine Zelle! 15 Jahre lang bin ich in dieser Zelle gewesen – als Mann ohne Namen – als Nummer 102. 15 Jahre meines Lebens liegen in diesen engen Mauern begraben! ... Als ich eines Morgens meinen Kübel leerte, blieb ich der frischen Luft wegen ein wenig stehen. Der Wärter, dem dies zu lange dauerte, schnaubte mich an und drängte mich vorwärts. Ich stieß ihn zurück – er soll mich nicht anfassen! Er meldete den Vorfall, und ich erhielt wieder vierzehn Tage Dunkelzelle. In welche Hände bin ich gefallen? Frankreich! – Frankreich! – ist's möglich?

Hummel als Ankläger

Wer keine Entspannung in körperlicher Arbeit fand, wer – wie ich – in sitzender Körperhaltung Tag um Tag an seiner Nähmaschine saß – um sich ein wenig Tabak herauszuschinden –, der ging einer Gefahr entgegen, die viele unter uns dahingerafft hat. Immer wieder neue Menschenleben, die unter der afrikanischen Sonne und der ungesunden Ernährung zusammengebrochen waren. Ich war mir, Gott sei Dank, von Anfang an klar darüber, daß mein fester Wille, die Heimat wiederzusehen, nur dann in Erfüllung gehen konnte, wenn ich mich grundsätzlich von dem hier angedeuteten Laster fernhalte. Und ich habe es auch – unter Einsatz meiner ganzen Willenskraft – erreicht.

Ich weiß nicht, ob das französische Volk unterrichtet ist, was in seinen Gefängnissen drüben im heißen Afrika vor sich geht. Ich kann es nicht glauben. Deshalb habe ich mich verpflichtet gehalten, hier in aller Öffentlichkeit darüber zu sprechen.

*

Hummel als Heimkehrer

Eine grenzenlose Verwirrung kommt über mich. Ich wende mich ab und die Tränen brennen mir in den Augen. Nun stehe ich auf deutschem Boden… Heimat! – Deutschland! – Nun kann ich die Tränen nicht mehr zurückhalten. Jetzt endlich ist der furchtbare Druck von mir genommen. Nun bin ich sicher! Nun darf ich weinen!

*

Monatelang ging dieser Schwindel gut. Jetzt sitzt »Daubmann« wieder im Gefängnis. Ohne unsere Nationalisten, die ihn im Bann hielten, wäre ihm sein gegenwärtiges Schicksal sicherlich erspart geblieben…

1933

3. Kapitel

Die nationalsozialistische Revolution

Auf den 5. März folgte der 6. März. Es geschah nichts. In Freiburg rief niemand, wie anno 1918 *Kurt Eisner* in München, die deutsche Revolution aus. Alles war ganz anders als 1918. Damals erlebte ich in Bielefeld am 12. November, wie der ehemalige Schlosser, der damalige Redakteur und nachmalige Reichsinnenminister *Karl Severing* die zurückflutenden, müde marschierenden Truppen vom Balkon des Bielefelder Rathauses willkommen hiess. Der Balkon war mit grünen Pflanzen geschmückt, und die roten Fahnen der sozialdemokratischen Partei flatterten von ihm herab. Der Oberbürgermeister der Stadt, der der »Deutschen Vaterlandspartei« angehörende Dr. Stapenhorst, blieb diesem Balkon demonstrativ fern. Neben Severing standen nur einige sozialdemokratische Stadträte. Am nächsten Abend fand eine ordentliche, öffentliche Revolutionsfeier mit Blasmusik und Männerchören statt.
Am 6. März 1933 hingen in Freiburg viele funkelnagelneue Hakenkreuzfahnen, besonders an kleinen Geschäften und Kneipen. An Villen sah man ganz wenige, an eleganten Geschäften und vornehmen Hotels keine.
Ich sah in Hitlers Wahlsieg eine Befestigung der Rechtsregierung und begann, mit einem halben Jahr Dauer zu rechnen, während ich am 30. Januar 1933 der Kanzlerschaft Hitlers einen noch schnelleren Sturz vorausgesagt hatte, weil ich unter dem Eindruck der für die Nazi ungünstigen Dezemberwahlen von 1932 stand. Ich ahnte nicht, dass für uns an jenem 12. Juli 1932 schon alles verloren war, als meine Parteigenossen Severing und der

196 cm lange Oberstleutnant Heimannsberg sich, ohne Reichswehr und Polizei anzurufen, aus dem Innenministerium herauswerfen liessen. Severing soll damals ausgerufen haben: »Ich weiche nur der Gewalt!« Diese Worte muss die sozialdemokratische Parteileitung in Berlin irgendwie als historisch oder erhaben empfunden haben, denn sie gab einer Krefelder Seidenfabrik den Auftrag, sie zu verewigen. Die Seidenarbeiterinnen mussten Severings markanten Kopf mit bunten Fäden auf ein Stück schwarze Seide sticken und darunter diese Worte. Die Stickereien kamen unter Glas und Rahmen und wurden zur Förderung der Arbeiterwohlfahrt als Wandbilder verkauft. Ich kaufte keins.

Bestätigen liess ich mir meinen Optimismus in jenen ersten Märztagen von drei oder vier Führern des Freiburger Reichsbanners, ehrlichen, bis heute der schwarz-rot-goldenen Fahne ergebenen Männern, die eine Gefahr, die uns schon im Genick sass, als Phantom belachten, auf die Schlagkraft des Reichsbanners und des linken Flügels der Reichswehr in Berlin vertrauend. Gestärkt ging ich von einer ungewöhnlich gut besuchten Reichsbannerversammlung im Gewerkschaftshaus am 11. oder 12. März heim.

Die neuen Machthaber, die das politische Geschehen für Freiburg vorbereiteten, hielten sich ganz im Hintergrund. Der aufrührerischen Reden waren seit 1930 genug gehalten; dennoch schien der revolutionäre Funken zu schwach zu glimmen, um als »spontaner Volkswillen« flammengleich hochzuschlagen.

Die nationalsozialistischen Funktionäre waren selber nicht über die Totalität ihrer eigenen Machtansprüche unterrichtet. Ich begegnete auf der Strasse einem ehemaligen Kollegen vom »Alemannen«, der Nazizeitung, mit dem ich oft zusammen am Pressetisch gesessen hatte, und der Junge war aus lauter Dummheit immer kameradschaftlich gegen mich gewesen. Dieser Mensch, Hellwig geheissen, der um jene Zeit der nationalsozia-

listischen Parteileitung der kleinen Kreisstadt Emmendingen zugeteilt war, erzählte mir, dass die Partei unbedingt eine der gegnerischen Freiburger Zeitungen verbieten müsse. Ich antwortete, wir Sozialdemokraten kämen doch nicht in Frage, denn wir hätten immerhin noch 16.000 Abonnenten; der Schlag würde wohl die deutschnationale Zeitung treffen, die so unbedeutend geworden war, dass sie sozusagen unter Ausschluss der Öffentlichkeit erschien. Hellwig meinte, die deutschnationale oder die Zentrumszeitung, eine müsste dran glauben. Die Zersplitterung würde Hitler nicht länger dulden. Von dem totalen Zeitungsraub des Franz-Eher-Verlags in ganz Deutschland, der »Gleichschaltung« der Presse, wusste dieser kleine Funktionär damals noch nichts.
Wohl las ich in den Nazizeitungen von der Besetzung des Karl-Liebknecht-Hauses und von dem Schwindel der bolschewistischen Gefahr, aber ich ahnte nicht, dass der mit Hilfe des Artikels 48 der Reichsverfassung und dem Ermächtigungsgesetz den Vorwand zu Hitlers Staatsstreich liefern würde. Oft hat Goebbels, wenn er wieder ein Gemetzel gegen Juden und Sozialisten veranstaltet hatte, mit heuchlerischer Miene ausgerufen, dass die Langmut dieses verträumten, gutmütigen deutschen Volkes gegen seine Aussauger übergross sei. In Freiburg musste man sich in diesen Märztagen wirklich über die Zurückhaltung des Pöbels wundern, dem man in unzähligen Versammlungen hemmungsloses Austoben seiner atavistischen Triebe versprochen hatte. Es war die trügerische Stille vor dem Sturm.
Provokationen erfolgten freilich in der Universität, in den Wirtschaften, vorm Rathaus und vor den Gebäuden der Sozialdemokratie, aber sie verliefen im Gegensatz zu den Krawallen des vorhergehenden Zeitabschnitts unblutig, und darum nahm sie niemand ernst.
Und als die Revolution in Freiburg wirklich losbrach, hielt ich sie noch für vorübergehend. Verschiedene Male haben Hitler und Goebbels erklärt: »Die nationalsozia-

listische Revolution ist zu Ende!« In seiner Rechtfertigungsrede für die Massenmorde des 30. Juni 1934 rief Hitler am 30. Juli 1934 vor dem Reichstag aus: »Die Revolution ist für uns kein permanenter Zustand!« – Da aber nationalsozialistische Revolution bedeutet: Stehlen, Plündern, Betrügen, Ehrabschneiden, Inhaftierung Unschuldiger, Foltern und Morden, so kann man heute feststellen, dass die Revolution in Permanenz Tatsache geworden ist, denn bei meinem Verlassen Deutschlands am 2. September 1939 hatte dieser Zustand noch nicht sein Ende erreicht. Ich bekomme oft Karten und Briefe in die Schweiz mit verhüllten Andeutungen über neue Greueltaten, begangen an meinen Parteifreunden. Ich hefte hier einen Brief meiner Freundin, Frau Marie Voitel in Freiburg, bei [handschriftlicher Brief, hier nicht abgedruckt], von dem ich mich wundere, dass er, obwohl von der deutschen Zensur geöffnet, richtig angekommen ist. Der in diesem Brief erwähnte, im Konzentrationslager kurz nach Weihnachten »verstorbene« Schwager der Frau Lenk ist der Inhaber eines grossen Speditionsgeschäftes in Singen am Hohentwiel gewesen, ein guter Sozialdemokrat, mit Namen Wiegand, dessen Verfehlung in den Möbeltransporten der in die Schweiz flüchtenden Juden bestand. Man konnte ihm nur judenfreundliche Gesinnung vorwerfen, keine nach heutigem deutschen Gesetz strafbare Handlung. Er hat nie vor einem ordentlichen Gericht gestanden, ist nie verhört und verurteilt worden, hat nie im Gefängnis gesessen, sondern kam Anfang 1939 ins Konzentrationslager.
Die wenigen in den folgenden Kapiteln erwähnten Erlebnisse sind Einzeltaten, auf die es im ungeheuren Geschehen dieser Tage nicht weiter ankommt. Es kommt auch auf hundert oder auf tausend solcher Einzeltaten nicht an. Worauf es einzig ankommt, ist das deutsche Gesetz, das diese Einzeltaten nicht nur straffrei lässt, sondern sie als vaterländische Taten sanktioniert und durch Beförderung und Belohnung prämiert.

Die einzelnen Ortsgruppen der Sozialdemokratie bereiteten im März ihre Gedenkfeiern für Karl Marx vor, der 1933 fünfzig Jahre tot war. Ich berichtete nach der Wahl am 5. März über die Lokalereignisse wie bisher in der »Volkswacht«.

Das Arbeitsamt, das nicht mehr städtisch war, sondern dem Zuge zur Zentralisierung folgend, dem Arbeitsministerium in Berlin unterstand, veranstaltete am Donnerstag, den 16. März, eine Führung durch alle die Stätten, in denen jugendliche Arbeitslose von hierfür angestellten Lehrern und Handwerksmeistern weitergebildet oder umgeschult wurden. Dabei sahen wir in der Gewerbeschule ein von einem Jugendlichen fein ziseliertes Hakenkreuz. Der Direktor des Arbeitsamtes, ein Regierungsrat, rügte den Handwerksmeister, der dieses Kunstwerk herstellen liess. Ob auch der Redakteur der Nazipresse die Rüge hörte, weiss ich nicht mehr.

Beim weiteren Durchwandern der Werkstätten fragte mich der Regierungsrat, weshalb meine Zeitung meinem als Arbeitsamtsdirektor nach Lahr versetzten Genossen Karl Reisch nicht beistünde, von dem der »Alemanne« geschrieben hatte, dass er als ehrenamtlicher Leiter des Bauvereins Mietgelder unterschlagen und den kulturbolschewistischen Architekten Walter Rieber angestellt hätte, der mit seiner Moskauer Bauweise das schöne Antlitz Freiburgs geschändet hätte. Ich antwortete, der Genosse Reisch würde den »Alemannen« verklagen und der Prozess seine Unschuld erweisen. Der Regierungsrat meinte, ich sollte trotzdem schon sofort die Verleumdungen zurückweisen und die Verdienste seines Kollegen Reisch um den gemeinnützigen Bauverein betonen, denn Reisch ertrüge diese Gemeinheiten nicht, er sei ein kränklicher Mensch und dem schmutzigen Nazigesindel nicht gewachsen.

Vier Wochen später las ich in einer Rede, die dieser Regierungsrat gehalten hat, folgende Worte: »Dass ich in meinem Herzen seit jeher Nationalsozialist war, das wissen die Nächsten aus meiner Umgebung!«
In der »Volkswacht« befleissigten wir uns der Feigheit und standen keiner der infam verleumdeten Persönlichkeiten bei, denn wir befanden uns schon unter einer Art Vorzensur. »Vorwärts« und »Berliner Tageblatt« waren für einige Tage verboten. Der »Vorwärts« hatte eine Fotografie des von der Berliner S.A. verwüsteten Schlafzimmers gebracht, in dem der sozialdemokratische Schulrat *Kurt Löwenstein*-Berlin morgens um 5 Uhr samt seiner Frau überfallen wurde. Das »Berliner Tageblatt« hatte von Köln berichtet, dass dort der politische Redakteur *Sollmann* von der sozialdemokratischen »Rheinischen Zeitung«, des ersten, noch von Karl Marx gegründeten Sozialistenblattes in Deutschland, der rechte Flügelmann der Partei, ein Bismarckverehrer, von der S.A. schwer verletzt worden sei. Sein lokalredaktioneller Kollege sei bei demselben Überfall gefährlich misshandelt worden. Andere Zeitungen hatten Sollmann und seinen Kollegen als leicht verletzt bezeichnet. Sie wurden nicht verboten. Also lavierten nun auch wir mit halben Wahrheiten.
Auf den Strassen sah man in jenen Märztagen öfter als sonst politisierende Ansammlungen, die Bierbankstrategen an den Stammtischen debattierten eifriger, aber eigentlich war noch nichts verändert.
Nachdenklich stimmten mich einige Privatfälle, die in das Gebiet des Krankhaften gehörten. So traf ich am Sonntag Morgen, den 12. März, einen uns bekannten Fotografen, mit dem ich in die Wohnung seiner Eltern ging. Er hatte eine Wohnung bei seinem Atelier und ist heute noch ein guter Hitlerhasser, wenn er nicht mittlerweile in Polen gefallen ist. Zuletzt sah ich ihn beim Auszug zum östlichen Kriegsschauplatz. Seine Eltern waren auch Sozialdemokraten, solange es ihnen sehr

schlecht ging. Es ist eine ursprünglich preussische Beamtenfamilie, 1918 aus dem Elsass vertrieben und, wie so viele vertriebene Elsässer, in Freiburg i. Br. gelandet. Sie hatten eine Empfehlung an eine jüdische Familie, die Flüchtlinge aufnahm. Eine andere jüdische Familie liess den Sohn in Dresden zum Fotografen ausbilden und schenkte ihm alles, was zu einem modernen Fotoatelier gehört. Der Sohn ist seinen Gönnern immer dankbar geblieben und hat nur mit Widerwillen S.A.-Leute in voller Kriegsbemalung fotografiert. Er hielt sich von allen Naziorganisationen fern, abgesehen von einigen, in denen er als neudeutscher »Lichtbildner« Mitglied sein musste.

Wir wollten an diesem Sonntag Morgen seinen Eltern guten Tag sagen. Unterwegs kaufte der Sohn einen Veilchenstrauss von einer Strassenhändlerin. Als er den Strauss überreichen wollte, stellte die öffnende Mutter, eine schwerhörige, nervöse Frau, sich vor uns in Positur, richtete sich stramm auf, warf den rechten Arm in Schräghaltung und schrie: »Heil Hitler!« Wir glaubten an einen geschmacklosen Scherz und lächelten höflich. Die Frau aber schrie den Sohn an: »Möchtest du meinen Gruss nicht erwidern?« – Ich ging sofort die Treppe wieder herab, ohne die Frau zu begrüssen, um dem Sohn das Pfötchenheben zu erleichtern. Ich hörte ihn sagen: »Schau, Mutterle, ich habe dir ein Märzsträusschen gebracht«, und die Alte schreien: »Niemand kommt mehr über meine Schwelle, der nicht unsern Führer grüsst!«

Noch merkwürdiger fand ich den Fall einer Offizierswaise. Ihre Mutter, Christin, hatte zwei Jahre, nachdem ihr Mann im Krieg gefallen war, einen sehr wohlhabenden jüdischen Grosskaufmann geheiratet. Die zweite Ehe blieb kinderlos, die Stieftochter wurde sehr geliebt, verwöhnt, besass ein Auto, ein Reitpferd und einen Freund, der später als Schwiegersohn das grosse Geschäft erben sollte. Der Schwiegersohn war auch Christ.

Der Kaufmann und seine Frau waren nach dem 5. März

an die Riviera gefahren. Die 18-jährige Tochter wurde so lange bei der Grossmutter von der jüdischen Seite untergebracht, die von dem jungen Mädchen sehr geliebt wurde. Eines Tages kam das Mädchen aus der Stadt heim, betrachtete die alte Grossmutter mit drohenden Blicken und begrüsste sie mit den Worten: »Heil Hitler, Rebekka!« Die alte Dame wusste nicht, was sie von dem seltsamen Benehmen halten sollte. Die Enkelin aber begann in »Stürmer«-Manier, die Grossmutter zu beschimpfen. Die bestürzte Dame rief ihre Gesellschafterin zu Hilfe, um die Aufgeregte zu beruhigen. Das Hausmädchen brachte kühlende Limonade. Die Enkelin schlug das volle Glas vom Tisch und schrie, dass sie in einem Judenhause nichts mehr geniessen würde. Dann schüttete sie im Beisein der Hausangestellten das gesamte »Stürmer«-Vokabularium über die Grossmutter aus, beschimpfte ihre Mutter als Hure und ehrvergessene Deutsche, zeigte ein grenzenloses Entsetzen über ihre, der christlichen Offizierstochter, im Judenhause verbrachten Jahre und brüllte schreckliche Ausdrücke, deren Kenntnis kein Mensch dem feinen Kinde zugetraut hätte, bis der telefonisch herbeigerufene Arzt ihr eine Spritze Morphium gab. Im schlafenden Zustand brachte er sie in die psychiatrische Klinik der Universität. Ehe die telegrafisch herbeigerufenen Eltern herbei kamen, war sie tot. Allerdings nicht infolge einer Gehirnkrankheit, sondern an einer Lungenentzündung, die sie sich im eiskalten Dauerbade geholt hatte, in das der diensthabende Irrenarzt die nach dem Erwachen wieder Tobende gesetzt hatte. Wahrscheinlich war dieser ärztliche Kunstfehler das Beste, was der Familie geschehen konnte.
Die Mutter hat sich dann 5¾ Jahre später, als ihr Gatte beim Novemberpogrom nach Dachau kam, aufs Schönste bewährt. Sie reiste fast täglich nach Karlsruhe, erzwang sich als ehemalige Witwe eines gefallenen Offiziers Eintritt bei den Ministerien und rastete nicht, bis sie ihren Mann befreit und über die Grenze gebracht hatte.

Zwei Polizisten werden erschossen

Hatte die Revolution bis zum Freitag, den 17. März, in Freiburg nur geflüstert, so schrie sie nun plötzlich laut durch alle Strassen in der Sprache, die der Nazi am besten versteht, in der Sprache der Fäuste. Einer der als Juden auf der Strasse geohrfeigten Männer war eigentlich ein Inder, der in Freiburg Medizin studierte. Daraufhin wurde das Ohrfeigen in den Tageszeitungen und in der »Studentenzeitung« verboten.

Zwei Schüsse aus dem Revolver eines Paralytikers bewirkten, dass die Barbarei losbrach. Die Gewöhnung an ihren Dauerzustand geschah ganz unmerklich.

Morgens um 5 Uhr hatten die bekanntesten Sozialdemokraten, Demokraten und Zentrumsleute die erste, noch ganz oberflächliche Hausdurchsuchung: nach Waffen! Bei uns war ein Schupomann, ein sogenannter Blauer und ein junger S.A.-Mann, ein schüchternes, kleines Kerlchen. Wir öffneten im Morgenrock, erklärten, furchtbare Angst vor Waffen zu haben und nie eine in die Hand nehmen zu wollen. Wir sprachen damit die reine Wahrheit. Wir lachten und bedauerten, dass der Kaffee noch nicht fertig sei und die beiden Herren ohne Frühstück wieder in Kälte und Dunkelheit hinaus müssten. Der unerbetene Besuch verschwand nicht, ohne dass der junge S.A.-Mann zu meiner Tochter sagte: »Na, Fräulein, denn nichts für ungut«, eine süddeutsche Bitte um Entschuldigung, die eine gewisse Höflichkeit bedeutet. Wir gingen wieder ins Bett.

Als mein Sohn die Mittagszigaretten holte, erfuhr er im Tabaklädchen, dass der sozialdemokratische Abgeordnete *Nussbaum* bei der Haussuchung in der Morgenfrühe, aus dem Schlaf auffahrend, vom Bett aus zwei Polizisten erschossen hatte, d. h., der eine lebte noch, starb aber am nächsten Tage.

Was nun in Freiburg geschah, braucht nicht beschrieben

zu werden, weil es in allen Städten Deutschlands von Tilsit bis Lörrach das Gleiche war. Und dass man den sozialdemokratischen Opfern in Freiburg sagte, dass ihre Leiden nur die gerechte Sühne für die Mordtat ihres Genossen Nussbaum sei, dass ohne diese Mordtat, für die sie mitverantwortlich seien, keinem »ein Haar gekrümmt worden wäre« – diese Märzlüge von 1933 war nur eine kleinere Auflage der grandiosen vom November 1938, als 400.000 deutsche Juden *Herschel Grünspan* in Paris zum Totschlag des Herrn *vom Rath* angefeuert haben sollten.

Zum Heil der Freiburger Juden gelang es der jüdischen Gemeinde, den Nussbaum in öffentlicher Erklärung abzuschütteln. Auf dem Extrablatt des »Alemannen« hiess es zunächst: »Jud Nussbaum ermordet die Freiburger Polizisten!« – Mütterlicherseits stammte er einwandfrei von Gundelfinger Bauern, sein verstorbener Vater zog als Evangelist durch die Lande und war der Leiter einer evangelischen Bibel- und Traktätchenhandlung in Strassburg im Elsass. Die Familienpapiere waren glücklicherweise bei der Flucht aus dem Elsass 1918 verloren gegangen.

Nussbaum kam 1928 von Berlin, wo er bis 1924 im Vorstand der »Unabhängigen Sozialdemokratie« eine Rolle gespielt hatte. Niemand kannte seinen Beruf. Er war Mitglied des Holzarbeiterverbandes, und vor dem ersten Weltkrieg war er auch nachweislich Holzbildhauer gewesen. In Freiburg war er Philosoph. Er betrieb in Vorträgen und Artikeln eine greuliche Afterphilosophie. In der sozialdemokratischen Partei war er als Erzradikaler sehr beliebt; als er schnell hintereinander Vorstandsmitglied, Stadtverordneter und Landtagsabgeordneter geworden war, wurde er reaktionär und dünkelhaft. Er war politisch und moralisch ein Lump, ein Säufer und Verschwender. Seine Lebensgefährtin war eine schlanke, grosse Platinblonde, die elegant, mit drei Hunden an der Leine, durch die Kaiserstrasse zog. Sie sah sehr mondän aus, d. h. eigentlich demimondän. Während der Mann schlau und verschlagen war, besass sie eine grosse Gutmütigkeit. Ich sah sie einige Wochen später im Gefängnis, als wir zum Bad geführt wurden. Ich wusste, dass auch sie sass, aber sie war einer anderen Abteilung zum morgendlichen »Bärentanz«, dem Erholungsrundgang, zugeteilt, und ich hatte sie als Gefangene noch nie gesehen. Wenn sie mir nicht in jenem Augenblick verstohlen zugenickt hätte, würde ich sie nicht erkannt haben. Ihr Vorrat an Schminke und Puder war wohl erschöpft und konnte im »Kaffee Sechseck« (das Gefängnis war in Sternform erbaut) nicht ergänzt werden. Die ehemalige Platinlockenpracht hing als grauer Schnittlauch um das eingefallene Gesicht. Dass sie keine Schuld hatte an dem Tode der Polizisten, war schon erwiesen, doch sass sie noch, weil sie sich einen falschen Pass zugelegt hatte. Frau Nussbaum war gar nicht Frau Nussbaum. 14 Tage nach dem ersten Extrablatt war der »Alemanne« in der glücklichen Lage, ein zweites Extrablatt verteilen zu können. Die pikante Neuigkeit war ihm noch eines wert. Nussbaum hatte die Frau 1918 in Strassburg als Strassendirne kennengelernt. Sie war ihrem Mann, einem Arbeiter, entlaufen. Nussbaum nahm sie im Wonnegefühl der Revolution von 1918 mit nach Berlin und gab sie als seine Frau aus. Die Scheidung von dem Arbeiter gestaltete sich schwierig, weil er im französisch gewordenen Strassburg geblieben war und eine hohe Abfindung verlangte, die mit dem deutschen Inflationsgeld nicht zu zahlen war. Als der Arbeiter endlich starb, war Nussbaum in Freiburg politisch schon zu hochgestiegen, als dass er die Trauung in Heimlichkeit hätte nachholen können. Das Naziextrablatt rief den Lesern eine reizende Szene des letzten Rektoratsballs der Universität ins Gedächtnis. Es war Sitte, dass der neu ernannte Rektor den Ball mit einer offiziellen Dame der Gesellschaft eröffnete, und da Nussbaum es verstand, seine liebreizende Frau Gemahlin in den Vordergrund zu stellen, tanzte der Nobelpreisträger Professor *Hans Spemann,* Zoologe und Magnifizenz den ersten Tango mit der Strassburger Strassendirne.

Eine sozialdemokratische Partei, die solche Schwindler zu Führern macht, ist reif zum Untergang. Dennoch kommt es in einem gesitteten Staat nicht vor, dass unvorbestrafte Bürger bei nachtschlafender Zeit Haussuchungen über sich ergehen lassen müssen. Nussbaum war im Besitz eines Waffenscheines, weil er oft spät nachts nach Landtagssitzungen in Karlsruhe heimfuhr. Der Revolver lag auf dem Nachttisch neben ihm. Da er infolge einer vernachlässigten Syphilis wiederholt in der psychiatrischen Klinik der Universität behandelt wurde, hätte Geheimrat *Hoche,* ihr Direktor, die Entziehung des Waffenscheins beim Bezirksamt beantragen müssen. Da Nussbaum sich von seinen Gläubigern verfolgt wusste, öffnete er prinzipiell auf kein Klingeln mehr. In jener Nacht war er spät und betrunken heimgekommen; und da er um 5 Uhr nicht öffnete, holte ein im Haus wohnender Schutzmann mit Namen *Schelshorn,* den die Sache dienstlich nichts anging, eifrig einen Schlosser, der die Korridortür öffnete. Schelshorn und der Schutzmann *Weber* mit einem S.A.-Mann, die die Haussuchung vornehmen sollten, und die sich gerade zu dieser interessanten Haussuchung besonders gedrängt hatten, traten die zugeschlossene Schlafzimmertür mit ihren Stiefeln ein.

Mit den Leichen der Polizisten wurde ein unbeschreiblicher Kult getrieben. Der Leichenzug wurde durch halb Freiburg geführt. Vor dem Mietshause des Nussbaum wurde ein steinernes »Mahnmal« errichtet, das heute noch jeder Vorbeigehende durch Hitlergruss zu ehren hat. Die Strasse heisst *Schelshorn-Weber*-Strasse. Frau Schelshorn hat auf dem von einem Hakenkreuz gekrönten Grabstein ihres Mannes die Worte setzen lassen: »Von feiger Mörderhand erschlagen!« – Frau *Weber* drückt sich gemässigt aus. Beide Schutzmannswitwen haben geäussert, das Geld für das »Mahnmal« wäre

ihnen lieber gewesen. Sie erhalten trotz allen Ruhms nur die übliche Schutzmannspension, die niedrig ist in ihren Fällen, weil ihre Männer noch keine hohe Zahl von Dienstjahren hatten.
Nussbaum wurde ins Gefängnis gebracht, das bis zum Nachmittag von Menschenmassen belagert war. Ausserdem fuhr die »Grüne Marie«, der Gefängniswagen, bei zahlreichen bekannten Sozialdemokraten vor und bei den in Freiburg lebenden Verwandten des Nussbaum. Alle wurden in den engen Käfig gepfercht und im Gefängnis abgeladen. Von den draussen harrenden Massen wurde die »Grüne Marie« jedes Mal wieder mit Steinwürfen und Schmährufen empfangen. Aber die Gefängnistore zur Autoeinfahrt öffneten und schlossen sich schnell, die Leute draussen sahen niemand in dem geschlossenen Wagen und kamen um ihre Sensation. Um drei Uhr nachmittags ging eine erwählte Abordnung von S.A.-Leuten ins Gefängnis zum Direktor Kölblin und verlangte Nussbaum, weil die Menge ihn zu »strafen« wünschte. Der Direktor warf sie heraus. Nun schrie die Menge nicht allein »Nieder mit Nussbaum«, sondern auch »Nieder mit Kölblin!« – Polizei erschien nicht zum Auseinandertreiben der Massen. Die abgewiesenen S.A.-Leute gingen heim und zogen ihre braune Uniform an. Nun waren sie laut Görings Befehl »Hilfspolizei«, und so drangen sie mit Gummiknüppeln und Stahlruten noch einmal bei Direktor Kölblin ein. Die Gefängniswärter drängten sie mit vorgehaltenen Revolvern heraus, und von da ab wurde trotz wüsten Gröhlens und dauerndem Läuten das Gefängnistor nicht mehr aufgetan. Die in Gemeinschaftshaft sitzenden Sozialdemokraten zitterten vor Angst, dass Kölblin nicht fest bliebe und die braunen Horden mit ihren Marterinstrumenten zu ihnen liesse, wie es in Düsseldorf, in Königsberg und in anderen Gefängnissen geschehen ist. Die Menge draussen konnte ihr Mütchen nur an einem Radfahrer kühlen, der in das allgemeine Geschrei »Heil Hitler« und »Nieder

mit Nussbaum« plötzlich hineinschrie: »Heil Nussbaum!« Halb totgeprügelt, wurde er von einem vorbeifahrenden Arzt mitgenommen.
Nussbaum kam in die Landesirrenanstalt Wiesloch bei Heidelberg, in der er 1939 mit 52 Jahren starb. Seine Möbel, Bücher und Hunde wurden zur Befriedigung der Gläubiger versteigert, ebenso sämtliche Kleider seiner Freundin, die ihn bis zuletzt in der Anstalt besuchte und ihm zärtliche Briefe sandte.

Die Eroberung der »Volkswacht«

Ich hatte in meinem Vorort nichts vom Aufruhr der Stadt gemerkt und ging nach Tisch in die Redaktion wie sonst. Auf den Strassen war Tumult, vor jedem Laden und jedem Hotel standen die Besitzer und schimpften laut auf die Sozialdemokraten. Die Frau des sozialdemokratischen Bürgermeisters *Hölzl*, sonst immer allzu elegant für eine Arbeiterführerin, ging in schlichtem Kostüm mit einem mächtigen Rucksack auf dem Rücken ins Gefängnis, um ihrem schwer magenkranken Mann Essen und Nachtzeug zu bringen. Sie hatte ihr Dienstmädchen zum Schutz neben sich. Die Leute schimpften laut hinter ihr her. –

An der »Volkswacht« angekommen, sah ich, dass alle Rolläden herabgelassen waren. Das Tor war abgeschlossen. Ich klingelte und die Hausmeistersfrau liess mich herauf. Oben im vierten Stock wohnten zwei Angestellte der »Volkswacht« mit ihren Familien, und die dritte Wohnung gehörte der Putzfrau. Die Kinder der Familien waren verstört. Ihre Väter und den politischen Redakteur hatte man am Morgen ins Gefängnis abgeführt. Die S.A. hatte alle Räume von sämtlichem Personal geräumt und den Leuten verboten, wiederzukommen.

Ich weiss nicht, warum ich mich dann in die Redaktion setzte und meine fälligen Artikel auf der Schreibmaschine aus meinen Stenogrammen übertrug. Ich wollte nicht an die mögliche Nutzlosigkeit meiner ganzen bisherigen Arbeit denken. Ich brauchte noch ein wenig Blindheit und verschloss mich gewaltsam der Vernunft.

Plötzlich wurde unten auf sämtliche Glocken gedrückt und nicht wieder losgelassen. Die entsetzt schreienden Frauen holten mich nach oben. Wir sahen hinunter. Da standen auf der engen Predigerstrasse S.A., S.S. und Stahlhelmleute mit einer Hakenkreuzfahne. Immer mehr Volk strömte herzu. Wie ich später hörte, kam auch der ganze Mob vom nahen Gefängnis herüber, weil es dort nichts Interessantes mehr gab.

Wir vier Frauen oben berieten, was wir tun sollten. Ich telefonierte zunächst der Polizei und bat um Zerstreuung der Massen. Der Beamte am Apparat sagte: »Sind Ihnen die Leute da draussen im Weg? Warum schicken Sie Mörder als Abgeordnete in den Landtag? Wenn die S.A. in Uniform ist, sind Sie verpflichtet zu öffnen. Heil Hitler!« Die Kinder oben schrien: »Nicht aufmachen!« – Wir sahen wieder hinaus. Die S.A.-Leute riefen: »Wenn ihr aufmacht, passiert euch gar nichts, das versprechen wir euch; wenn wir gewaltsam öffnen müssen, machen wir Hackfleisch aus euch!« –

Also gingen wir hinunter und schlossen auf. Die Uniformierten nahmen nur zehn Zivilisten mit hinein. Die Fahne hatte einen sehr langen Schaft und ging nicht durch die Redaktionstüre. Wegen der Treppenwendung musste eine gegenüberliegende Korridortüre geöffnet werden, hinter der ein Schneiderehepaar wohnte, beide alte Sozialdemokraten. Einer der Anführer läutete, und ich hätte nie gedacht, dass ein Mensch so wendig sein könnte wie der Schneidermeister Frei, der noch vor drei Minuten mit mir auf das Gesindel da unten geschimpft hatte. Ergeben tänzelte er herum, klein und behendig, legte helfend Hand an, auch an die Hakenkreuzfahne, wies den Weg zu dem Eckfenster, aus dem sie hängen sollte, und als der S.A.-Führer mich fragte, wo die Parteifahne und die schwarz-rot-goldene seien, und ich es nicht wusste, da wusste es der devote Schneider und holte beide Fahnentücher flink herbei, auf dass sie draussen auf der Strasse öffentlich verbrannt würden. Das gehörte zum »Comment«, wenn eine »Festung des Weimarer Systems« erobert war. Als die Hakenkreuzfahne flatterte, rief der Pöbel: »Heil Hitler«; der S.A.-Führer gebot Ruhe vom Fenster herab und erteilte das Wort einem jungen Stahlhelmer, der eine Rede herunterstotterte, in der er das Glück des Volkes pries, das nun endlich den

Fall dieses Schandflecks der Stadt erlebe, unter dem es so grenzenlos gelitten habe.
Dann lasen die Eindringlinge die Briefe, die auf den Schreibtischen der Redakteure lagen, machten einfältige Bemerkungen darüber und hörten auf, als sie den Brief einer alten Witwe fanden, die sich für eine private Geldzuwendung bedankte. Dann wollten sie wissen, wo die »Geheimbefehle« lägen. Ich sagte, alle Räume wären zugänglich, sie sollten nur suchen, steckte mir eine Zigarette an und rauchte zum offenen Fenster heraus. Nun war der Pöbel nicht mehr zu halten. Mit dem Ruf »Raus mit der Marxistenhexe!« stürzten Männer und Frauen herauf. Die S.A. aber hielt die Leute einigermassen in Schach. Zwanzig Mann durften herein, von Frauen keine einzige. Aber es gibt in solchen Betrieben nicht viel zu plündern. Einer steckte eine Blumenvase ein, einer einen Füllfederhalter. Also begann man, Stühle zu zertrümmern und das Holz neben den 16.000 am Morgen gedruckten Volkswachtexemplaren auf die Strasse zu werfen, damit die Fahnen damit in Brand gesteckt werden konnten. Während das Fahnentuch glimmte und stank und auch die Zeitungen nicht recht brennen wollten, weil die Leute zu aufgeregt waren, um die grossen Packen richtig zu entfalten, kam die Lust am Herausschleudern, und unbedrucktes Papier, die teuren Lettern aus Metall, Schreibmaschinen und Bücher, alles flog auf die Strasse. Die Strasse war fusshoch bedeckt. Ein Schreier oben kommandierte: »Eins, zwei, drei«, dann kam ein neuer Wurf, der unten mit Jubel begrüsst wurde. In einem Nebenzimmer telefonierte ich einem Rechtsanwalt. Er gab den Rat, recht viel zerstören zu lassen, denn entweder würden die Nazi zur alleinigen Macht gelangen, dann hätten sie ihr eigenes Hab und Gut verwüstet, oder sie kämen nicht zur Macht, dann würde nach dem neuen Tumultschadengesetz alles ersetzt werden.
Infolge dieses Bescheids ging ich nach Hause. Vor versammeltem Volk wollte ich nicht in Tränen ausbrechen.

Doch musste ich erst noch einmal umkehren und den Stahlhelmmann um Geleit bitten, denn eine Frau unten drang mit ihrem Regenschirm auf mich ein. Der junge Mann sagte zu mir, das alles sei ja nicht schön, aber jetzt wäre es nach der Mordtat das Klügste, wenn man das Volk einmal gründlich austoben liesse.
Anderntags las ich im »Alemannen« die Beschreibung dieser mutigen Eroberung sowie der am gleichen Tag erfolgten Eroberung des Gewerkschaftshauses, des Rathauses und des Bezirksamtes. Wahrscheinlich gehörte zu allen anderen Eroberungen ebensoviel Mut wie zu der über die Frauen und Herrn Schneidermeister Frei. Der Eroberungsbericht war ein Kabinettstückchen schwülstiger Demagogie: »Da türmten sich in den Geheimfächern die Pläne zur Niederringung des Nationalsozialismus, da stöhnten die Rotationsmaschinen unter dem Unflat, den sie widerwillig von sich geben mussten, da standen in der Buchhandlung Band an Band die schmutzigen Ausgeburten der Pazifisten, der Juden und Judengenossen!«
Dieses literarische Urteil hielt die Nazi nicht davon ab, täglich grosse Mengen der zum Teil kostbaren Bücher und wertvollen Sammelwerke zu stehlen, und als einige Wochen später die grosse Verbrennung der undeutschen, defaitistischen und jüdischen Literatur im Stadion der Universität stattfand, gab es nur ein merkwürdig kleines Feuer aus den Büchern eines Leiterwagens, der witzigerweise von einem Ochsen gezogen wurde, nach der Meinung der akademischen Bilderstürmer das wahre Symbol für Sigmund Freud und *Franz Werfel.*
Die »Schutzhaft« der Sozialdemokraten dauerte drei Wochen, bis alle *Schelshorn-Weber*-Feiern abgehalten waren. Die meisten kamen frei, ein Landvermessungsrat, ein Lehrer und einige andere wurden zwangspensioniert und erhielten nach dem neuen Paragraphen IV über »antinationalsozialistische Betätigung von Beamten« nur 7/10 der ihnen zustehenden Pension. Acht kamen

für ein Jahr ins Konzentrationslager auf den Heuberg bei Stetten am kalten Markt und auf den Ankenbuck bei Villingen. Einige dieser acht wurden bald nach ihrer Freilassung Nationalsozialisten. Einer von ihnen, der sozialdemokratische Stadtrat und politische Redakteur der »Volkswacht«, *Reinhold Zumtobel,* gab ein antisemitisches Buch heraus, in dem der grosse »Volkskanzler« Hitler gepriesen wird, der die stillstehenden Textilmaschinen des Wiesentals wieder in Gang gebracht hätte. Sein Sohn ist ein gefährlicher Lockspitzel. Andere verzichteten auf den bisherigen gehobenen Beruf, kehrten zum Handwerk ihrer Jugend zurück und blieben, zwar verstummte, aber ehrliche Nazigegner. Stadtrat *Franz Geiler* wurde wieder Schuhmacher und gewann die Kundschaft der Tramschaffner, denen er früher als Gewerkschaftssekretär gedient hatte, schweigsam hämmernd unter dem grossen Wandbild *August Bebels,* den er bei Haussuchungen für seinen Vater ausgibt. Der Landtagsabgeordnete *Philipp Martzloff* setzte sich als Schneider wieder auf den Tisch. Sein Sohn erhielt später 2¾ Jahre Gefängnis, weil er im Arbeitsdienst gegnerische Flugblätter verteilt hatte. Als Entschuldigung gab er an, er habe seinen Vater rächen wollen. Das wurde ihm als strafverschärfend ausgelegt. Der Staatsanwalt beantragte für so viel Rachsucht 3 Jahre Zuchthaus, doch das Gericht sah von einer Zuchthausstrafe ab, weil ein Zuchthäusler nicht mehr im Heere dienen kann, und das Gericht wollte Helmut Martzloff nicht der Möglichkeit berauben, seinem Führer die zweijährige Dienstpflicht zu leisten. Sein Vater ist heute noch ein ungebrochener Mann. Als er auf dem Ankenbuck ankam, sagte ihm ein S.S.-Führer: »Du vollgefressenes Sozenschwein, hier gibt's keine Leckerbissen mehr, du wirst dich wundern über die Kost hier!« Worauf Genosse Martzloff antwortete: »So schlecht könnt ihr gar nicht kochen, wie's mein Magen vertragen kann!«
Ich bekam Nachricht aus dem Gefängnis, ich solle eine

Brille in der »Volkswacht« suchen und einem gefangenen Genossen bringen. Ich ging hin. Unten rechts sass rauchend ein S.A.-Mann und las eines der defaitistischen Bücher aus der Buchhandlung. Ich durfte hinaufgehen und die Brille suchen. Oben standen vor den Setzmaschinen zwei S.A.-Männer, um aufzupassen, dass nichts Verbotenes gesetzt würde. Die Werbezeitschrift des städtischen Verkehrsvereins »Schwarzwald, Oberrhein, Bodensee« wurde bei uns hergestellt, und der Verkehrsverein hatte die nationalsozialistische Parteileitung um Erlaubnis zur Fertigstellung der letzten Nummer gebeten. So hatten einige Buchbinder die eroberte Festung betreten dürfen, um die von den Vandalen übrig gelassenen Blätter der Zeitschrift zu heften. Die Bewachung der S.A. war dreimal so stark wie die Belegschaft der Buchbinder. Sie liessen mich nicht aus den Augen, während ich die Brille suchte. Dabei begannen sie vor lauter Langeweile ein Gespräch mit mir und natürlich über den Fall Nussbaum. Sie sagten: »Das konnte nur geschehen, weil wir immer zu human gegen die Sozen waren. Jetzt hört das auf.« Aus dem Druckereisaal kam ein S.A.-Mann, der sich ins Gespräch mischte: »Ja, wir waren nur immer leider zu human. Das ist auch der einzige Fehler des Führers, dass er zu human ist.«
Beim Hinausgehen traf ich den Geschäftsführer der »Volkswacht« Friedrich, der seit über 30 Jahren der Sozialdemokratie angehörte und jetzt zwei Redakteure des »Alemannen« in S.A.-Uniform durch alle Stockwerke führte. Wie in allen Städten zog die Nazizeitung in das eroberte Gelände ein. Starr vor Wut sah und hörte ich das unterwürfige Benehmen Friedrichs. Die Eindringlinge kamen gerade aus dem Teil des Gebäudes, in dem wir eine Arbeiterwohlfahrtsküche eingerichtet hatten. Die Unterkunft der Speisenden war etwas dunkel, sie sollte gerade ausgebaut werden. Die Armen aber kamen trotzdem mittags und abends in hellen Scharen, da sie bei der Arbeiterwohlfahrt ein gutes und reichliches Essen für

zehn Pfennige bekamen, wenn sie einen Arbeitslosenausweis hatten. Die Nazi bemängelten den primitiven Speiseraum, und Ehren-Friedrich stand ihnen mit folgenden Worten bei: »Da haben Sie recht! Man kann keinem anständigen Menschen zumuten, in dem Saustall zu essen!« – Als Friedrich mich erblickte, verstummte er.

Im April 1933 verklagte ich Friedrich vor dem Arbeitsgericht auf mein rückständiges Februar- und Märzgehalt. Zum Termin kamen ausser mir der Feuilleton- und der Sportredakteur sowie der Faktor, der Lohnbuchhalter und die Kassiererin, die alle Monatsgehalt bekommen hatten. Friedrich wies eine ihm zugegangene Verfügung vor, in der der Chef der Arbeitsfront, *Dr. Ley*, mitteilte, dass an solche Angestellten und Arbeiter der sozialdemokratischen Betriebe, die vom Nationalsozialismus nicht übernommen waren, keine Restgehälter ausgezahlt werden dürften.

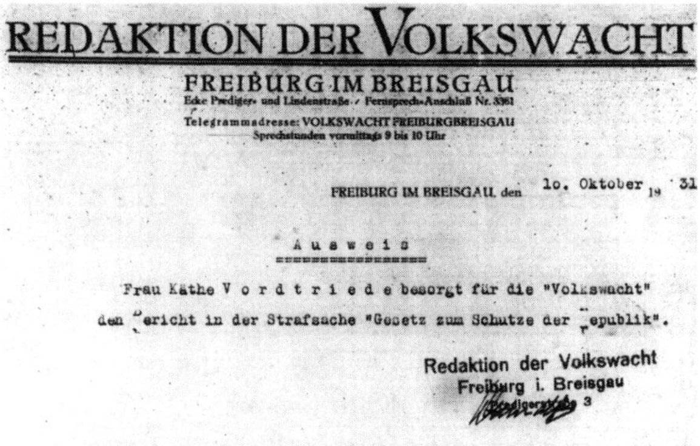

REDAKTION DER VOLKSWACHT

FREIBURG IM BREISGAU
Ecke Prediger- und Lindenstraße / Fernsprech-Anschluß Nr. 5361
Telegrammadresse: VOLKSWACHT FREIBURGBREISGAU
Sprechstunden vormittags 9 bis 10 Uhr

FREIBURG IM BREISGAU, den 10. Oktober 19 31

A u s w e i s

Frau Käthe V o r d t r i e d e besorgt für die "Volkswacht" den Bericht in der Strafsache "Gesetz zum Schutze der Republik".

Redaktion der Volkswacht
Freiburg i. Breisgau
Predigerstraße 3

Käthe Vordtriedes Presseausweis aus dem Jahr 1931.

Die »Volkswacht« wurde Ende März vom »Alemannen« gekauft. Man legte in jenen Anfangszeiten der nationalen Erhebung noch Wert auf Anstand nach aussen hin und tarnte seine Diebstähle. Obwohl keine nennenswerten Warenschulden da waren, Aufträge in Hülle und Fülle

drängten, trotz der 16.000 Abonnenten und der besten Inserenten, obwohl grosse und angesehene Zeitschriften im Volkswachtverlag erschienen und die Akzidenzdruckerei viele Arbeiter beschäftigte, wurde die »Volkswacht« bei der Übernahme als »bankrottes Unternehmen« bezeichnet, sodass keine ideellen Werte, wie Kundschaft usw. zu bezahlen waren. Das vierstöckige Gebäude lag inmitten der Stadt an drei Strassen, der Prediger-, der Linden- und der Merianstrasse. Nach Umbau und Vergrösserung im Jahre 1928 wurde es mit Inventar amtlich auf 500.000.– RM geschätzt. Gleichzeitig wurden bei der städtischen Sparkasse 75.000.– RM als erste Hypothek aufgenommen. Alle Maschinen waren modern, grösstenteils neu angeschafft, das Modell der grossen Rotationsmaschine war auf der Gesolei, der Industrieausstellung in Düsseldorf, prämiert. Die Nazi »kauften« und brauchten keinen Pfennig mitzubringen. Sie übernahmen die erste Hypothek zum gleichen Zinsfuss und hatten also den ganzen Betrieb für 75.000.– RM gekauft. Ein amtlicher Taxator bestätigte, dass der Betrieb insolvent gewesen wäre. Die »Volkswacht« war eine Genossenschaftsdruckerei, und wir Genossenschaftler verloren alle unsere kleinen Anteile.
Genauso erging es uns mit dem Gewerkschaftshaus, an dessen »Eroberung« ich 40.– deutsche Reichsmark verlor. An der Front des riesigen Gebäudes wurden 1933 vier grosse, runde Schilder angebracht, deren jedes einen Buchstaben trug: »N.S.B.O.« Das war der ursprüngliche Name der Arbeitsfront: »Nationalsozialistische Betriebsorganisation.« Der Freiburger Volkswitz deutete die rätselhaften Buchstaben als: »Nun sind die Bonzen oben!« 1934 wurden die runden Schilder entfernt, und feierlich wurde ein neues Schild geweiht: »Fritz-Plattner-Haus.« Das Gewerkschaftshaus hiess nun nach diesem Helden, der sich in Saalschlachten und Verleumdungen gegnerischer Politiker bewährt hatte und, in einem gross aufgezogenen Prozess, den der Altreichskanzler *Josef Wirth*

wegen Beleidigung gegen ihn anstrengte, zu 6 Wochen Gefängnis wegen übler Nachrede nach § 186 RStGB verurteilt wurde. Das war im September 1932. Abgesessen hat der Betriebszellenleiter Plattner diese Strafe nicht mehr. So gelinde sie war, so verstand er doch, sie hinauszuschieben bis zu einem Zeitpunkt, da sie ihm zur Ehre gereichte. Die Gerichtsverhandlung fand am 29. September statt. Sie ist mir in besonderer Erinnerung. Plattner trat in einer Pause an den Pressetisch heran und bat uns, die Erwähnung seiner vom Vorsitzenden aufgezählten Vorstrafen in der Presse zu unterlassen. Er habe zwei kleine Kinder, wir sollten ihn nicht unglücklich machen. Da alle Kollegen, auch der kommunistische von der »Mannheimer Arbeiterzeitung«, ihm Verschweigen zusagten, tat ich es auch. Mir war damals der Begriff des »Überzeugungstäters« etwas durchaus Strafmilderung Erforderndes – unter Göring ist der »Überzeugungstäter« doppelt strafbar. – 1935 wurde auch das Fritz-Plattner-Schild entfernt, weil Plattner Devisenschiebungen nachgewiesen werden konnten. 1936 erhängte sich in einem Schrebergartenhaus der seiner Gesinnung wegen entlassene Bahnbeamte Fritz Nievergelt, der am Wirtshaustisch Plattners Verfehlungen verkündet hatte und deshalb von der Gestapo so verfolgt wurde, dass sie ihn in den Tod trieb. 1937 bekränzte und beflaggte die Witwe Nievergelt zum ersten Mal ihr Haus an Hitlers Geburtstag, aus Angst vor der Kontrolle des Strassenwarts.
So wurden alle Häuser der sozialdemokratischen Partei »erobert«, auch die Häuser der parteilichen Tochterorganisationen, die einen grossen Wert repräsentierten, das Stadion der »Freien Turnerschaft«, die im Schwarzwald überall verstreuten Heime und Hotels der »Naturfreunde« usw. – Für mich war die Beschlagnahme des Arbeiterwohlfahrtsheimes am schmerzlichsten, in dem ich die örtliche Erholungsfürsorge armer Arbeiterkinder geleitet hatte. Ich habe es nie über mich gebracht, an dem schönen Heim jemals wieder vorbeizugehen, und ich bin

auch nie wieder an der »Volkswacht« vorbeigegangen, seit der »Alemanne« dort eingezogen war.

Noch eine »Eroberung«

Zufällig waren meine Tochter und ich an einem Aprilabend im Jahre 1933 noch einmal Zeugen einer »Eroberung«. An der Baslerstrasse lag das Verbindungsheim des C.V., der jüdischen Studentenverbindung, »Spinat mit Ei« genannt nach ihren grünen Kappen mit gelben Streifen. Dort schwelte im Vordergarten auch eine schwarz-rot-goldene Fahne über Haufen von angezündeten Büchern und Heften, und es stand allerlei Volks umher. Vom Haus wehte die Hakenkreuzfahne, und am Parterrefenster sprach einer der »Eroberer«, ein Student im Braunhemd. Neben ihm stand ein blasser, junger Mensch. Der Redner wies auf ihn und machte Mitteilung davon, dass man diese jüdische Kreatur nach der Erstürmung des verpesteten Hauses feige hinter einem Brikettstapel im Keller verborgen gefunden hätte. Der arische Hausverwalter und seine Frau, diese Judenknechte, seien verhaftet. Dann kam der Redner auf die Osterzeit der Juden zu sprechen, und von ihm hörte ich zum ersten Mal in meinem Leben ernsthafte Erörterungen des Ritualmordes, den die Juden vorbereitet und den die »Eroberer« vereitelt hätten. Noch kein Naziredner in Freiburg hatte vom Ritualmord als Tatsache gesprochen. Dergleichen hatte ich bisher nur in Stürmerkästen und im »Alemannen« gelesen, aber es ist wohl möglich, dass der Redner glaubte, was er sagte.
Als er unter Heilrufen geendet hatte, durchbrach ein junger Mensch die vor dem Hause postierte Kette von zwei Schutzleuten und etwa 20 S.A.-Studenten. Ich hörte, wie er sagte, dass er vor dem medizinischen Examen

stünde, in dem Hause ein Zimmer bewohnt habe und von dort seine Sachen, vor allem seine fürs Examen benötigten Kollegheftе, holen wollte. Man liess ihn herein, und drei Minuten später kam er mit einem blutigen Taschentuch, das er an die Nase hielt, wieder heraus. Zwischen einem Schutzmann und einem S.A.-Studenten gehend, wurde er zur nahen Polizeiwache am Johanniskirchplatz, seit 1933 »Danziger Freiheit« genannt, abgeführt. Weiter habe ich von dieser »Eroberung« nichts gesehen. Als wir aus der Stadt heimgingen, lag das Studentenheim im Dunkeln.

Der Hund hängt am Menschen, die Katze hängt am Haus und der Deutsche hängt auch am Haus[1]

Die »Volkswacht« muss am Tag nach der »Eroberung« unvorstellbar verschmutzt und verwildert ausgesehen haben. Ich traf einige Tage später Frau Wannemacher, die schon erwähnte Putzfrau, die oben im vierten Stock der »Volkswacht« wohnte. Sie erzählte mir mit Tränen in den Augen Folgendes: Am nächsten Tage kam der Chefredakteur des »Alemannen«. Er kündigte den beiden ebenfalls oben wohnenden »Volkswacht«-Angestellten die Wohnung zum 1. April 1933, und ihr befahl er als Putzfrau, das Haus zu reinigen, vor allem die Aborte. Die hätten ja nun ganz fürchterlich ausgesehen. So etwas könnte sich ja nun kein Mensch vorstellen. Die Nazi, die dachten, dass die Besetzung der »Volkswacht« etwas Vorübergehendes sei, hatten eine Rache nach ihrer Art ausgebrütet: Sie hatten die Fussböden der Aborte und Waschräume mit ihrem Kot vollständig besudelt. So

1 Die Überschrift weicht von der des Inhaltsverzeichnisses ab.

vermeinten sie die Sozialdemokratie zu schädigen. Der Nationalsozialismus aber zahlte Frau Wannemacher 20 deutsche Reichsmark auf Befehl des Chefredakteurs für das Abscheuern der schauerlichen Sudelei. Und vier Wochen später bezog der »Alemanne« selbst seine Residenz in der vom eigenen Dreck gereinigten »Volkswacht«.

Frau Wannemacher war seit dem Bestehen der »Volkswacht« ihre Putzfrau. Bis zum Jahre 1911 hielten Freiburgs Sozialdemokraten den »Volksfreund« aus der Druckerei *Adolf Gecks* von Offenburg. Dann wurde der »Volksfreund« nach Karlsruhe verlegt und für Oberbaden und das Bodenseegebiet die »Volkswacht« gegründet. Nach dem ersten Weltkrieg erhielt das Seegebiet in Singen am Hohentwiel ein eigenes sozialdemokratisches Organ, die »Volksstimme«. Der erste Mensch, der in das neue Gebäude in Freiburg einzog, war Frau Wannemacher, die Putzfrau. Als die Spartakisten vor das Haus zogen, hatte sie es schon sieben Jahre lang geputzt. Die Spartakisten rückten, die Internationale singend, an einem Dezemberabend 1918 an, um die »Rote Fahne« statt der »Volkswacht« zu drucken. Es war nach Feierabend, und Frau Wannemacher war ganz allein in dem weitläufigen Gebäude. Sie liess schnell alle Rolläden im Parterre herab, verschloss das Tor, ergriff das Gewehr ihres aus dem Felde heimgekehrten Mannes, lud es und schoss von oben blindlings in den lärmenden Haufen. Zum Glück traf sie niemand, und sie wurde wegen ihrer Heldentat auch nie zur Verantwortung vor Gericht gezogen. Die Spartakisten, die in der Dämmerung annahmen, dass da oben ein ganzes Regiment sässe, zogen schnell wieder ab und getrauten sich nie wieder, die »Volkswacht« zu überfallen.

Dieses Heldenstückchen erzählte mir Frau Wannemacher oft und gern. Es war ja auch eins. Ausserdem war sie von Stolz auf einen Film erfüllt, »Was wir schufen«, den die sozialdemokratische Werbeleitung drehen liess

und in dem auch die schönen, hellen Arbeitsräume der Freiburger »Volkswacht« vorkamen und in ihnen Frau Wannemacher mit Schrubber und Scheuertuch. Ich sehe sie im Geiste noch vor mir sitzen bei der Vorführung des Films in einem Freiburger Kino – die selig lächelnde Frau Wannemacher, die die ernste, würdige Frau Wannemacher auf der Leinwand betrachtet.
Als die Nazi im Jahre 1932 immer häufiger nach Arbeitsschluss vor die »Volkswacht« zogen, um Händel mit den heimgehenden Buchdruckern zu suchen, sagte sie oft: »Ach Gott, Genossin Vordtriede, wenn die uns aus der ›Volkswacht‹ werfen! Ich überleb's nicht – ich nicht! Ich geh' in den Rhein! Wo er am tiefsten ist! Ich häng' mir einen Stein um, dass ich schnell hin bin! Ohne meine ›Volkswacht‹ kann ich nicht leben! Ich stehe vorm Silberjubiläum! 25 Jahre putze ich hier bald!«
Frau Wannemacher wohnt heute noch als Putzfrau im vierten Stock der Predigerstrasse Nr. 3, als Angestellte des »Alemannen«. Mit fliegenden Fahnen ging sie zum Feind über. Mich schaut sie auf der Strasse nicht mehr an. Ich bin überzeugt: Sie putzt heute blanker als je!

Ich habe jedes Pech gehabt, das es gibt. In des Lebens bedeutendsten Dingen aber war das Schicksal nicht gegen mich. Vor 1933 nahmen meine Kinder und ich unsere kleinen Angelegenheiten zu ernst und zu wichtig, doch liebten wir alle drei immer die himmelblaue Freiheit und verabscheuten den grauen Zwang.
Als die politischen Rattenfänger mit dem Einfangen der männlichen Jugend begannen, war mein Sohn 15 Jahre alt. Er war da schon unnahbar und schüttelte sie ironisch und verächtlich ab. Von seinem nichtarischen Blute war damals noch keine Rede. Zu jener Zeit war der Halb-, der Viertel- und der Achteljude noch eine Angelegenheit der nationalsozialistischen Anthropologen. Wer gross, blond und blauäugig war und nicht volljüdisch, wie meine Kinder, wurde der Gefolgschaft Hitlers für würdig erachtet. Es hat zwischen den Kindern vom ersten Lebenstage an nur Liebe und höchstes Vertrauen gegeben, nie die geringste Meinungsverschiedenheit. Ihre Freundschaft war so gross, dass jeder Freund und jede Freundin nur immer eine zweite Stelle einnehmen konnte, und so vertrugen sie kein Einbrechen in ihre private Sphäre, keine nationalsozialistische Aufdringlichkeit, keine Einmischung in ihre Eigenart. Sie sind Individualisten.
Meine Tochter, mit einer über alle Kümmernisse hinwegtanzenden Phantasie begabt, wollte 1933 die kurze Zeit bis zum Examen in Freiburg bleiben, wo sie schon sechs Semester Philologie studiert hatte. Es wurde sehr schwer für sie. Die Kommilitoninnen, die aufblühten im Glanz der zur Herrschaft gelangten männlichen braunen Studenten, ersannen täglich Gehässigkeit gegen die wenigen, die sich vom neu-akademischen Leben abschlossen. Es war ihnen süss, sich unter die Führung der Männer zu begeben, aus allen Kommissionen und Verwaltungen

Fränze, Käthe und Werner Vordtriede (ca. 1932) vor ihrem Haus.

abgesetzt zu werden und sich aus dem juristischen Studium ausschliessen zu lassen. Sie richteten Kochkurse ein und halfen, die jüdische Geistesfreiheit aus dem Kollegiengebäude zu verjagen. Die Kraft zu allen ihren Anstrengungen holten sie sich aus den gebieterischen Augen des Mannes, dessen Bild plötzlich in allen Räumen von der Quästur bis zur Mensa academica hing.

Die langweilige Tarnung in den weiblichen Sportverbänden war unnötig geworden. Die Studentinnen lernten am »Pflichtsportnachmittag« mittwochs in aller Offenheit Spitzeldienste und nannten das »Nachrichtendienst«. Die Professoren, die Pedelle, die Hauswirtinnen, Gott und die Welt lernte man schlau und gerissen auszuhorchen, und dann lieferte man ein kleines Exposé über deren politische Gesinnung ab. Der »Pflichtsportnachmittag« am Samstag wurde mit Exerzieren und Gymnastik im Universitätsstadion ausgefüllt.
Eindringliche Ermahnungen zur Teilnahme an diesen Pflichtveranstaltungen, wie die beigeheftete [s. unten], flogen uns oft ins Haus. Der »Obmann« Ilse Hassmann sandte meiner Tochter Drohungen auf offenen Postkarten. Die Nichtteilnahme hatte Nichtzulassung zum Examen zur Folge. Fränze, ein charaktervolles Mädchen, leistete Widerstand gegen jede nationalsozialistische Bindung und wäre lieber ins Gefängnis als zu Parteiveranstaltungen gegangen. Schon als kleines Mädchen nahm sie alles sehr ernst. Wenn ihr jemand etwas versprach, musste man ihr die linke Handfläche hinhalten, das Kind malte mit seinem Fingerchen ein Kreuz hinein und sagte mit drohendem Ernst: »Sterbekreuz in die

Eine der Aufforderungen zur Teilnahme am Pflichtsportnachmittag.

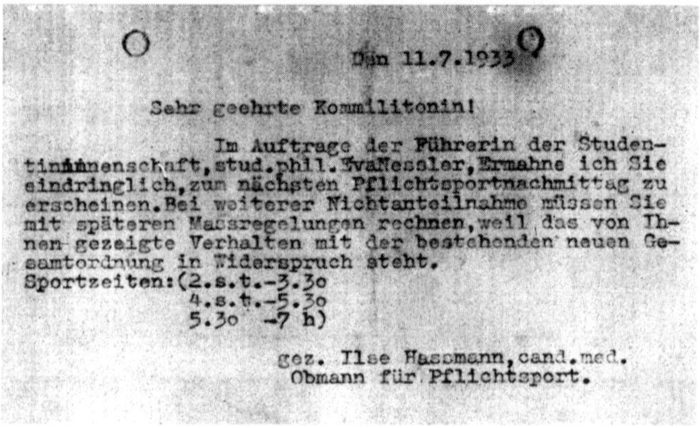

Den 11.7.1933

Sehr geehrte Kommilitonin!

Im Auftrage der Führerin der Studentinnenschaft, stud.phil. EvaNessler, Ermahne ich Sie eindringlich, zum nächsten Pflichtsportnachmittag zu erscheinen. Bei weiterer Nichtanteilnahme müssen Sie mit späteren Massregelungen rechnen, weil das von Ihnen gezeigte Verhalten mit der bestehenden neuen Gesamtordnung in Widerspruch steht.
Sportzeiten: (2.s.t.-3.30
4.s.t.-5.30
5.30 -7 h)

gez. Ilse Hassmann, cand.med.
Obmann für Pflichtsport.

Hand!« Dann musste der andere sterben, wenn er das Versprechen brach.
Fränze ging zu ihrer hohen Führerin, Eva Nessler, und bat um Dispens von den Naziveranstaltungen, da sie halbjüdisch sei. Sie erfuhr aber, dass niemand ohne die Teilnahme an den nationalsozialistischen Pflichtnachmittagen ein Examen machen könne, ausser den Volljuden, deren Vater im Kriege gefallen sei. So hatten die Juden ihre Privilegien – allerdings nicht lange, dann durften sie gar kein Examen mehr machen. Eva Nessler führte die braunen Hängekleider der Studentinnen ein, aus dem gleichen Leinen wie die Braunhemden. In solchen Sack gehüllt, trug sie im Festzuge des ersten Mai ihrer gleichgewandeten Gefolgschaft die Hakenkreuzfahne voran. Am schwarzen Brett hatte sie einen Anschlag, auf dem sie sämtlichen Studentinnen das Pudern, das Schminken und das Rauchen verbot; dreimalige Übertretung des Gebotes sollte Relegation zur Folge haben. Manche Studentinnen wünschten auch das Verbot des Bubikopfes und der Dauerwelle, drangen aber nicht durch. Auch die Plakate »Eine deutsche Frau raucht nicht!«, die die Studentinnen in der Universität und in den Kaffees aufhängten, mussten infolge des Protestes der Zigarettenfabrikanten bald wieder verschwinden. Meine Tochter erhielt eine »dringende Verwarnung«, weil sie in der Universitätshalle, auf einer Brüstung sitzend, demonstrativ geraucht hatte. Der akademische Reinigungszug gegen die jüdische Unsittlichkeit dauerte kein halbes Jahr. Dann verschwanden die braunen Säcke, der Ukas gegen Schminke und Puder und Eva Nessler selber, die einen Parteimann heiratete. Neben der Reinigung der Universität war das sofortige Aufhören aller hold beschwingten geistreichen Geselligkeit und das Fehlen bedeutender Vorträge charakteristisch.
Die Bösartigkeit gegen die Juden, die noch zu einem Abschluss ihrer Studien durch die Prüfung gelangen mussten, um im fremden Lande starten zu können, war

gross. Das Mass von Dummheit und Gemeinheit, das ein Naziführer bei seinen Genasführten nach gründlicher Schulung erreicht, das kann sich ein Kulturmensch gar nicht vorstellen. Im chemischen Laboratorium wurde einer jüdischen Studentin eine Säure angespritzt, und das eifrig experimentierende Mädchen merkte es erst, als ihr Labormantel und ihre Kleidung bis aufs Hemd durchlöchert waren, worauf Gelächter sie umtobte. Die Juden mussten allein auf der hintersten Bank sitzen, die antisemitischen Inschriften verfolgten sie bis auf den Abort. Auch die jüdischen Dozenten, die anfangs noch zugelassen waren, mussten zu Beginn ihrer Vorlesung das Pfötchen heben.

Das war das Schlimmste für meine Tochter: dieses tatenlose Mitansehen des Unrechts, ohne dem Gekränkten beizustehen, weil es ganz unmöglich war – und so zur Mitschuldigen zu werden. Sie hat schliesslich 1934 ihr Examen gemacht, ohne ein einziges Mal das Pfötchen gehoben und ohne einen einzigen Pflichtsportnachmittag mitgemacht zu haben. Immer wieder, in höchster Bedrängnis, fand sie einen Professor, der ihr Krankheit oder eilige wissenschaftliche Arbeit oder Vorbereitung zu einer Prüfung attestierte. Es hat aber viel Nervenkraft gekostet.

Mein Sohn las, seit er mit fünf Jahren bei seiner Schwester das ABC erlernt hatte, allen erreichbaren Lesestoff, nur Karl May konnte er keinen Geschmack abgewinnen. Er hat nie gerauft und zerrissene Anzüge heimgebracht. Er war zwar schon mit neun Jahren ein mutiger Schwimmer in den Strudeln und Wildwassern des offenen Rheins bei Breisach, aber beim Fussballspiel im Turnunterricht war er ein so störendes Element, dass der Turnlehrer ihn bat, nach Hause zu gehen.

Mit 16 Jahren vertrat er mich schon als Zeitungsberichterstatter, wenn ich an einem Abend Doppelbesetzung hatte, und in einem Zeugnis seines Klassenlehrers, Pro-

fessor Hermann Stuber, Freiburg i. Br., heisst es: »Werner Vordtriede gehört zu den erfreulichsten Erscheinungen meiner langjährigen Lehrtätigkeit. Es war mir reichlich Gelegenheit geboten, in und ausserhalb der Schule, seine geistige Entwicklung von seiner Sextanerzeit bis zu den Oberklassen zu verfolgen. Im fremdsprachlichen Unterricht fiel er durch aussergewöhnlich rasche Auffassungsgabe und durch klangsichere Feinheit des Gehörs auf, im Deutschunterricht rückte ihn seine Phantasiebegabung, sein ästhetisches Empfinden, die klare Logik seiner Gedankengänge und die hochgradige Gewandtheit des sprachlichen Ausdrucks in die vorderste Reihe. Private Gespräche nach Theater- und Vortragsabenden machten es möglich, sein treffsicheres Urteil über die zur Diskussion gestellten Probleme oder über die Qualität der künstlerischen Darbietung zu erkennen. An sprudelndem Humor und originellem Witz fehlt es ihm nicht.«
Es ist klar, dass der hier geschilderte Mensch sich eher in den Dschungeln Afrikas als im Dritten Reich zurechtgefunden hätte.
Mit 16 Jahren gewann er den ersten Preis des Schüler-Wettbewerbs im Rudolf-Mosse-Haus: »Wer schreibt den schönsten Verständigungsbrief?«, der die Aufgabe darstellte, dass ein deutscher Schüler einen Brief im Sinne der Völkerversöhnung schreiben sollte. So kam Werner auf Kosten des Verlages für eine Woche nach Paris, wohnte in einem prächtigen Hotel und wurde jeden Tag von einem Pariser Vertreter des Rudolf-Mosse-Hauses durch die Schönheit der Stadt geführt.
Es waren Werners frankophile Gefühle aus Erziehung und kultureller Verbundenheit, die ihn, nachdem er zunächst Anglist wurde, zum Romanisten und Studenten der französischen Literatur machten.
Eine besondere Ironie des Schicksals wollte es, dass Werner am 5. September 1939 als feindlicher Ausländer in ein Gefangenenlager Frankreichs geriet, in dem er vor Kälte und vor Erschöpfung durch schwerste, ungewohn-

Der 16-jährige Werner Vordtriede (links) als Preisträger in Paris.

te Arbeit zugrunde gegangen wäre, wenn er nicht dank der vielen Bemühungen Herrn Professor *Zeydels* und der University Board von der Universität in Cincinnati und des Senators von Ohio, *Mr. Taft*, im Dezember 1939 erlöst worden wäre.
Der Wendepunkt seiner Jugend fiel in den März 1933. Noch nicht achtzehn Jahre war er alt beim Ausbruch der nationalsozialistischen Revolution. Da ging das Leben schon mitten durch ihn hindurch. Er musste mittellos und ohne berufliche Ausbildung ins Ausland gehen. So werden früh aus verträumten Knaben Männer.
Wieder war der Himmel mir gnädig gewesen, indem ich unter Hitler kein Kind mehr in der Schule zu haben brauchte. Werners Abiturientenexamen war schon im Februar 1933 gewesen. Die Oberprimaner aber mussten die Schule bis zur Schulschlussfeier weiter besuchen.

Es war das Richard-Wagner-Gedächtnisjahr. Vor 50 Jahren war Wagner gestorben. Seinem Andenken sollte der Schlussakt gewidmet sein. Der Hauptredner war, wie immer, ein Abiturient. Werner wurde in Aussicht genommen; sein Lehrer, Professor *Stuber,* brachte uns Grammophonplatten mit Wagneropern, nahm als Wagnerekstatiker mit seinem Lieblingsschüler den Vortrag durch, und wir freuten uns sehr.
Vorsichtshalber ging Werner am 6. März 1933 nicht zur Schule. Ich schrieb einen schönen Entschuldigungszettel: Wegen Nasenbluten! Nachmittags kam Stuber und berichtete, dass der Schlussakt das Motto »Hitler, der Retter« haben würde und dass zur »Feier der nationalen Erhebung« in jeder Klasse vor Beginn des Unterrichts das Horst-Wessel-Lied gesungen und der Arm gehoben werden müsste.
Wir beschlossen nach einer schlaflosen Nacht, dass Werner nicht mehr zur Schule gehen sollte und ich später das Abiturszeugnis, das beim Schlussakt feierlich übergeben wurde, bei dem uns wohlwollenden Direktor abholte. Werner wanderte ins Gebirge.
Am letzten Schultag, nach der Feier, wollte ich das Zeugnis holen, das für Werner das Tor zur Welt bedeutete. Der Direktor wand sich vor Verlegenheit: der Lehrkörper wolle einem Primaner, der vor der nationalen Erhebung davongelaufen sei, kein Reifezeugnis geben. Geschrieben sei es, aber er könne im Augenblick den Konferenzbeschluss nicht umstossen.
Mein Sohn konnte nun nicht studieren. Er suchte und fand als Hauslehrer eine Stelle in der französischen Schweiz bei dem Direktor einer Uhrenfabrik, der aus Spanisch-Südamerika kam und einen Jüngling suchte, der seinen vier Spanisch sprechenden Kindern Französisch beibrächte. Werner hatte den fakultativen spanischen Unterricht seiner Schule besucht und ging für ein Jahr nach Le Locle.
Sein Schuldirektor wurde von den Nazi abgesetzt. Nach

der Massregelung im Juni 1933 schickte ich meine Tochter hin. Sie zog ihr Bestes an, und ich wartete in grosser Nervosität in unserem Vorgärtchen. Schon von weitem schwenkte sie das kostbare Dokument. Der gestürzte Schulmonarch hatte es sofort herausgegeben.

Mein Sohn konnte sich trotzdem zum Wintersemester noch nicht in Zürich immatrikulieren, weil er zu wenig Geld hatte. Ich sass um jene Zeit im Gefängnis, meine Tochter schrieb ihre Doktor-Dissertation, wir verdienten nichts, und die Zinsen unserer Staatspapiere waren unter Hitler von 8 auf 4% gesenkt worden. Mein Bruder, in jener Zeit Rechtsanwalt und Notar in Bielefeld in Westfalen, seit 1935 in England lebend, weil meine Schwägerin darauf verzichtete, ihre halbjüdischen Söhne im Gymnasium beleidigen zu lassen – mein Bruder also verwaltete unser Vermögen und riet in der 1933 noch allgemeinen Kurzsichtigkeit vom Wertpapierverkauf ab. So machten wir die üblichen Dummheiten der späten Emigranten mit. Als man noch jeden Monat Erziehungsgelder in die Schweiz schicken konnte, sparten wir und hofften auf den Umsturz. Als es nichts mehr zu hoffen gab und wir dem armen Studentlein gern einen reichlichen Monatswechsel geschickt hätten, kamen die Schwierigkeiten mit der Devisenstelle. Für jede Ausfuhr von Devisen durch den Clearingverkehr musste ein wohlbegründeter Antrag eingereicht werden, der uns oft abgelehnt wurde. Sonderanträge, die der Genehmigung der Freiburger Polizei bedurften, verweigerte der neue Polizeidirektor, S.S.-Mann und Fememörder *Sacksoffsky* mir als politisch suspekter Person. Um die Sache gründlich verkehrt zu machen, verkauften wir alles, was uns im Ausland heute helfen könnte. Meiner Tochter Examen und die Drucklegung ihrer Dissertation bezahlten wir durch den Verkauf der Brillantschmuckstücke, die mein Vater aus Indien mitgebracht und meiner Mutter zur Verlobung geschenkt hatte.

Meine Kinder sind trotzdem glücklich. Das Land mit den

Werner und seine Schwester Fränze Vordtriede (ca. 1932).

unmenschlichen, unchristlichen Gesetzen verliessen sie. England behandelt meine Tochter heute als befreundete Ausländerin. Nachts hilft sie beim Luftschutz, und als Blutspenderin für Englands Soldaten spendete sie einen halben Liter ihres nichtarischen Blutes der Gruppe 0. Die Menschen, mit denen sie zusammenkommt, behandeln sie ladylike und gentlemanlike. Es ist gut möglich, dass sie auch manchmal Sorgen hat. Ich weiss es nicht. Sie würde nie ihre Mutter dadurch betrüben, sie mitzuteilen, und jeder ihrer fröhlichen und froh machenden Briefe strahlen ihr Glück und ihre Dankbarkeit aus, in England sein zu dürfen.
Mein Sohn brachte uns zum Weihnachtsfest 1933 seinen Artikel in der Züricher »Weltwoche« über *Stefan Georges* Hinscheiden, das ihn mit Trauer erfüllte. Er schrieb seither in der Schweizer Presse über Georg Büchner, Rainer

Maria Rilke, Hugo von Hofmannsthal, Hölderlin usw. Werner studierte vom Sommersemester 1934 bis zum S.S. 1938 in Zürich. Deutsche Literatur hörte er bei *Ermatinger,* Englisch bei dem am 30. Mai 1938 verstorbenen *Bernhard Fehr,* dem Werner in der Kirche Fluntern auf dem Zürichberg im Namen der Studentenschaft die Trauerrede hielt. Vom W.S. 1938/39 bis zum S.S. 1939 studierte er in Cincinnati/Ohio und bestand dort am 24. Mai 1939 das Examen als M.A.

Am nächsten Tag fuhr er nach England zu seiner Schwester und von da in die Schweiz, um in Maienfeld den englischen Schriftsteller *Robert Hichens* zu treffen, der ihn zu einer Reise nach Afrika eingeladen hatte, wo Hichens mit seinem Freund, dem Schweizer Schriftsteller *John Knittel,* einige Jahre gelebt hat. Als Hitler am 23. August für den zweiten Weltkrieg mobilisierte, durchritten die beiden Herren die Wüste Sahara auf Kamelen. Von dort erreichte mich in Freiburg i. Br. ein Brief Werners, der der letzte für sechs Wochen sein sollte, in denen ich nach dem Kriegsausbruch und seiner Gefangennahme in Frankreich nicht mehr wusste, wo er geblieben war, während er nicht schrieb, weil er mich in Deutschland wähnte und keine Ahnung von meiner glücklichen Flucht in die Schweiz hatte. In Tunis angekommen, hörte mein Sohn, dass der Krieg ausbrechen würde. Er wollte ursprünglich mit der »Queen Mary« am 15. September 1939 von Southampton nach New York zurückkehren, um im Wintersemester seine Stelle als Dozent an der Universität in Cincinnati anzutreten. Nun versuchte er, nacheinander vergeblich in Marseille, in Cherbourg und in Bordeaux einen Schiffsplatz nach Amerika zu bekommen. In Le Havre sassen Hichens und Werner zuletzt, sehnsüchtig nach einem Schiff ausspähend, im Hafen. Hier gelang es auch mit vieler Mühe, noch einen Platz zu bekommen, als Werner im Augenblick vor der Abfahrt verhaftet wurde. Er war in leichter Sommerkleidung und durfte nicht das Geringste mitnehmen.

Er war eigentlich deutscher Heeresangehöriger und seit Kriegsausbruch Refraktär. Er meldete sich mit 20 Jahren vorschriftsmässig zum deutschen Heeresdienst, aber nur deshalb, weil er mich sonst schon damals von Zürich aus nicht mehr hätte in Freiburg i. Br. besuchen können. Nicht etwa, um tatsächlich Hitler ein halbes Jahr lang Arbeitsdienst und zwei Jahre Kommiss zu leisten. Da er zu seinem Kummer bei der Musterung im Frühling 1935 genommen wurde, während er doch gehofft hatte, mit seinem jüdischen Grosselternteil unwürdig zu sein, liess er sich vom Militärdienst zurückstellen, was ihm auf seinem Militärpass bescheinigt wurde. Die Offiziere und Ärzte hatten ihn bei der körperlichen Untersuchung, die in Lörrach stattfand, besonders liebenswürdig behandelt. Als er aber in splitternacktem Zustand auf der Bühne eines Wirtshaussaales – Szenerie Bauernhaus – schrie: »Ich bin Halbjude«, verwandelte sich der cordiale Ton in einen mitleidigen. Der Major strich ihm übers Haar und sagte, wenn es auch infolge seiner Abstammung nicht möglich sei, ihn zu befördern, so könne er dennoch ein guter Soldat Adolf Hitlers werden.
Weitere Zurückstellung erreichte ich bei der Freiburger Arbeitsdienstleitung und beim Wehrkommando alle halbe Jahre. Wenn auch mit Schwierigkeiten. Es waren immer aufregende Gänge. Von diesen Zurückstellungen aber hing die jeweilige Verlängerung seines deutschen Reisepasses ab, die bei Militärpflichtigen immer nur kurzfristig erteilt wird. Im Jahre 1938 gab es keine Militärzurückstellung mehr, folglich auch keine Passverlängerung. Werner musste also schleunigst nach Amerika, solange der Pass noch gültig war.
Dort bekam er bei dem deutschen Konsul in Cleveland/Ohio nochmals eine kleine Passverlängerung für die Reise nach Europa und Afrika im Sommer 1939. Die Freundlichkeit des deutschen Konsuls beruhte auf einem Irrtum, den Werner erst aufklärte, als er den verlängerten Pass wieder in der Hand hatte und die andere Hand auf

der Türklinke des Konsulats. Der Konsul hatte ihn für einen ihm angekündigten Austauschstudenten von Deutschland gehalten und begrüsste ihn mit »Heil Hitler«.

Ich bekam unterdessen eine Vorladung aufs Statistische Amt in Freiburg i. Br. Dort wurde mir meines Sohnes Stammkarte aus der Kartothek vorgelegt, auf der mit schwarzer Tinte Werner stand, dann mit roter Israel und dann wieder mit schwarzer Vordtriede. Mein Sohn sollte mit dem jüdischen Sammelnamen gebrandmarkt werden, falls er nicht sofort seine Militärpflicht erfüllte. Während es nach der Einführung der allgemeinen Wehrpflicht zunächst hiess, dass Halb- und Vierteljuden sich nur stellen, aber nicht dienen müssten, dass sie aber freiwillig dienen »dürften«, wurde diese Freiwilligkeit ein Vierteljahr nach dem ersten Gesetz vom 16. März 1935 in Zwang verwandelt.

Unser Israel Vordtriede diente nicht, und ich musste zur Gestapo kommen und mich verantworten. Ich erklärte, mein Sohn sei mündig, und ich könnte ihm nichts befehlen. Man machte mich auf den ungeheuren Schaden aufmerksam, den er erlitte, wenn er laut Gesetz gegen die sich ihrer Wehrpflicht entziehenden »Mischlinge« zum Volljuden gemacht würde. Dann könnte er sich nicht mehr an deutschen Wahlen beteiligen! Ich hatte Mühe, meine ernste Miene beizubehalten. Ich dachte, dass Deutschland an dem »Nein«, das mein Sohn bisher stets in die Urne geworfen hatte, viel gelegen sein müsste. Es war ein gnädiges Geschick, dass Werner in diesem Augenblick von der Universität in Cincinnati schon einen Dozentenposten erhalten hatte, während die Freiburger Gestapo ihn noch in Zürich vermutete.

Obgleich nun in allen amtlichen deutschen Akten neben dem noch aus Wittekinds Zeiten stammenden alten westfälischen Bauernnamen Vordtriede der ebenso ehrwürdige Bibelname Israel steht, bekam mein Sohn im Juni 1939 die Aufforderung, Wehrsteuer zu bezahlen, eine Militärzurückstellungssteuer also, und am 2. September 1939 kam morgens um 6 Uhr der Schutzmann mit der Einberufung meines Sohnes zur Mobilmachung. Hier liegt eine Unordnung im Hitlerstaat vor.

Judenboykott am 1. April 1933

Der organisierte Terror des 1. April 1933, der als »spontaner Volkswille« ausgegeben wurde von der deutschen Regierung, wurde in Freiburg am Vorabend von dem wegen mehrerer Sittlichkeitsvergehen abgesetzten Borkumer Pfarrer *Münchmeyer* eingeleitet. Da die Republik ihn abgesetzt und gerichtlich verurteilt hatte, war er im Dritten Reich zum »Märtyrer des Weimarer Systems« geworden. Er sprach in riesengrosser Festversammlung. Der Titel seines Vortrags hiess nach dem Wort Kaiser Wilhelms I., das er nach der Schlacht bei Sedan sprach: »Welch eine Wendung durch Gottes Fügung!«

Wären wir nach dem lauten Warnungssignal dieses Tages sofort ausgewandert, hätten wir noch stolz mit Coriolan ausrufen können: »Nicht ihr verbannt mich, ich verbanne euch!«

Ich tat mir den Schmerz an und ging in die Stadt, um die Dinge zu beobachten. Und ich sah das Unfassliche: Ein ganzes Volk, ohne eine einzige Ausnahme, wurde zu Verbrechern erklärt! Im »Stürmer«, der haufenweise, in dicker Vorzugsausgabe auf der Adolf-Hitler-Strasse verkauft wurde, stand ein Bild mit zwei Kindern, einem Bub und einem Mädel von jüdischem Aussehen. Darunter stand: »Würdest du diese kleinen Juden vor einem dahinsausenden Auto retten? Bedenke, dass in ihnen schon der ganze jüdische Satan steckt, der dich eines Tages verschlingen möchte.«

Vor einem Warenhaus sah ich einen S.A.-Mann stehen, dessen Familie ich Weihnachten 1932 von Kopf bis Fuss mit den warmen Sachen eingekleidet hatte, die mir der jüdische Inhaber dieses Warenhauses als Spende für die Arbeiterwohlfahrt geschenkt hatte. Er war der grösste Wohltäter Freiburgs, der, im Gegensatz zu den meisten christlichen Warenhausbesitzern, nie Ladenhüter für die Armen gab, sondern nur gute, neue Waren, die ich aussuchen durfte und die er dann der Arbeiterwohlfahrt in zwei riesigen Kisten aufs Büro zur Verteilung sandte. Da stand nun dieser Mann am 1. April 1933, der Weihnachten noch Kommunist gewesen war und sicher unter seinem braunen Hemde eines trug, das ihm der Mann geschenkt hatte, vor dessen besudelten Schaufenstern er jetzt sein »Kauft nicht bei Juden« brüllte.

Auch die Hausschilder der jüdischen Akademiker waren mit dem gelben Schandfleck beschmiert. Die Frau eines beliebten jüdischen Arztes fand am Morgen des 2. April, als sie um 5 Uhr mit Seife und Bürste herunterkam, die Reinigungsarbeit gerade von ihrer christlichen Milchfrau beendet. Trotz der Sympathie des Publikums für diesen alten Arzt konnte er nur mühselig eine geringe Praxis, fast heimlich, aufrechterhalten. Alle Rechte für die alten Akademiker, für die halb- und vierteljüdischen, für die im Weltkriege ausgezeichneten Juden, standen nur auf dem Papier. Oft haben Ausländer mir bezeugt, dass jenseits der Grenzen die Meinung herrschte, dass es diesen Kategorien von Nichtariern noch ganz vorzüglich ginge. Das war nicht wahr. Um nur einen Fall zu nennen: Der erwähnte, alte Arzt war seit langem der Hausarzt meines Zigarettenlieferanten. Er erzählte mir, dass sein Töchterchen, das Lehrmädchen in einem Wollwarengeschäft ist und einen Krankenschein brauchte, von der Betriebsrätin gefragt wurde, für welchen Arzt der Schein ausgestellt werden sollte. Das Mädchen nannte den Namen ihres jüdischen Hausarztes. Darauf wurde sie wegen ihrer »Schamlosigkeit« derartig beschimpft, dass sie weinend zu ihrem Vater lief und fragte, ob sie zu einem anderen Arzt gehen sollte als zu dem, der sie seit ihrem ersten Lebenstage behandelt hatte. Das Ende vom Liede war selbstverständlich, dass der Hausarzt nur noch von den Eltern konsultiert wurde, während das Kind zu einem »Arier« gehen musste. Auf der Krankenkasse bekam man das Brillenrezept nicht gestempelt, das heisst keinen Zuschuss der Kasse, wenn man angab, dass man die Brille beim jüdischen Optiker Hans Falkenstein holen wollte, dessen Vater, der Optiker Berthold Falkenstein, das Geschäft vor 50 Jahren in Freiburg gegründet hatte. Diese unsägliche, für das Ausland berechnete Verlogenheit, dieser Gegensatz zwischen den neuen »Gesetzen« und der noch viel grausameren Praxis, liess mich manche Nacht vor Hass und Wut nicht schlafen.

Ausser dem »Stürmer« wurden mir an jenem Tage auch Ansichtskarten von S.S.-Leuten angeboten, für 30 Pfennige das Stück. Nachdem ich sie gesehen hatte, wandte ich mich entrüstet ab. Ich hätte mich überwinden und ein einziges Mal in meinem Leben einem S.S.-Mann etwas abkaufen und dann diese Ansichtskarten in Massen ins Ausland schicken sollen. Die eine stellte den ehemaligen sozialdemokratischen Minister *Adam Remmele* aus Karlsruhe dar. Die Unterschrift hiess: »Herr Minister lernt arbeiten!« Remmele wurde im Konzentrationslager Kislau damit beschäftigt, den ganzen Tag riesige Steine aus der einen Ecke des grossen Hofes in die andere auf einer Schubkarre zu fahren, und wenn er den Haufen, mit dem er in einer bestimmten Zeit fertig sein musste, abgetragen hatte, musste er mit der schmachvollen Sisyphusarbeit von neuem beginnen. Auf der Karte sah man den 62-jährigen Mann, in mühselig angestrengter Haltung und mit verbissenem Gesicht, den schweren Karren schieben. – Die zweite Karte zeigte die bekannte Karlsruher Strassenbelustigung. Remmele, der jüdische Staatsrat *Ludwig Marum* und ein sozialdemokratischer Regierungsrat wurden auf Lastwagen nach einer Verhaftung durch die Strassen Karlsruhes geführt. Nie vergesse ich Marums in Qual und Erstaunen erstarrtes Gesicht auf diesem Bilde. Die drei mussten aufrecht stehen, ihr kleines Köfferchen hielten sie in der Hand, und der Lastwagen fuhr ganz langsam, damit jeder an den Wagen herantreten und sie anspeien und beschimpfen konnte. Dazu spielte die Stadtkapelle, hinter dem Wagen marschierend, unaufhörlich das Lied: »Das Wandern ist des

Müllers Lust«, weil Remmele in seiner Jugend Müller gewesen war. Mit diesem Lied hatten die Nazi ihn in jeder öffentlichen Versammlung seit 1930 empfangen. Heute verkauft er Tee und Kaffee in Hamburg, wenigstens so lange, als es diese Waren in Deutschland gab. Marum aber kam nicht mit dem Leben davon. Als er in dem Schandzug an seinem Haus vorbeigeführt wurde, stand seine Frau mit den drei Kindern auf dem Balkon und weinte und winkte. Er rief hinauf: » Weinet nicht, wir sehen uns wieder!« Er sollte sich geirrt haben. Jüdische Sozialdemokraten wurden in Konzentrationslagern noch ganz anders behandelt als christliche, und Remmele erzählte mir später, dass sein Los in Kislau ein beneidenswertes im Vergleich zu dem Marums gewesen sei. Vor mir liegt der »Volkswacht«-Bericht über Marums letzte, grosse, öffentliche Rede. Er schloss seinen immer wieder von stürmischem Beifall unterbrochenen Wahlappell am 3. März 1933 mit einer Stelle aus einem sozialdemokratischen Kampflied:

»Brüder, in eins nun die Hände,
Brüder, das Sterben verlacht!«

Ostern 1934, einen Tag nach der Entlassung sämtlicher Gefangenen, wurde er in Kislau totgeschlagen. Seine Frau bekam den verlöteten Sarg mit der Mitteilung, dass ihr Mann sich Ostern aufgehängt hätte. Da er seinen fortgehenden Kameraden am Ostersamstag gesagt hatte, dass er ausharren und die Hoffnung nicht verlieren würde, glaubt niemand an seinen Selbstmord. Ich aber habe nie geglaubt, dass er mit dem Leben davonkäme. Im Juli 1933 gab ich die Hoffnung für ihn auf. Wir waren keine Liebhaber von Radiodarbietungen und haben nie eines besessen. Trotzdem entgingen wir der deutschen Radiopropaganda nicht, weil bei besonderen Anlässen die Radiobesitzer verpflichtet waren, ihren Apparat ans offene Fenster zu stellen. An jenem Julitag wurden die ersten Besuche von ausländischen Journalisten in den deutschen Folterstätten organisiert, »zwecks Widerle-

gung der im Auslande verbreiteten Greuellügen über die Konzentrationslager«, wie es in dem Göring'schen Erlass hiess. Die teuflische Komödie klappte auch in Kislau grossartig. Alles wurde durch Radio verbreitet. Ganz zufällig musste ich gegen meinen Willen alles mitanhören, was von Kislau gesendet wurde, weil ich an solch einem auf das Fensterbrett gestellten Radio vorbeikam und ein Polizist aufpasste, dass ich nicht weiterging, was in solchen Fällen streng verboten ist. Ich hörte zunächst, wie der Lagerkommandant Entlassungen vornahm und die frei werdenden Männer sich für die »humane« Behandlung bedankten. Dann hörte ich, wie die Gefangenen in gebrochenem Deutsch von den ausländischen Pressevertretern interviewt wurden. Alle die armen Kerle antworteten vorschriftsmässig, dass das Essen gut, die Behandlung gerecht und die Arbeit leicht sei. Nur einer nicht. Ich hörte, wie Marum aufgerufen wurde und erkannte seine oft gehörte Stimme sofort wieder. Er sagte wörtlich, und ich werde es nie vergessen: »Ja, es ist richtig, dass mir hier die Nase und die Ohren nicht abgeschnitten werden, aber über alles Übrige will ich schweigen!« Nach diesem einen laut gerufenen Satz verstummte die Stimme. Die Radiovorführung war zu Ende, und ich ging weiter. Ich wusste, was dieser eine Satz kosten würde.
Über meinen dritten ehemaligen Parteigenossen, den Regierungsrat, der mit den andern beiden durch Karlsruhe geführt wurde, möchte ich kein Wort des Mitleids äussern. Der Mann hatte eine ungewöhnliche Karriere hinter sich. Er war in seiner Jugend Stuckateur gewesen und bekam deshalb den Auftrag, die Säle in Schloss Kislau zu reparieren. Zu Weihnachten 1933 sollte er schon wegen seiner servilen Haltung entlassen werden. Er bat aber, seine Arbeit im Schloss zu Ende führen zu »dürfen«, was ihm gestattet wurde.
Wieder auf den Boykott-Tag am 1. April zurückkommend, muss ich noch von seiner Wirkung erzählen. Es

gab doch viele Leute, die danach entdeckten, dass die Juden »Teufel« und »der Untergang Deutschlands« seien. Oft sagten mir das Leute, auch »gebildete«, mit denen ich dann in Zukunft natürlich kein Wort mehr wechselte. Ich erwiderte ihnen dann, dass ich auch dazugehöre, was ihnen bisher nicht bekannt war, da ich der jüdischen Religion nicht angehörte. Sie erröteten dann und erwiderten immer das Gleiche: »Ja, Sie, Frau Vordtriede, Sie sind doch ganz anders. Sie sind doch gar keine richtige Jüdin, aber *Barmat, Kutisker* und *Sklarek,* so sind eben alle richtigen Juden.« – Ich konnte mich schliesslich nicht mehr enthalten, ihnen jedes Mal zu antworten: »Wissen Sie, Sie sind eigentlich gar keine richtige Christin, Sie sind doch eine ganz nette Frau! Noch nie haben Sie gemordet und eingebrochen! Aber Sternickel, *Haarmann, Peter Kürten* und der Lustmörder Denke aus Schlesien – das sind die richtigen Christen!« Und wie die Frauen mir immer sagten: »Eigentlich sind Sie eine gute Christin«, so antwortete ich ihnen mit ihrer eigenen Logik: »Eigentlich sind Sie eine gute Jüdin!«

Die Sprache des Freiburger Naziblattes wurde täglich drohender, die Namensnennung und persönliche Verunglimpfung der Unliebsamen dehnte sich auf bekannte Persönlichkeiten aus.

In der Universität forderte der Führer der nationalsozialistischen Studentenschaft, der baltische Baron von Tiesenhausen, die Erlaubnis zum Anschlagen der berühmten 12 antisemitischen Punkte. Tiesenhausen war ein Raufbold, ein langer, blonder Kerl, der sich bei politischen Schlägereien auszeichnete und sie mit Leidenschaft herbeiführte. Sein Vater war als russischer Offizier im Kampf gegen Deutschland gefallen. Die Witwe erhielt infolgedessen keine Pension von Deutschland.

In den 12 Punkten wurde nicht mehr der numerus clausus, sondern der numerus nullus für die jüdischen Studenten gefordert. Ein Paragraph des Pamphlets lautete: »Die Sprache der Juden ist Hebräisch. Deshalb darf er nur hebräisch schreiben. Wenn der Jude deutsch schreibt, dann lügt er!« Zur Befestigung eines Anschlags am »schwarzen Brett« bedurfte es der Erlaubnis der Universitätsbehörde, die durch Stempelung des Blattes erteilt wurde. Nicht gestempelte Anschläge entfernte der Pedell.

Der damalige Rektor, Universitätsprofessor *Wilhelm von Möllendorff*, seit dem Sommersemester 1935 Direktor der Anatomie in Zürich, verweigerte die Erlaubnis für diesen Anschlag. Am nächsten Morgen las man auf der ersten Seite des »Alemannen« in Balkenbuchstaben: »Herr von Möllendorff: Sie können gehen!« Darunter einen seitenlangen Artikel mit den üblichen Beschimpfungen und vielen unvorsichtigen Äusserungen, die der Professor in vergangenen Jahren gegen die Nazi getan hatte. Sie besitzen eine unbeschreiblich gute Registratur. Der Gelehrte blieb noch zwei Jahre Anatomiedirektor in Freiburg, als Magnifizenz war er sofort erledigt.

Sein Nachfolger, der Philosophieprofessor *Martin Heidegger*, gab als frisch eingetretener Nazi in der Rektoratsrede im Auditorium Maximum die geistigen Richtlinien bekannt: »Eine tadellose Kniewelle ist mehr wert als eine mittelmässige Doktorarbeit!« Dieses Wort gefiel und erschien in grossen Lettern in der Nazipresse.
Der neue Rektor, obwohl aus frommer, katholischer Familie stammend, liess auch sofort die Mensur in altem Glanze erstehen. Im katholischen Baden hatte der Landtag ein Gesetz mit grosser Mehrheit angenommen, das den Verbindungsstudenten die öffentlichen Mensuren verbot. In Unkenntnis darüber, dass auch sie bald »gleichgeschaltet« sein würden, glaubten die konservativen Verbindungen die Zeiten ihrer feudalen Allüren zurückgekehrt. Auch die deutschnationale und die Generalanzeigerpresse brachten begeisterte Berichte über eine öffentliche Mensur in Gegenwart des Philosophen Heidegger und anderer Würdenträger, bei der die Paukanten »förmlich in Blut standen«!
Am Realgymnasium Neuburg, bald darauf in Erich-Ludendorff-Schule umgetauft, amtete der Direktor *Anton Braun*. Er beging beim Abiturientenexamen im Februar 1933 den Fehler, einen Hitlerjugend-Führer durchfallen zu lassen, der »alter Kämpfer« war und die Ortsgruppe der nationalsozialistischen Schülerorganisation »Der verlorene Haufen« gegründet hatte. Der politische Name des Bundes war den Bauernkriegen von 1525 entnommen. Der Direktor wusste nichts von den Verdiensten seines Schülers, denn dieser Bund war verboten und seine Leistungen fanden die Examinatoren ungenügend. Unter der Balkenüberschrift: »Herr Braun, Sie können gehen!« machte der »Alemanne« dem Direktor klar, dass Schulwissen bei einem politisch zuverlässigen Examinanden nebensächlich ist. Direktor Braun wurde zum Semesterende zwangspensioniert.
Freudig erregt stürzte sich das Volk an jenem Morgen auf das Revolverblatt, das die Sensationsgier täglich be-

friedigte. Der Nationalsozialismus versteht es, die schlechten Instinkte in einem Volke zu erwecken, »den Schweinehund im Menschen heilig zu sprechen«! So freute man sich besonders, als eines Tages zu lesen war: »Herr Erzbischof, Sie können gehen!« Nun durfte man auch den höchsten Würdenträger der Stadt, den Erzbischof Dr. *Konrad Gröber*, durch die Gosse schleifen.
Die Erzdiözese Freiburg hatte im Jahre 1929 im Beisein des heutigen Papstes Pius, des damaligen päpstlichen Nuntius *Pacelli*, ihre Centenarfeier begangen. Zehntausende hatten auf dem Münsterplatz gestanden, andächtig das Tedeum singend und den Segen des päpstlichen Stellvertreters empfangend.
1933 nahmen in Freiburg Tausende von Katholiken Kurs auf die wotanischen, anti-päpstlichen »Deutschkatholiken«, ängstliche Gemüter, die gute Nazi sein und doch nicht mit dem Himmel brechen wollten. Sie konnten sich aber nie so stark entwickeln wie die »deutschen Christen« innerhalb der protestantischen Kirche.
Am Portal des erzbischöflichen Palais, gegenüber dem gotischen Münster, übte die nationalsozialistische Klebekolonne ihre nächtliche Tätigkeit aus. Die Hetzplakate vom März 1933 erschienen harmlos gegen die an derselben Türe angeklebten aus der Zeit der Klosterprozesse im Jahre 1936.
Rufer im Streit gegen den Herrn Erzbischof war ein älterer Priester, *Dr. Mohr*, seit dem Tode des vorigen Erzbischofs *Dr. Karl Fritz* selber Erzbischofssitzspekulant. Mohr brachte im »Alemannen« seitenlange Verleumdungsgeschichtchen über den aus Freiburg stammenden Alt-Reichskanzler *Dr. Josef Wirth*. Da konnte man lesen, was der »Forellensepp« gegessen und getrunken hatte und dass er einmal Hochwürden Dr. Mohr in niedergetretenen Pantoffeln empfangen hatte. In einer Villenstrasse zwischen Haslach und Freiburg fiel mir Dr. Mohr öfter auf, wenn er kleinen Kindern den Hitlergruss beibrachte. Im badischen Oberland begrüssten früher

katholische Kinder jeden vorbeikommenden Priester mit Händedruck und den Worten: »Gelobt sei Jesus Christus!« Der Pfarrer antwortete: »In Ewigkeit. Amen!« – »Falsch, falsch,« rief der altmodisch begrüsste Dr. Mohr aus. Und dann begann ein Exerzieren auf der Strasse mit Armheben und »Heil Hitler« und immer wieder »zehn Schritt zurück«, bis der Alte zufrieden war.
Erzbischof Konrad wurde später tätlich bedroht von eindringenden S.A.-Leuten, als er 1938 dem württembergischen Bischof von Rottenburg Gastfreundschaft gewährte, der wegen Wahlenthaltung ins Konzentrationslager sollte und flüchten musste. Der Erzbischof ist trotzdem heute noch im Amt.
Sofort gehen aber musste ein anderer Würdenträger der Stadt, auf dessen hohes Gehalt verschiedene junge Nazi Appetit hatten, und so las man: »Herr Oberbürgermeister, Sie können gehen!« – Oberbürgermeister *Dr. Bender* gehörte, der politischen Konstellation der Freiburger Wähler gemäss, dem Zentrum an. Er war schon als badischer Finanzminister in Aussicht genommen, denn die Finanzen der Stadt verwaltete er gut, schuf Reserven für Notzeiten, rundete den Grundstücks- und Waldbesitz der Stadt klug ab und balancierte auch den Fürsorge- und Theateretat immer wieder aus, die beiden schlimmen Zuschussinstitute der Stadt.
Wie fast alle Oberbürgermeister Deutschlands musste er in den Anklagezustand versetzt und als Betrüger und als Veruntreuer städtischer Gelder beim Staatsanwalt angezeigt werden, da er seinen Posten nicht freiwillig einem Nazi räumte. Alle städtischen Rechnungen wurden auf Material hin untersucht, und man fand eine unangemessen teure Abortlampe, die eine grosse Rolle in den Beschuldigungen spielte. Das Stadtoberhaupt hatte sie von den Repräsentationsgeldern bezahlt, die ihm der Bürgerausschuss zur Instandsetzung seines Hauses gewährt hatte. Auch fand man auf der Rechnung für den grossen internationalen Reisebürokongress vom 28. bis 30. Janu-

ar 1933 in Freiburg eine Flasche Himbeergeist. Diese sollte der Oberbürgermeister getrunken oder, wie es im »Alemannen«-Jargon hiess, »gesoffen« haben. Zufällig kann ich bezeugen, dass er von diesem Himbeergeist keinen Tropfen bekommen hat. – So sind die Gerüchte von der ungeheuren Verschwendung der »Korruptionsbürgermeister des Weimarer Systems« entstanden.
Freiburg besass drei Bürgermeister. Ausser Dr. Bender wurde auch der sozialdemokratische Bürgermeister Hölzl wegen der gleichen Delikte angezeigt. Er leitete die technischen Regiebetriebe, und Freiburg dankte ihm die Einrichtung des Flughafens, des Senders und der Schauinslandbahn, durch die dieser schöne Heimatberg eingemeindet wurde. Wie überall: die Nullen blieben! Der geschmeidige Repräsentationsbürgermeister *Dr. Hofner* blieb der Stadt erhalten. Von ihm hatten die Nazi keinen Widerspruch zu erwarten.
Während des gegen sie schwebenden Verfahrens kamen die Bürgermeister zur Untersuchungshaft ins Gefängnis. Soweit sie keine Sozialdemokraten waren, wurden sie bald in aller Stille wieder entlassen. Mittlerweile hatte ein S.A.-Mann sie »kommissarisch« vertreten. Plötzlich avancierten diese zu ordentlichen Bürgermeistern, und von den Korruptionsprozessen hörte kein Mensch mehr etwas. Sie konnten wegen Mangels an Material nie stattfinden. Den Angeklagten aber war die Ehre abgeschnitten, und eine abgeschnittene Ehre lässt sich so leicht nicht wieder zusammenflicken. Der ehemalige Oberbürgermeister von Freiburg ist heute Rechtsanwalt in Karlsruhe, Bürgermeister Hölzl starb bald an Magenkrebs.
Der »Alemanne« hatte auch seine tägliche »Stürmer«-Seite. Dort wurde Tag für Tag ein anderer bekannter Freiburger Jude diffamiert, sein Beruf wurde unmöglich gemacht oder erschwert, Familiengeheimnisse wurden veröffentlicht, die der Nazibräutigam des Dienstmädchens lieferte oder die der Nazireporter gegen kleines Honorar von der entlassenen Putzfrau gekauft hatte. Auf

dieser Seite wurden die christlichen Geschäftsleute über die Folgen belehrt, die entstehen würden, wenn sie nicht augenblicklich ihre jüdischen Angestellten entliessen, Hausbesitzer wurden bedroht, die einem Juden Wohnung oder Geschäftslokal vermietet hatten.
Einige nahmen die Warnung ernst. Der jüdische Besitzer der Wego-Werke, Wilhelm Goldmann, ging sofort ins Ausland. Auch einige Rechtsanwälte und Ärzte. Jedem einzelnen mit Kummer beschwert Auswandernden folgte ein Nachruf im »Alemannen«. Da wurde die letzte Hülle von ihrem Privatleben gerissen, da wurde mit Hass und Lüge nicht gespart. Es steht wohl einzig in der Geschichte dar, dass man ein geschlagenes Heer so mit Spott und Hohn übergiesst.

Eine misslungene Volksbelustigung

Im Haslacher Zigarrenlädchen wurde die Innenpolitik unseres Vorortes gemacht. Anfang April 1933 bekam ich eine Warnung von der heimlich auf unserer Seite stehenden Inhaberin, dass ich verschwinden solle. Der »Blockwart« wolle unserer Gartenvorstadt ein Schauspiel geben und mich um sieben Uhr, wenn die Siedler feierabendlich in ihren Vorgärten sässen, durch die Strassen der Siedlung führen. Zwanzig junge S.A.-Leute waren zur Begleitung geworben. Der Blockwart ist ein halbverrückter, gefährlicher Schwätzer, der das Kurzwarengeschäft der Siedlung führt. Nachdem es bankrott war, ging es auf den Namen seiner Frau weiter. Ein jämmerliches Lädchen mit Stopfnadeln, Ansichtskarten und Eau de Cologne. Nach dem Umsturz wurde die Frau als alte Kämpferin von der »Zeugmeisterei« in München zum Verkauf von Braunhemden zugelassen, und der Mann wurde Sekretär bei der »Arbeitsfront«. Das Ehepaar gehörte seither zu den damals verbotenen Doppelverdienern.
Solche Strassenschauspiele endeten stets damit, dass der Ergriffene auf einen der umliegenden Berge geführt, halb totgeschlagen und nach seiner Wiederherstellung in Schutzhaft geworfen wurde – zu seinem eigenen »Schutz«.
Weil Frauen in Freiburg noch nie dieser »Justiz« unterworfen waren, glaubte ich, die Warnung nicht beachten zu müssen. Tatsächlich aber kamen sie doch am gleichen Abend und läuteten nervenzerreissend. Ich war ausgegangen. Der Anführer hatte aus der gesamten Siedlung nur 5 S.A.-Leute zusammengebracht. Die andern haben sich doch geschämt – es war ja bei ärmeren, kinderreichen Siedlern kaum eine Familie, aus der ich nicht einige Kinder in der *Arbeiterwohlfahrt* verpflegt hatte.
Meine Tochter schaute oben zum Fenster hinaus und sagte, ich sei nicht zu Hause. Meinen Aufenthaltsort gab

sie auf Befehl wahrheitsgemäss an. Ich war in einer geschlossenen Versammlung, zu der die Banditen keinen Eingang gefunden hätten. Sie wollte durch die Kellertüre fortlaufen und verhindern, dass ich nach Hause zu den im Vorgarten Wartenden käme. Sie musste annehmen, dass sie die halbe Nacht dort blieben. Jedenfalls setzten sie sich auf die Steintreppe und wichen und wankten nicht.

Drinnen im Haus hatte sie Besuch von einem Rechtsanwalt. Dieser ging hinaus und bat die Leute, in Ruhe fortzugehen. Sie gehorchten ihm sofort.

Wir haben zunächst nicht begriffen, wieso es dem Rechtsanwalt *Erwin Cuntz* gelang, die Radaubrüder zu vertreiben. Einige Wochen später war es uns klar. Cuntz, der alle Linksorganisationen unterstützte und beim Frankfurter Prozess der Aufständischen von 1923, die einen Hungermarsch auf Berlin planten unter der Führung von *Max Hölz,* die Kommunisten Lörrachs verteidigte, galt bei den Linksparteien als einer der Ihren. Er gehörte keiner Partei an, ausser dem Weltsprachverein »Ido«, dessen örtlicher Leiter er war. Seine Frau war kommunistische Gemeinderätin und sass schon seit dem Tage nach dem Reichstagsbrand im Gefängnis. Wir waren mit der Familie seit Jahren befreundet. Der einzige Streitpunkt zwischen uns war, dass wir nicht zu den Linksradikalen gingen. Cuntz erzählte an jenem Abend meiner Tochter, wie unglücklich und einsam er sich mit seinen drei Buben fühle und dass er nachts stundenlang ums Gefängnis laufe, weil er nicht mehr schlafen könne. Als ich später selbst im Gefängnis sass, erzählte mir die Kerkermeisterin von der rührenden Gattenliebe des Herrn Cuntz.

Aus der Anwaltskammer war er am 1. April 1933 ausgestossen, jede Berufsausübung war ihm untersagt. Mit grosser Feierlichkeit entfernten wir das Anwaltsschild an seinem Haus, als ihm die Kanzlei geschlossen wurde. Wir bedauerten den Märtyrer.

In Wirklichkeit hatte er da schon die ersten Schritte zur braunen Armee hin getan. Da er nie der kommunistischen Partei angehört hatte, konnte er die Wiederzulassung zur Praxis erreichen, wenn er sich von seiner kommunistischen Gemeinderätin scheiden liess. Das tat er denn auch. Es folgte ein kurzer, unsäglich ordinärer Scheidungsprozess, den die Frau auf der ganzen Linie verlor. Alle drei Buben wurden dem Mann zugesprochen. Er gab ihr aber den jüngsten freiwillig, um ihn nicht auch noch ernähren zu müssen.
Unsere Freundin *Carla Cuntz* tat uns unendlich leid. Sie ging nach Hannover zu ihrem Vater, einem pensionierten Postdirektor. Kein halbes Jahr darauf schickte sie uns das Bild ihres Buben in Hitlerjugend-Uniform und bald danach ihre Heiratsanzeige mit einem bekannten Freiburger Nationalsozialisten und Spitzel.
Cuntz wurde sofort wieder als Anwalt zugelassen. Heute hat er eine blühende Ehescheidungspraxis im vornehmsten Bürohaus Freiburgs, gegenüber vom Landgericht im Opelhaus.

Gefängnis

Der Blockwart unserer Strasse war ungehalten darüber, dass von allen bekannten Sozialdemokraten allein ich noch nicht im Gefängnis war. Er tat alles, um meine Tochter und mich zu belästigen. Wir gaben ihm unsere Verachtung zu verstehen. Er schämte sich nicht, an Sommerabenden viertelstundenlang vor unserem Häuschen auf und ab zu gehen und etwas in ein Notizbuch zu schreiben, wenn ein Besucher zu uns kam. Er warb nebenan und gegenüber Leute, die die Namen aller meiner Besucher aufschreiben sollten. Damit hatte er keinen Erfolg. Er fand nur zwei Willfährige: Mutter und Sohn, die verachtetsten Leute der ganzen Fichtestrasse. Der Sohn, damals Hitlerjugend-Führer, sitzt heute im Irrenhaus. Er hat 1939 in einem Wutanfall seinen Vater mit einem Brotmesser ermordet und seine Mutter durch drei Stiche in die Brust verletzt. Das Weib war so schlecht, dass sie den Inhalt meines auf die Strasse gestellten Mülleimers untersuchte und mich deswegen anzeigte, was mir eine Haussuchung einbrachte. Es war in der Zeit der beginnenden Nahrungsmittelknappheit. Die Stadt Freiburg schaffte auf ihrem Rieselgut eine Menge Schweine an, und es wurde ein »Gesetz« erlassen, dass die Bevölkerung keinen Abfall mehr in die Mülleimer werfen dürfe, sondern alles für die städtischen Schweine sammeln müsste. Jede Woche einmal holten städtische Boten den mittlerweile faul und übelriechend gewordenen Gemüseabfall und Knochen ab. Die gewaltige Maul- und Klauenseuche-Epidemie, die bald einsetzte und auch nach Frankreich und der Schweiz übergriff, soll eine Folge dieser Schweineernährung sein. In ganz Deutschland bekam jede Frau ein Bild, das sie sichtbar in ihrer Küche, laut »Gesetz« aufhängen musste. Es stellte ein Schwein dar mit der Unterschrift: »Ich fresse...«, und dann folgte alles, was man aufzubewahren und abzuliefern hatte für die Schweinemast. Von Zeit zu Zeit wurden in den Küchen Stichproben gemacht, ob das Schwein auch noch an der Wand hing. Nichtaufhängen des Gemäldes und Vernichtung des Gemüse- und Knochenabfalls wurde als »Sabotage« bestraft. Da ich dem 3. Reich nie etwas gab und alles »sabotierte«, verbrannte ich das Schweinebild und warf den Abfall zwischen die Asche in den Mülleimer. Wenn der Bote zum Abholen kam, sagte ich, dass ich nur Kaffee getrunken und Brot gegessen hätte. Darauf durchwühlte die liebe Nachbarin meinen Mülleimer und fand einen Kohlstrunk, den sie auf die Polizei brachte. In Zukunft vergrub ich den Abfall im Garten, auch die leeren Zahnpastatuben und Bohnerwachsbüchsen, die ich laut »Gesetz« hätte abgeben sollen.

Der Blockwart sandte mir auch seine Kreaturen nach,

wenn ich ausging. So eines Sonntagmorgens, als meine Tochter und ich ins Strandbad gingen. Unser Verfolger war ein früheres Reichsbannermitglied, der dort Spitzeldienste für die S.A. tat. Auf der Liegewiese des Bades legte er sich so nahe zu uns, dass er jedes Wort hören konnte und vernahm so, dass ich mich darüber wunderte, dass alle Besucher entweder den »Stürmer« oder das Freiburger Naziblatt, den »Alemannen«, lasen. Der Spitzel in der Badehose machte die ganze Zeit Notizen in einem Heft. Wir konnten uns vor ihm nur durch einen Sprung ins Wasser retten. Dann belästigte er andere Leute. Er bemerkte einen jüdischen Herren, mit Namen Lichtenstein. Der arme Mensch war Gerichtsassessor gewesen und wie alle jüdischen Gerichtsbeamten im März 1933 schon herausgeworfen. Sepp Fischer, so hiess unser Spitzel, machte andere Rowdies auf den ruhig Lesenden aufmerksam, und vier von ihnen zogen Uniform an, so dass sie »Hilfspolizei« markieren konnten. Die Badewärter konnten es nicht verhindern, dass sie in ihren Reitstiefeln über den gepflegten Rasen trampelten und den Assessor in der Badehose verprügelten, weil er ein Christenmädchen im Badeanzug unanständig angesehen habe. Wir sahen, wie der Geschlagene in die Ankleidekabine ging und dann die »Erholungsstätte« verliess. Auch uns war die Erholung verleidet, und wir gingen heim.

Am andern Morgen wurde um sechs Uhr anhaltend bei uns geläutet. Gestapo, Haussuchung und Verhaftung. Ich musste zwischen den zwei Häschern durch die Siedlung zur Tramendstation gehen und fand nachher auf der Schutzhaftkostenrechnung: Transport ... RM 1.–. Ich wurde nie in der »Grünen Marie« befördert und musste die Beförderung doch immer bezahlen, obgleich ich die 20 Pfennige für die Tramfahrt auch auf eigene Kosten bestritt. Die Bezahlung der Schutzhaftkosten liess ich immer stunden, doch wurde zur Sicherheit immer unsere Wohnzimmereinrichtung gepfändet und von meinem

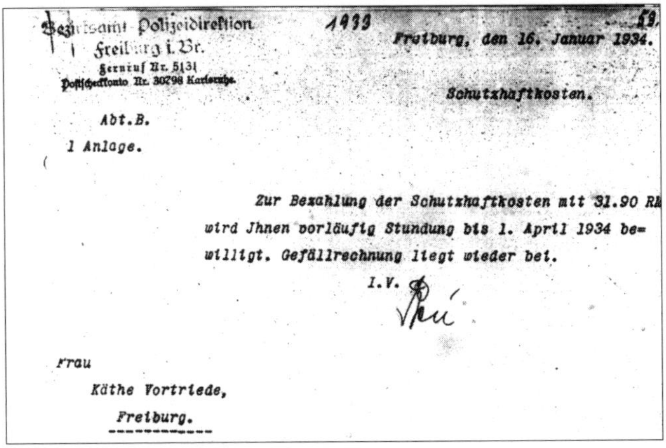

Bezirksamt Polizeidirektion
Freiburg i. Br.
Fernruf Nr. 5131
Postscheckkonto Nr. 30798 Karlsruhe.

1933

Freiburg, den 16. Januar 1934.

Schutzhaftkosten.

Abt. B.

1 Anlage.

Zur Bezahlung der Schutzhaftkosten mit 31.90 RM wird Jhnen vorläufig Stundung bis 1. April 1934 bewilligt. Gefällrechnung liegt wieder bei.

I. V.

Frau
Käthe Vortriede,
Freiburg.

»Die Bezahlung der Schutzhaftkosten liess ich immer stunden…«

Schreibtisch flog der »Kuckuck« gar nicht mehr herunter. Erst wenn der dicke Gerichtsvollzieher Schönauer kam, um mit seinem Gehilfen die Möbel abzutransportieren, bezahlte ich, nachdem wir vorher – alle drei auf dem gepfändeten Sofa sitzend – einen Kirsch zusammen getrunken hatten. Die oben angeheftete Mahnung zur Bezahlung der Schutzhaftkosten [s. o.] bezieht sich auf die Rechnung für meinen zweiten Aufenthalt im »Kaffee Sechseck« im Jahre 1933.

Im Laufe der Jahre wurden wir sehr geschickt im Verbergen aller gefährlichen Bücher und Schriften. Bei meiner ersten Haussuchung hatte ich eine Anzahl der kleinformatigen Zeitungen auf Seidenpapier, die unsere Genossen unter Einsatz ihres Lebens aus Prag hereinschmuggelten oder aus der nahen Schweiz, den neuen »Vorwärts« und die »Aktion«, offen auf einem Tisch im Zimmer meiner Tochter liegen. Die Gestapo durchwühlte gerade die Küche, als mir das einfiel. Ich setzte mich auf den Küchentisch, damit die Männer mein Kniezittern nicht bemerkten. Ich sah meine Tochter an und dirigierte sie mit den Augen in ihr Zimmer. Sie verstand sofort, ging tänzelnd und lächelnd ein wenig hin und her und verschwand aus der Küche im Moment, als die beiden gerade den Herd von innen untersuchten, denn Feuerstellen galten schon in der Zeit des Sozialistengesetzes von 1879–1891 als beliebtestes Versteck. Einer der Kerle lief ihr sofort nach und brachte sie zurück. Sie sah mich vergnügt an, legte die Hand aufs Herz, und ich konnte beruhigt vom Küchentisch herabsteigen, weil ich wusste, dass sie die Zeitungen unter ihren Kleidern verborgen hatte. Im Jahre 1935 hatte ich schon so viel Übung in Haussuchungen, dass ich die Häscher immer auf eine Schublade hinwies, in der ich die broschierte Kleinausgabe des Braunbuches hatte. Ich sagte mehrere Male höflich: »Diese Schublade haben Sie noch nicht«, mit dem Erfolg, dass sie die Schublade keines Blickes würdigten. Bei ihren anderen »Arbeiten« mimte ich grosses Erschrecken, indem ich sagte: »Ach, wühlen Sie doch bitte meine Wäsche nicht so durch!« Da wurde jedes Wäschestück so gründlich auseinandergefaltet, dass die Zeit hinging, die den Leuten zur Verfügung stand. Einmal hatte ich im Keller unter einer Kiste einen ganzen Haufen der verbotenen Zeitungen. Der eine Gestapomann ergriff die Kohlenschaufel. Ich schrie scheinbar entsetzt: »Sie werden mir doch die Kohlen und Briketts nicht durchsuchen!« Darauf warfen sie sämtliche Kohlen in eine andere Ecke des Kellers, und die grossen Brikettstapel bauten sie Stück für Stück ab und bauten sie gegenüber wieder auf. Nachdem sie sich dann in der Waschküche die Hände gewaschen hatten, waren sie müde und zogen ab. Einmal war ein kleiner Bub aus Hinterzarten bei mir zum Besuch, als die Gestapo kam. Der sass in seinem Bett und sagte: »Onkel, hast du etwas verloren? Tante Käthe hat auch noch einen Kaninchenstall, da musst du mal suchen!«

Es ist nie etwas gefunden worden, und nur mein Bücherschrank lichtete sich immer mehr, da die Räuber mitnahmen, so viel sie in ihren Aktentaschen abschleppen konnten. Gelesen haben sie die Bücher wohl nicht, sondern eher an Antiquariate verkauft, denn im Jahre 1939 fand ich einmal in einem meine eigene Kunstgeschichte von Wickenhagen, die ich an mancherlei Zeichen erkannte. Vielleicht hatte die Gestapo sie mir wegen der unsittlichen Bilder griechischer Göttinnen weggenommen. Niemand aber, der ruhig und gelassen bei den Überfällen der Gestapo erschien, kann wohl behaupten, dass seine Nerven intakt blieben.

Meiner Tochter wurde gesagt, dass ich in einer Stunde wieder zu Hause wäre, ich müsste auf dem Bezirksamt nur zu Protokoll geben, was ich am Sonntag im Schwimmbad gesagt hätte. Meine Tochter tat eine naive Bitte an die Gestapoleute – im Sommer 1933 war man noch naiv. Sie bat, der Universität keine Mitteilung zu machen. Das wurde mit heiligen Eiden versprochen: »Aber, Fräulein, wo denken Sie hin?« Bald darauf erhielt meine Tochter die vertrauliche Mitteilung, dass der eine »Krimsch«, wie wir die Kriminalpolizisten nannten, sie noch am gleichen Morgen bei der Universitätsbehörde als politisch gefährliches Subjekt angezeigt hatte.

Ausserdem stand der »Fall« mit meinem vollen Namen am nächsten Morgen im »Alemannen« unter der Überschrift »Aus kühlen Fluten hinter Gefängnismauern«. Ich wurde in dem Artikel, den meine Tochter gleich ausschnitt und in unsere Familienchronik klebte, als »üble Linksskribentin« bezeichnet, die im städtischen Schwimmbad verhaftet worden wäre. Er hatte eine Legendenbildung zur Folge, da man mit Bezug auf die verlogene Berichterstattung erzählte, ich sei im Badeanzug durch die Hauptstrassen der Stadt ins Gefängnis geschleift worden.

Auf dem Bezirksamt nahm ein ungewöhnlich ordinärer junger Bursche meine Personalien auf, ein Regierungsassessor Boos. Er flegelte sich auf einem Stuhl und schrie mich an: »Stehen Sie gefälligst gerade vor mir!« Ich hatte einen Arm auf einen Stuhl gestützt, den mir der begleitende Krimsch sofort eilfertig wegnahm. Zuletzt hiess es

»abtreten«, und es schlossen sich zum ersten Mal die Gefängnismauern hinter mir, aber nicht zum letzten Mal. Bei der Kerkermeisterin musste ich mich völlig ausziehen und schliesslich auch noch den Mund aufsperren. Ich weiss nicht, warum. Ich bekam Zelle Nr. 14 und blieb die ganze Zeit, auch bei späteren Gefangennahmen, in Einzelhaft, obgleich ich für mein Leben gern mit recht erfahrenen Verbrecherinnen zusammen gewesen wäre. Die ersten zwei Nächte schlief ich nicht auf meiner harten Pritsche, die morgens um 5 Uhr an die Wand geschlossen und nachmittags um 5 Uhr herabgelassen wurde. Ich habe, da mein Vater, als schlechter Pädagoge, mich als kleines Kind zur Strafe in dunklen Kellerräumen einzuschliessen pflegte, zeitlebens eine neurotische Angst vor dem Eingeschlossensein gehabt. Ich hatte nie Furcht vor eindringenden Menschen und brachte es nachts im Hotel nicht fertig, abzuschliessen. Peinlicher noch als das Knirschen des Schlüssels in der eisernen Tür meiner Zelle war mir das Geräusch des Vorschiebens der beiden grossen Riegel über und unter dem Schloss. Die Riegel wurden nur zur Nacht vorgeschoben und machten mich besonders nervös. Ich kam mir vor wie ein wildes Tier im Käfig und lief die ganzen Nächte wie ein Eisbär hin und her. Die dritte Nacht schlief ich aber aus lauter Müdigkeit vorzüglich und dann weiter alle folgenden Nächte ebenso. Ich hatte vergessen, dass ich in zugeschlossenem Raume nicht schlafen konnte. Ich kann heute überall zuschliessen und bin im Gefängnis von einem fast 40 Jahre langen Leiden geheilt. Übrigens wurde ich von der 3. Woche ab und auch bei späteren Besuchen bei Tage nicht mehr eingeschlossen, nachdem die Kerkermeisterin einmal Vertrauen zu mir gefasst hatte. Nur, wenn sie den Inspektor kommen hörte, lief sie schnell die eisernen Treppen in meinen dritten Stock herauf und schloss ab. Sonst liess sie die Tür offen, damit etwas Sonne durch die Fenster des Treppenhauses in meine Zelle käme, in der ich immer fror.

Im Anfang hatte ich einmal eine Unannehmlichkeit mit ihr. Meine Tochter hatte zu dem Essen, das sie mir fast täglich brachte, ein Briefchen gelegt. Darin stand der Satz: »Ich stand mit Fiddi vor Sport Peters Laden. Da sahen wir Dolche mit einer Aufschrift in der Klinge: Blut und Ehre.« Der die Briefe kontrollierende Inspektor hatte aus dieser harmlosen Bemerkung herausgelesen, dass meine Tochter diese Dolche missbilligte. Es entstand ein grosser Krach dieses Briefes wegen, der mir nicht ausgehändigt wurde.

Einmal zeigte mir die Kerkermeisterin, die mit einem Kollegen verlobt war, eine Kaffeedecke mit 12 Servietten, die sie sonntags für ihre Aussteuer bestickte. Ich erbot mich, das Gedeck fertig zu sticken und hatte nun ihr Herz gewonnen. Sie mochte mich überhaupt gern, weil ich nie läutete, auch nicht, wenn sie einmal an einem Sonntag Abend vergessen hatte, mir die Pritsche aufzuschliessen und herunterzulassen, so dass ich die Nacht auf dem Boden schlief. Sie bemerkte es am Montagmorgen.

Ich hätte es eigentlich wunderschön gehabt, so viel Zeit zum Lesen in den herrlichen Büchern der Universitätsbibliothek, die mir meine Tochter brachte. Aber da war die tödliche Ungewissheit! Da es bei Schutzhaft weder Verhandlung noch Straffestsetzung gibt, musste ich bei der neudeutschen Justiz damit rechnen, dass ich ins Frauenzuchthaus nach Bruchsal käme, denn das Freiburger Gefängnis durfte niemand länger als sechs Wochen in Schutzhaft behalten. Meine Tochter lief zum Rechtsanwalt, zum stellvertretenden Polizeidirektor (der Davongejagte und seine Frau waren gute Bekannte von uns), selbst zu dem fürchterlichen Regierungsassessor Boos und zu andern einflussreichen Leuten, und so kam ich noch billig mit drei Wochen davon.

An der Zellenwand hing die Verordnung für die Gefangenen. Aus Langeweile lernte ich die harte Prosa der 12 Paragraphen von vorn bis hinten auswendig und dann von hinten nach vorn. Ein Paragraph besagte, dass die

Gefangene die Wärterin erst um Erlaubnis bitten muss, ob sie sie anreden darf. Also begann ich jede Unterhaltung mit den Worten: »Gestatten Sie, Schwester, dass ich mit Ihnen spreche?« Ich nannte sie Schwester, weil ihr ein winziges Häubchen windschief vom Kopf hing. In der Verordnung wurde den Gefangenen auch Morgengymnastik empfohlen, die Übungen waren sogar bebildert. Mein turnerischer Eifer aber war dahin, als ich einmal bei der Bauchschaukel ein Auge durch das runde Guckloch der Eisentür auf mich gerichtet sah.
Von der erzieherischen Tätigkeit der Kerkermeister, von dem sittlichen Einfluss, den sie auf die Gefangenen ausüben und den der Gefängnisdirektor Kölblin in öffentlichen Vorträgen pries, merkte ich nichts. Den ganzen Tag schallte vom nebenan liegenden Männerhof das Schimpfen der Aufseher herüber: »Noch nicht fertig, ihr faulen Lumpen!« Wenn wir morgens zum Rundgang auf den Hof geführt wurden, den »Bärentanz«, und nicht schnell genug die Treppe herabliefen, war der Sammelname der »Schwester« Storr für uns: »Ihr Satane!« In der Einzelanrede hiessen wir nach der Nr. unserer Zelle. Ich erinnere mich an Frau Achtzehn, eine alte Frau, die bei der Entlassung nicht gehen wollte: »Könnt i nit no ä weng bliebe?«, jammerte sie. »Nei, die scheene Uffwartig, die mer hier hätt!« – Der Rundgang auf dem öden Hof, zwischen den hohen Mauern, mit zwei Metern Abstand von der Nächsten bedrückte mich. Unaufhörlich musste ich an die trostlose Zeichnung Vincent van Goghs denken. Genau so war es – mit auf dem Rücken verschränkten Armen, die nicht gelockert werden durften, stumpfsinnig ins Runde trottend.
Vergnüglicher war es, in der Zelle nach Inschriften zu suchen. Überall hatten die Bewohner vor mir sie mit Löffeln und Stricknadeln eingeritzt, da Bleistifte verboten waren. Der Drang zur Mitteilung muss gewaltig sein im Menschen. Die mit Datum und Namen versehenen Inschriften beteuerten meist die Unschuld der Eingeker-

kerten. Auf der hölzernen Kehrschaufel stand: »Warte, du Schuft, wenn ich rauskomme!« In der Unterfläche der Tischplatte stand: »Nur, wer die Sehnsucht kennt, weiss, was ich leide!«
Die Gefängnisbibliothek war damals noch gut. Die jetzt schon lange in Deutschland verbotene *Sigrid Undset* war vertreten und *Bernhard Kellermann*, dessen Roman »Das Meer« ich entlieh. Sonntags bekamen wir neue Bücher. Ausserdem unterschied sich der Sonntag vom Alltag durch andere Dinge: Man hörte kein Holzspalten und Schimpfen vom Männerhof, sondern Choräle aus der Kirche. Wenn der Männergottesdienst beendet war, wurden wir hinübergeführt, sahen aber unsere Nachbarin nicht in dem Holzkäfig, sondern hatten den Blick auf den Pfarrer, der über unsere Sünden loszog und Hitler pries, so dass ich nicht erbaut war und das nächste Mal in der Zelle blieb. Zum Mittagessen gab es am Sonntag eine Gefängniszeitung, in der die Wohltaten des »Führers« zu lesen waren, und ein kleines, grünlichgrau schillerndes Stückchen Rindfleisch, durch das ein zugespitztes Holzstäbchen ging, damit man es in der Brühe fand. Von 1 – 2 Uhr herrschte so grosse Sonntagsstille, dass ich beschloss, bei meinen Kolleginnen im 4. Stock Anschluss zu suchen. Ich stellte den Tisch unter das Fensterloch, das oben an der Decke der hohen Zelle war, auf den Tisch den Hocker, kletterte hinauf und rief durch die äussere schräge Milchglasscheibe, die mich am Hinaussehen hinderte: »Hallo, hallo, hier Nr. 14!« Ich bekam sofort mehrere Antworten; die Kolleginnen standen auch auf Tisch und Hocker. Eine erfreuliche Verbindung war hergestellt. Die erste Frage war: »Welche bist du?« Dann beschrieben wir unser Aussehen, da wir uns vom Bärentanz äusserlich kannten, aber natürlich nicht unsere Namen. Dann kam die wichtigste Frage: »Wie lange hast du?« Nur ich wusste es nicht. Und dann: »Warum?« Ich antwortete: »Politisch!« Darauf grosses Gelächter: »Du bist gut! Das sagen jetzt alle!« Schliesslich glaubten sie

mir aber, und nach dem angeregten Plauderstündchen sahen wir uns beim nächsten Bärentanz interessiert und augenzwinkernd an. Am nächsten Sonntag telefonierte ich meine Adresse hinauf und bekam auch später einmal an einem Sonntag Nachmittag den Besuch einer Exkollegin, und ich muss sagen, dass es ein sehr nettes Mädchen war. Am letzten Sonntag, den ich im »Kaffee Sechseck« verbrachte, öffnete sich die Zellentür während unseres Schwätzchens, auf das ich mich die ganze Woche freute, und der Gefängnispfarrer mit einem Beamten kam herein. Ich kletterte entsetzlich beschämt von meinem Turm herab. Der Beamte gab eine Verwarnung von sich und drohte Dunkelarrest an; der Geistliche fragte, ob ich ihn sprechen wollte. Ich dankte, und beide gingen wieder, sodass ich schnell im oberen Stock Meldung von der nahenden Gefahr machen konnte. Am Sonntag Abend gab es immer einen blauen Blechnapf voll Tee von einem unbekannten Gewächs. An diesem Sonntag Abend hörten wir plötzlich aus einer Zelle eine gemütliche Männerstimme rufen: »Isch däs Gsundheitstee?« Darauf brüllendes Gelächter, und plötzlich sangen wir alle laut die Marseillaise. Die Wärter liefen schlüsselklappernd herbei, und alle Fensterlöcher mussten geschlossen werden.

Die hier eingeheftete Bescheinigung [s. nächste Seite] über meine Gefangennahme ist die letzte, die ich bekam. Vom Oktober 1933 gaben die Gefängnisse und Konzentrationslager keine Entlassungsausweise mehr, denn sie hatten allmählich gemerkt, dass solche Ausweise einen Pass ersetzten und einem gewisse Erleichterungen im Ausland verschafften. Es hiess also fortab, es sei ein »Missbrauch« mit den Entlassungsausweisen getrieben worden. So hatte niemand von den aus Dachau nach dem Pogrom des 11. 11. 1938 Ende des Jahres oder Anfang 1939 entlassenen Juden den geringsten Beweis dafür, dass sie wirklich dort gewesen waren.

Im nächsten Jahr traf ich schon alles bedeutend schlech-

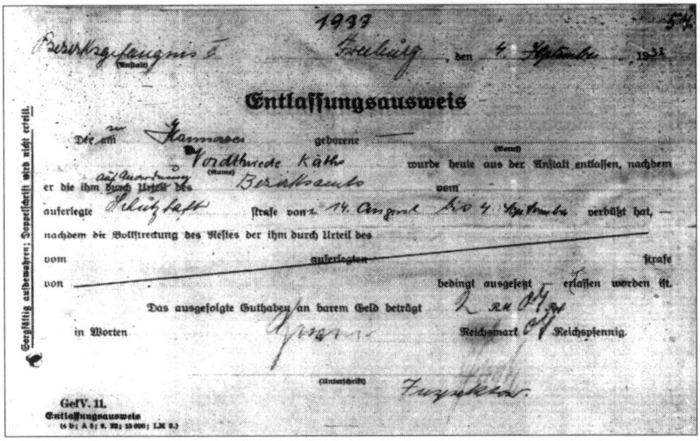

1933

Bezirksgefängnis I (Anstalt) Freiburg, den 4. September 1933

Entlassungsausweis

Die zu Hausfrau geborene (Beruf)

Vordtriede Käthe (Name) wurde heute aus der Anstalt entlassen, nachdem

er die ihm auf Anordnung des Bezirksamts vom

auferlegte Schutzhaft strafe vom 14. August bis 4. September verbüßt hat, —

nachdem die Vollstreckung des Restes der ihm durch Urteil des

vom auferlegten strafe

von bedingt ausgesetzt — erlassen worden ist.

Das ausgefolgte Guthaben an barem Geld beträgt 2 RM 04 Rpf

in Worten zwei Reichsmark 04 Reichspfennig.

(Unterschrift) Inspektor.

Sorgfältig aufbewahren; Doppelschrift wird nicht erteilt.

GefV. 11.
Entlassungsausweis
(4 b; A 5; 9. 32; 15000; LM 8.)

Entlassungsausweis nach der ersten »Schutzhaft« (14. 8.–4. 9. 1933).

ter an. Meine Bekannten durften kein Essen und keine Bücher mehr schicken, sogar mein eigener Löffel wurde mir abgenommen, sodass ich den verrosteten meiner »Gastgeber« benutzen musste, und zu dem Hitlerbilde auf dem Gefängniskorridor über der Handarbeitsausgabe hatte sich noch das Görings gesellt, dem Schöpfer des modernen Strafvollzugs, der vom mechanisch fallenden Beil der Todesstrafe zum Handbeil zurückgekehrt ist. Im Jahre 1933 konnte ich der Kerkermeisterin von meinem Überfluss noch die schönsten Kuchen und Früchte in die grosse Kittelschürze werfen, zur Verteilung an die »Schänzer«. Das Wort »Schänzer« hörte ich so häufig, ich dachte, es sei ein Nachname, aber so werden die männlichen und weiblichen Schwerarbeiter im Gefängnis genannt.

Als meine Tochter mich endlich abholen konnte, nahmen wir an milden Gaben unserer Freiburger Freunde eine ganze Torte und fünf volle Flaschen Wein mit heim. Zu Hause feierten wir ein fröhliches Fest, beglückwünscht unter anderem auch vom katholischen Pfarrer unsrer Siedlung, dem Herrn Geistlichen Rat *Karl Kistner,* ein beliebter, toleranter Herr, den die Haslacher »Kischtnerkarle« nannten.

Ja, es war ein fideles Gefängnis, besonders, wenn man das schnelle Ende vorausgewusst hätte.
Vor meiner Entlassung wurde ich nochmals zur Polizei geführt, wo ich ein Loyalitätszeugnis für den Staat unterschreiben musste. Ich tat es mit der illoyalsten Gesinnung im Herzen. Selbstverständlich wäre ich sonst nicht freigekommen. Die staatsfeindliche Haltung, die man durch die Verweigerung der Unterschrift zu erkennen gibt, wird schwer bestraft. Es unterschreibt jeder in Deutschland, abgesehen von einem kleinen Teil der »Ernsten Bibelforscher«, die zu Tausenden von 1937 ab eingekerkert wurden. Es sind mir sowohl Ehefrauen und Mütter wie bibelforschende Männer bekannt, die die Unterschrift immer wieder ablehnen. Sie nützen niemand mit ihrem Heldenmut, wohl aber bringen sie ihre Familien in grösstes Elend. Es ist das aber eine Gewissensfrage, und es steht keinem dieser Bewegung Fernstehenden zu, ein Urteil über diese Gläubigen zu fällen.
Seit 1936 bin ich nicht mehr verhaftet worden, hatte nur im Jahre 1937 und 1938 noch je eine Haussuchung. Der feindliche Blockwart unserer Strasse verfolgte mich von da ab nicht mehr. Es war in der »Arbeitsfront« ein neuer Posten für ihn geschaffen worden. Wo früher ein sozialdemokratischer Gewerkschaftssekretär sass, über dessen bescheidenes Gehalt die Nazi das Maul verrissen, sassen jetzt vier oder fünf. Überall sind für die »alten Kämpfer« neue Posten geschaffen, heute spielt das entwertete Geld keine Rolle mehr. Alle diese parasitären Existenzen muss das deutsche Volk durchfüttern. Mit Hitlers Macht wäre es schon 1934 zu Ende gewesen, wenn er nicht einen Teil seiner »alten Kämpfer« in bequeme Beamtenstellen gebracht hätte, nachdem er es ihnen so lange versprochen hatte. Der Blockwart war nun arriviert, er erlahmte infolgedessen in seiner Spitzeltätigkeit, und ich hatte den Vorteil davon.

1934

4. Kapitel

Kampf zwischen Gewalt und Idee

Eins hat Karl Marx nicht vorausgesehen: die Vermehrung und Verelendung der Akademikerschicht als Folge der Aussichtslosigkeit im kaufmännischen Beruf und ihr eigentümlicher Anteil am Gesicht der Grossstadt vor dem März 1933.

Die Wirtschaftskrise füllte die Universitäten seit 1928. Die Maturanden und Maturandinnen des Mittelstandes wären gerne in die Kontore geströmt, wenn Lehrstellen da gewesen wären. Da aber die Geschäftsinhaber, die Bankdirektoren und die Fabrikanten sich mit aufgehobenen Armen vor ihre Büros hinstellten und riefen: »Nur nicht zu mir, nur nicht in meinen überfüllten Beruf«, drängte alles zum Studium, oft ohne innere Eignung, ohne höheres geistiges Streben, ganz einfach nur aus einem einzigen Grunde: um Zeit zu gewinnen! Das Studium dauerte länger als die kaufmännische Lehrzeit, es war billig, von den Kolleggeldern konnte man mit Leichtigkeit befreit werden, Essenskarten für die Mensa Academica bekam man gratis, man wurde Werkstudent, den Vergnügungen der akademischen Freiheit blieb man fern und vor allem: Man war geborgen vor einer Entscheidung, man verstudierte die Zeit, in der man sonst nichts mit sich anzufangen wusste. Weder staatliche noch Verwaltungsbetriebe öffneten sich einem, aber die Universität nahm jeden, der das Reifezeugnis vorweisen konnte. So kam es, dass allein in der Alma Mater Freiburgs 1929 4500 Hörer immatrikuliert waren. Dem 4000. schenkte die Stadt eine goldene Uhr und feierte ihn bei einem Fest im Stadtgarten. 1938 hatte Freiburg nur noch 1800 Studenten.

Das Elend nach vollendetem Studium aber war riesengross. Der Lebensstandard der Junglehrer und Jungärzte näherte sich dem des Arbeiters. Sie durften, wenn sie Glück hatten, assistieren und vertreten, verdienten dabei aber nur 50.– Mark im Monat. Man rechnete in scherzhafter Übertreibung aus, dass auf 50 Deutsche ein Arzt käme und auf 5 deutsche Kinder ein Lehrer. In den anderen Fakultäten, ausser in der Theologie, war es genauso.

Was die marxistische Theorie proletarisches Klassenbewusstsein nennt, hat es beim Akademikerproletariat nie gegeben. Die Studierten stellten keine geschlossene Einheit dar. Die Studenten waren kein unangreifbarer Körper gegen die von aussen kommende Zersetzung der nationalsozialistischen Propaganda. Die schwarz-rotgoldene Geschlossenheit jener Studenten, die hundert Jahre zuvor auf der Wartburg für die Geistesfreiheit kämpften und die sich sogar in einheitlicher Tracht kundtat, gab es nicht mehr. Die einsetzende Massenhaftigkeit konnte nicht mehr von einigendem Zusammengehörigkeitsbewusstsein getragen sein.

Die Akademiker wollten sich aber nicht in der Lebenshaltung dem Arbeiter nähern. Mit krampfhafter Verzweiflung wehrten sie sich gegen diesen Abrutsch. Gegen ihr wirtschaftliches Minderwertigkeitsgefühl setzten sie die kompensatorische Vorstellung, als seien sie mehr als der verelendete Arbeiterstand. Je geringer die Akademiker ihrem Herkommen nach waren, je kleinbürgerlicher die Familie, aus der sie stammten, mochte es eine Subalternbeamten- oder eine Handwerkerfamilie sein, desto mehr wurde das Proletarische verachtet. Die Herabgekommenen wollten ihre akademische Ehre retten und sie suchten im Nationalsozialismus ein Asyl für Obdachlose, das sie vom Arbeiter unterscheide. Sie wussten, dass sich hier der entscheidende Stoss gegen

das Proletarische vorbereitete, wenn es auch tausendfach in Versammlungen gepriesen wurde. Sie wussten, dass »Sturz des Kapitalismus als Ziel der Bewegung« nur eine Propagandaphrase war. Sie selber wollten herrschen und stellten sich die Machtübernahme durchaus nicht als Besetzung und Vergesellschaftung der Fabriken, Banken und Bergwerke durch Arbeiter vor. Sie durchschauten die Versammlungsattraktionsstücke, die schlaue Taktik des Arbeiterfanges, und waren sich einig mit Hitler im Endziel: Zerschlagung der Gewerkschaften, des Achtstundentages und aller sozialer Errungenschaften des Arbeiters. Die verlorenen Arbeiterrechte sollten ihn[en] zum Recht verhelfen.
So stellten die Jungakademiker den armseligsten und niedrigsten Teil der Gefolgschaft Hitlers, bar aller Ideale, laut einstimmend in das Schlagwort: »Gemeinnutz geht vor Eigennutz« und dabei denkend: »Mein Nutz geht vor dein Nutz!« – Je stärker die Verminderung an akademischer Existenzsicherheit wurde, desto stärker der akademische Trieb zu kollektiver Geltung.
Die nationalsozialistische Studentenschaft Freiburgs berief Versammlung über Versammlung ein, und während der kurzen Zeit des Uniformverbots in Baden im Mai 1932 traten sie gleich gekleidet in weissen Hemden mit schwarzen Schlipsen an, um die Verordnungen des Staates zu verhöhnen. Der Rektor, der am meisten Angst vor den nationalsozialistischen Schlagetots hatte, war ein katholischer Geistlicher, der Kunsthistoriker Professor *Sauer*. Ein lauter und respektloser Ton erfüllte die heiligen Hallen des Kollegiengebäudes, die Hörsäle, den Stehkonvent und pflanzte sich fort, die Treppe hinunter, die von Homers und Aristoteles' Riesenbronzen flankiert wurde, bis auf den schönen Platz vor der Universität zwischen Bibliothek und Rasenanlagen.
Wann die Studenten den traditionellen Glauben an die Ordnung der deutschen Verwaltung verloren hatten, kann man nicht genau sagen. Doch rückblickend er-

scheint es mir, als ob der Republik schon in ihren Anfangsjahren die akademische Jugend entglitten wäre, als die Sozialdemokraten es versäumten, die hohen geistigen und sittlichen Kräfte, die im Sozialismus stecken, zu entfalten. Ich war von 1922 bis 1925 Sekretärin des Hygienischen Instituts der Universität bei Geheimrat *Uhlenhuth* und habe damals schon die Ablehnung der Weimarer Verfassung beobachtet. Vom Nationalsozialismus war keine Rede, wohl aber hörte ich im Laboratorium und im Kurssaal von früh bis spät billigen Witz über *Ebert* und *Scheidemann,* besonders den während der Inflation aus Valutagründen zahlreich kommenden Ausländern gegenüber, und viele Mediziner gehörten der »Schwarzen Reichswehr« an. Immer mehr wuchs die Entfernung zwischen Diplom und Anstellung und führte die jungen Menschen zur Auflehnung gegen den Staat. Immer mehr Tore schlossen sich, und wenn die Jugend nicht von Natur so viel Spannkraft besässe, hätte sich jeder gleich am Tage nach dem Examen aufhängen müssen.

Wenn so auch der Drang zur Auflehnung gegen das Geschick berechtigt war, so bezog die akademische Jugend in den allgemeinen Entwertungsvorgang aber auch alles Geistige ein und strebte nur ein Ideal an: die lenksamen, brauchbaren Massen, die verdummt werden mussten, um bequem gelenkt werden zu können, gelenkt von den stellungslosen Akademikern. Die restlose Verjagung der jüdischen Akademiker, die besonders in der Medizin viele vakante Stellen schaffen würde, war selbstverständlich. Abgesehen von gewissen heroischen und militärischen Instinkten, an die der Nationalsozialismus zu appellieren verstand, war es nur platter Materialismus, der die Jungakademiker zu Hitler führte.

Man hätte meinen sollen, dass der Nationalsozialismus durch das Hereinströmen der Jungakademiker, wenn sie auch aus materiellen Motiven kamen, dennoch eine Vergeistigung erfahren hätte. Das war nicht der Fall. Die junge Partei wurde nicht veredelt durch die Akademiker, sondern nur anmassender und aggressiver. Ein philologischer Kollege meiner Tochter nach dem andern fiel um und grüsste uns im braunen Hemd mit Hitlergruss, ganz harmlos, denn sie vergessen schnell, dass sie früher anders dachten. Den Takt gegenüber Andersgesinnten verlernen die Siegesbewussten schnell, besonders die weiblichen. Wir erinnerten uns an das Wort Emersons: »Man soll die Menschen nicht nach ihren Meinungen beurteilen, sondern nach dem, was ihre Meinungen aus ihnen machen!«

Die Mittelmässigkeit wittert Morgenluft

Deutschland ist unter die Herrschaft eines volksfremden Geistes geraten. Während die Vertreter des deutschen Geistes ausser Landes gingen, ihre Werke ausgemerzt, verbrannt, verfemt oder auch unbefugterweise nachgedruckt und zur staatlichen Rieseneinnahme wurden, macht sich kleinbürgerliche, gleichgeschaltete Mittelmässigkeit breit und daneben anmassender Schund.
Karl Bröger, Hausdichter der Sozialdemokratie, Liebling der sozialdemokratischen Arbeiterjugend, der »Held im Schatten«, wie wir ihn nach seinem autobiographischen Roman nannten, ist im Jahre 1939, zu seinem 60. Geburtstag in allen Nazizeitungen mit langen Glückwunschartikeln bedacht worden. Nichts darin von seiner sozialdemokratischen Vergangenheit! Er war von 1918 bis zum 10. März 1933 Feuilletonredakteur des »Fränkischen Kuriers«, der alten sozialdemokratischen Zeitung in Nürnberg, Brögers Vaterstadt, die er heute zu den nationalsozialistischen Parteitagen bedichtet. Ich sehe ihn noch vor mir auf dem schönen Arbeiterjugendtag in Weimar 1919, als er seinen »Vierkindermann« vortrug und die

sozialdemokratische Jugend ihn vor Liebe fast zerriss, ihn, seine junge Frau und seine vier Kinder. Er war auch der Dichter eines oft vertonten Soldatenliedes, das zu Kriegsbeginn 1914 ganz Deutschland erschütterte, und sein Gedicht, in dem er Deutschland daran erinnert, »dass dein ärmster Sohn auch dein getreuester war«, drang bis ins kaiserliche Hauptquartier und wurde von Politikern zitiert, wenn es galt, im »Durchhalten« der Linken zu schmeicheln. Brögers Gedichte erschienen im Eugen Diederichs-Verlag in Jena. Nach dem Kriege hatte der Himmel Bröger die Gabe des Gesanges wieder genommen. Er wurde ein mittelmässiger Redakteur. Der Born der Dichtung war versiegt. Er gehört zu den Autodidakten, deren grösste schriftstellerische Tat die Beschreibung ihres eigenen Lebens ist. Bröger hat sich als kränklicher Sohn einer Magd, die mit seinem Vater, einem Maurer, nicht verheiratet war, emporgearbeitet. Noch erstaunlicher aber ist die Geschwindigkeit seiner Wandlung. Im April 1933 las ich seinen in allen deutschen Nazizeitungen erschienenen Artikel, in dem er Hitler um Verzeihung bittet dafür, dass er eine Zeit lang in die Irre gegangen sei. Er erinnert den »Volkskanzler« an seine Gedichte von 1914 und zeigt seine Rückkehr zum Nationalen an, nicht ohne der bisherigen Brotgeberin Steine ins Grab nachzuwerfen. Die Verzeihung wurde ihm im reichen Masse gewährt, seine sozialdemokratischen Sünden wurden totgeschwiegen, man war froh, einen Volksdichter gewonnen zu haben, ein neuer Redakteursstuhl nahm ihn auf – doch seine dichterischen Gaben kehrten nicht zurück.

Wurden unter Wilhelm II. Tausende von schwachen Charakteren gebrochen, so waren es unter Hitler Millionen. In die Kategorie Bröger gehören auch die Schriftsteller *Max Barthel*, ehemals Kommunist, dann sozialdemokratischer Lyriker und heute Verfasser von nationalsozialistischen Schundromanen, in denen er seine eigene Vergangenheit beschimpft, der Hamburger *Hen-*

ning Duderstadt, der eine nach Brögers Muster abgefasste Bitte um Verzeihung veröffentlichte und Hermann Claudius, der Urenkel des »Wandsbecker Boten«, des grossen, treuen *Matthias Claudius*. Der Urenkel hat die Treue nicht geerbt. Auch dieser Hamburger Volksschullehrer und Sozialdemokrat wurde auf sozialdemokratischen Arbeiterjugendtagungen als Liebling gefeiert, und sein dieser Jugend gewidmetes Wanderlied begleitete uns ständig:

»*Wenn wir schreiten*
Seit' an Seit'
Und die alten Lieder singen,
Und die Wälder widerklingen,
Fühlen wir, es muss gelingen:
Mit uns zieht die neue Zeit!

Einer Woche
Hammerschlag,
Einer Woche Häuserquadern
Zittern noch in unsern Adern,
Aber keiner wagt zu hadern,
Herrlich lacht der Sonnentag!«

Meine Seele ist betrübt bis in den Tod, wenn ich dieses Abtrünnigen gedenke.
Schlimmer noch war es um den 1939 in Frankfurt am Main verstorbenen Dichter *Rudolf G. Binding* bestellt, ein wirklicher Dichter, von hohem Geschmack, Demokrat, Lieblingssohn der »Frankfurter Zeitung«, der sich zu Propagandadichtung für Goebbels hergab. Dass er ein neidischer, hämischer Charakter war, habe ich in Gesprächen mit ihm oft bemerkt, wenn er zu Dichtertagungen oder auf Einladung der Akademisch-Literarischen Gesellschaft zu Vorträgen in Freiburg war. Da gab es keinen lebenden Bruder in Apoll, den er nicht voll Schadenfreude preisgab in seinen kleinen Schwächen – dieser

Dichter, der in seiner Autobiographie »Erlebtes Leben« in seiner eigenen Schilderung höchstes Menschentum verkörpert. Warf man die Namen grösserer Dichter als Rudolf G. Binding in die Debatte, wie Thomas Mann und *Stefan George,* so wusste er sofort eine Menge verletzender Dinge über diese zu erzählen, die unsere Begeisterung dämpfen sollten.
Einer derjenigen, der deutschen Dichter jüdischer Abstammung, deren Familien in der 12. Generation in Deutschland ansässig sind, das Deutschtum abspricht, ist *Baldur,* durch eigenen Gnadenakt in den Adelsstand erhobener *von Schirach.* Seine Verehrung für Hitler fasste er in einem Gedicht zusammen, das er dem Fotoalbum seines Schwiegervaters Heinrich Hoffmann »Hitler, wie ihn keiner kennt« voransetzte:

»Das ist das Grösste, dass er nicht
nur unser Führer ist und vieler Held,
sondern er selber: gerade, fest und schlicht,
dass in ihm ruh'n die Wurzeln der Welt,
und seine Seele an die Sterne reicht
und er doch Mensch blieb, so wie du und ich.«

Dieser Messias-Sänger verteilt heute in Deutschland Dichterpreise, die Kleist- und Goethepreise heissen, und er errang selber 1934 den »Wartburg-Preis«.
Welch ein klassisches Deutsch schreiben jene Verjagten im Vergleich zu dem Oberlehrer vom Bodensee *Ernst Bacmeister,* dem Verfasser langatmiger Griechendramen auf Stelzen, der sich in den »Münchner Neuesten Nachrichten« also vernehmen liess: »Wuchs und Werk. Meine Blütendolde sind meine Dramen in der Kelchumfassung durch die Arbeiten der denkerischen Schau und Selbsterklärung.« – So der nationalsozialistische Dichter. Wer es fassen kann, der fasse es. Bacmeister selbst darf bleiben und weiter dichten, während *Joseph Roth* nach Paris wandern und früh sterben musste.

In den feinen Dichtern ist das Feine erstorben, und das Gemeine bleibt kräftig am Leben. *Emil Strauss* in Freiburg im Breisgau schrieb vor 40 Jahren den zarten, tiefen Schülerroman »Freund Hein« und 1934 das dickbändige »Riesenspielzeug«, in dem er Jugenderinnerungen an seine Versuchssiedlung auf vegetarischer Grundlage, in der er mit dem Freiburger Dichter Emil Gött lebte, verwebt mit dem Bilde eines Juden, der alle Laster der Menschheit in sich alleine vereinigt. Emil Strauss war nach seinen schönen Romanen, die er dem jüdischen Verleger S. Fischer Berlin zur Herausgabe anvertraute, jahrzehntelang nahezu verstummt, und zu seinem 70. Geburtstag veranstaltete seine badische Heimatstadt Pforzheim eine Geldsammlung zur Unterstützung des Bedürftigen. Hitler gab Strauss den dichterischen Antrieb zurück. Ebenso wie der Dichterin Agnes Miegel, der viele Jahre lang nichts mehr einfiel, bis sie sich nun von der Freiburger Hitlerjugend und in der nationalsozialistischen »Kulturgemeinde« unter Hakenkreuzen feiern liess.
Hanns Johst, der deutsche Marinetti, einst der extrem links stehende Mitarbeiter von *Franz Pfempferts* »Aktion«, schrieb ein Schlageter-Drama. Seine dort enthaltenen Aktschlussworte: »Wenn ich das Wort Kultur höre, entsichere ich meinen Revolver«, gehören zum neudeutschen Gedankengut. Er präsidierte einer Dichterakademie, die früher die Gebrüder Mann, *Ricarda Huch* und *Eduard Stucken* zu ihren Mitgliedern zählte. Jetzt machen sich dort die Pygmäen breit. Der Freiburger Fritz Brossmer trug früher bei sozialdemokratischen Fastnachtsveranstaltungen seine gespässigen Stückle vor, die er in der sozialdemokratischen »Volkswacht« unter den Titeln »Bibeliskäs« und »Dr. Katzerolli« drucken liess. Im 3. Reich wurde er als Dialekt-»Dichter« zu einer Tagung der Dichterakademie nach Berlin delegiert.
Die Schriftstellerin *Toni Rothmund,* früher in Freiburg, jetzt in Karlsruhe, konnte in der Republik mit den Wer-

ken »Blume in Schutt«, »Das stumme Klavier« und »Schloss Ohneleid« die Anerkennung der Literaturhistoriker nicht erringen, abgesehen von *Adolf Bartels*, der sie in seiner arisch-antisemitischen Literaturgeschichte erwähnt. Heute prangen ihre Romane der »nordischen Seele«, wie »Herrin auf Birka«, in allen führenden Nazizeitungen, und sie ist eine gefeierte Dichterin. Toni gehört zu den »Preziösen«, die sich aus gekränktem Ehrgeiz der NSDAP verschrieben, von der sie wussten, dass sie die grossen Geister vertreiben und den kleinen Platz schaffen würde.

In jedem neuen Herbst laufen Werber und Werberinnen für die Veranstaltungen der »Kulturgemeinde« von Haus zu Haus. Die Werber sind Nazi, die felsenfest nach der Parteiparole marschieren und jeden bedrohen, wenn er nicht irgendein »Kunst«-Abonnement nimmt, denn dann »sabotiert« er die »Kultur«. Ich habe kein Theater und keinen Konzertsaal mehr betreten seit 1933, und ich wunderte mich über die Massen, die früher nie ein Kunstbedürfnis gehabt hatten und die ich nun manchmal abends in Theater, Konzerte oder zu Tanzdarbietungen strömen sah. Oft war es mir, als sei ich allein auf einem Weltteil, und das ganze Deutschland auf dem andern.

So waren Theater und Konzerte besser besucht als vor 1933. Die Preise wurden herabgesetzt. Bei antisemitischen und sonstigen Tendenzstücken, wie »Rothschild siegt bei Waterloo«, kosteten sämtliche 800 Plätze des Freiburger Stadttheaters nur 50 Pfennig. Man sah die S.A., die Hitlerjugend und den »Bund deutscher Mädel« in geschlossenen Kolonnen hereinmarschieren. Der »Schirmherr deutscher Kultur«, Goebbels, sprach vor ausländischen Pressevertretern das stolze Wort: »Ich habe den Amüsierpöbel aus den deutschen Theatern vertrieben!« Es ist unklar, wie er das beurteilen kann. Goebbels selbst beteiligte sich aktiv an der deutschen Literaturrevolution mit poetischen Werken, die er auf-

führen und in seinem »Angriff« drucken liess, z. B. den Liebesroman »Hertha Holk«, in dem der Held erfrischend aufrichtig bekennt: »Ich will immer fliegen und liege doch im Dreck!«
Die Berliner Kinos hatte Goebbels bereits vor dem Umsturz vom unsittlichen Schmutz gereinigt. Wenn ein ihm nicht genehmer Film, wie Remarques »Im Westen nichts Neues« lief, mussten seine Mannen weisse Mäuse, Blindschleichen und Stinkbomben loslassen während der Vorstellung. Nachdem 1933 ein kurzer Versuch gemacht worden war, aussereheliche Liebe und Frauenbeine von Sprechbühne und Leinwand zu vertreiben, kehrte man bald zur »jüdischen Unsittlichkeit« zurück. Geschäft ist Geschäft. Die Direktoren klagten, dass die Sittlichkeit des 3. Reiches es verdürbe. In vormärzlichen Zeiten wurde jede Freiheit in der Kunst als »jüdisch« angeprangert, nicht nur in Naziversammlungen, sondern sogar im Reichstag. Leute, die sich selbst für sittliche Vorbilder halten, brachten Anträge wie den folgenden ein:

Seit Monaten ergießt sich über die deutschen Lichtspieltheater auf die Öffentlichkeit eine Flut von großenteils ausländischen Filmerzeugnissen, die geeignet sind, das Ansehens Deutschlands im Auslande herabzusetzen, die deutsche Volksmoral zu vergiften, deutsche Frauenehre und deutsche Frauenwürde mit Füßen zu treten.
(Interpellation Dr. Frick, Goebbels und Genossen im Reichstag.)

Im Jahre 1930!

1934 hiess jede Prüderie schon wieder »klerikales Muckertum«, das auszurotten Herr Goebbels versprach. Konzerte und Radio werden vom Militärmarsch und den Erzeugnissen der Herren *Paul Linke* und *Franz Lehar* beherrscht.

An Dichterabenden lesen nach der Absingung des Horst-Wessel-Liedes unter flatternden Hakenkreuzfahnen die Schweizer Dichter *Jakob Schaffner* und *Alfred Huggenberger* aus ihren Werken vor, sowie *Hans Carossa* und Lulu von Strauss und Torney.

Daneben tauchen Vergessene aus der Zeit des Naturalismus wieder auf. Vor allem aber in langer Reihe die Konjunkturdichter, die so reimen wie ihr Vorbild *Horst Wessel*, der als der »Theodor Körner« der nationalsozialistischen Revolution in heutigen Literaturgeschichten erscheint. Alle diese waren lange von »Fremdstämmigen« unterdrückt worden; die Judenrepublik hatte sie um den Ruhm betrogen, der nun hell erstrahlt. Was sie hervorbringen, ist auf Tendenz aufgebaut und soll Hitler die Massen zuführen.

Es sind auf allen Gebieten die gleichen Erscheinungen. Der deutsche Geist wurde innerhalb Deutschlands vernichtet oder vernichtete sich selbst. Nach *Friedrich Sieburg* und Hermann Schaffer liess sich der dritte grosse »arische« Zeitungskorrespondent *Rudolf Kircher* kaufen, und seine »Frankfurter Zeitung«, letzte Oase, wurde auch unlesbar.

An der Universität hatten sich alle Gesellschaften, die grosse Persönlichkeiten kommen und zu einem aufnahmebereiten Publikum sprechen liessen, sofort selber im März 1933 aufgelöst. Nach der »nationalen Erhebung« war alles in Zank und Hader zerfallen: die Akademisch-Literarische Gesellschaft, die erhabene Geister wie den Kunsthistoriker *Wölfflin*-Zürich und den Literaturhistoriker *Herbert Cysarz*-Prag empfangen konnte, und die Politische Gesellschaft, die auf überpolitischer Basis politische Fragen zur Diskussion stellte und ein fruchtbares Ausspracheforum geschaffen hatte.

Dort sprach im Februar 1933 als Letzter der ehemalige Justizminister und damalige Universitätsprofessor *Radbruch*-Heidelberg. Er riss das überfüllte Auditorium Maximum mit seinem Vortrag gegen den Nationalsozialismus zu vorher nie gehörten Beifallsstürmen hin. Der Kunstverein, dessen erhebende Feier seines hundertjährigen Bestehens im Jahre 1930 war, wurde zur kulturellen Gosse Freiburgs. Der neue Vorstand liess Leinentransparente mit Hakenkreuzen quer über die Strasse spannen, die zu »antisemitischen und antibolschewistischen Ausstellungen« aufforderten. Die Klassen aller Schulen wurden hingeführt. Da konnte man eine halblebensgrosse Plastik aus Terracotta bestaunen, die einen Teufel mit Hörnern darstellte, dessen Gesicht nach den Judenkarikaturen des »Stürmers« modelliert war. Ich las in der Zeitung ihre Anpreisung als »barocke Rasenfigur«. Viele ähnliche Produkte vergifteten die deutsche Volksseele, und der ganze kleine Kunsttempel an der Friedrichstrasse war oft mit der gleichen kranken Phantasie angefüllt. In Freiburg gibt es etwa 70 Maler und 30 Bildhauer. Keiner erhob seine Stimme gegen diesen Frevel. Die bisher von der Kritik verlachten Nichtskönner malten auf Bestellung für Rathäuser und Amtsgebäude, was verlangt wurde: blonde Paare mit acht Kindern vor einem Häuschen sitzend, die bevölkerungspolitisch wirken sollten und einen Rahmen mit den eingeschnitzten Worten hatten: »Arm sein und doch sein Vaterland lieben!« Ich sah ein Triptychon mit roh aussehenden Arbeitern auf dem linken Seitenflügel und mit edlen Arbeitern auf dem rechten, im Mittelstück den in eine aufgehende Sonne blickenden Horst Wessel. Auf dem Rahmen stand: »Er fiel für dich, deutscher Arbeiter!« Die Freiburger Schnitzerschule stellte ihre Nussknacker zu Weihnachten aus, handgeschnitzte und bemalte Stürmerjuden, denen man die Nuss ins aufgerissene Maul steckte. Heiligtümer der Nation, zu denen die Ausländer in die Museen wallfahrteten, wurden den Hitler, Göring und Goebbels neben Rittergütern als Privateigentum geschenkt und so der Allgemeinheit entzogen. Die Leinentransparente wurden 1937 wegen Textilmangel verboten – die neudeutsche Kunst blieb.

Manchmal irrten sich die Künstler. Im Karlsruher Bahnhof begingen sie einen Fehler. Das meistgesungene Lied der Männerchöre in Baden war die badische Hymne »Oh, Schwarzwald, oh, Heimat, wie bist du so schön, wie locken das Herz deine schwarzdunklen Höh'n!« Sie ist von dem Juden *Berthold Auerbach* gedichtet und von dem Offenburger Bernhard Isenmann vertont. Im Sommer 1939 wurde der Hauptbahnhof renoviert. Im Wartesaal 1. u. 2. Klasse wurde er mit Schwarzwaldlandschaften ausgemalt, und die arische Landschaft durchziehen nun die gemalten jüdischen Verse.

Eine Totenfeier

Das Ableben des Schreiners Ludwig Baum senior war seelisch und körperlich eine Erlösung für ihn. Er war seit 40 Jahren Mitglied der sozialdemokratischen Partei, Reichsbannermann samt seinen drei Söhnen, seine Frau war in der sozialdemokratischen Frauensektion, und seine Töchter waren in der sozialdemokratischen Freien Turnerschaft. Den Umsturz konnte er nicht verwinden, und er durfte sterben, bevor seine beiden ältesten Söhne ins Gefängnis kamen und sein jüngster Sohn zum Militär, das er als vierjähriger Feldsoldat hasste, das er als Kollektivverbrechen bezeichnete und dessen Abschaffung in der Republik sein grösstes Glück war.
Es war im Frühling 1934. Am vorhergehenden Sonntag hatte die erste nationalsozialistische Wahl stattgefunden, wie Hitler das Plebiszit nannte. Vater Baum lag im Sterben. An seinen Garten hinterm Haus grenzte der einer Familie Jenne. Frau Baum hing Wäsche auf, als der junge Jenne, ein Postbeamter, sie fragte, ob sie Ja oder Nein gewählt habe. Sie antwortete, dass die Wahl geheim wäre. Darauf hagelten Schimpfworte. Der Mensch

stürzte ins Haus und schrie, dass er seine Uniform anziehen würde, dann sei er Hilfspolizist und würde herausbringen, wo die Neinsager sässen, die eine Schande für den ganzen Bezirk Haslach wären. Frau Baum lief in die Küche, von der doppelte Glastüren in den Garten führen. Der braun uniformierte Jenne kam schreiend zurück, warf die Wäsche von der Leine in den Schmutz, und da Frau Baum die beiden Türen zugeschlossen hatte und nicht öffnete, warf er einen Stein durch die Türscheiben, der Frau Baum an der Stirne traf. Sie liess sich die Wunde vom Arzt verbinden, und so, mit bandagierter Stirne, musste sie zur Kremation ihres Mannes gehen. Überflüssig, zu sagen, dass weder nationalsozialistische Parteileitung noch Postdirektion, an die sie sich wandte, den Jenne zur Tragung der Unkosten für Fensterscheiben und Arzt veranlasste. Als der Herbstwind durch die provisorisch mit Pappe vernagelten Türen zog, bestellte sie schliesslich auf eigene Kosten den Glaser.

Das Krematorium liegt in einer stillen Ecke des riesigen Freiburger Friedhofes. Der älteste Sohn hatte den Genossen, die gerade nach einjährigem Aufenthalt aus dem badischen Konzentrationslager Ankenbuck gekommen waren, den Zeitpunkt der Bestattung mitgeteilt. Sie kamen alle und mit ihnen noch eine Menge anderer alter Sozialdemokraten. Wir lächelten uns in der Totenhalle glücklich an, nickten uns zu, winkten, und die Bestattung des Freundes wurde zum Fest. Wir drückten uns erfreut die Hände, und bei alledem empfanden wir ein Grauen darüber, dass einer von uns sterben musste, dass wir auf einen Friedhof gehen mussten, um uns noch einmal unter den Augen der Behörden treffen zu können.

Baum war, wie auch ich und die meisten meiner politischen Freunde, Mitglied des 1911 in Berlin gegründeten Volksfeuerbestattungsvereins sowie der Freireligiösen Gemeinde gewesen. Der Prediger der zunächst zwangsweise nationalsozialistisch gewordenen und heute längst verbotenen Gemeinde hielt die Totenpredigten bei Kremationen. Frau Baum dachte sich nichts dabei, den uns seit Jahren als Sozialdemokraten bekannten Herrn Elling als Redner zuzulassen, doch wurden wir alle bei dieser Trauerrede zuerst beunruhigt, dann empört und schliesslich entsetzt. Es war eine vollendete Wotansrede mit allen germanisch-heidnischen Zutaten. Tränen waren geflossen, als sich der blumenbedeckte Sarg beim Erklingen der Trauermusik langsam hob. Sie versiegten – auch die Tränen der Frau Baum und ihrer Kinder bei der Schilderung Baums als eines neudeutschen Heiden. Sein wahres kämpferisches Leben wurde mit keinem Wort erwähnt. Elling hatte umgelernt. Von den Freunden des Verstorbenen sprach niemand am Sarge. Laienreden waren seit 1933 auf dem Friedhof verboten.

Die Türe des Saales war während der Zeremonie geschlossen worden. Als wir nach der Beileidsbezeugung ins Freie wollten, konnten wir nicht hinaus. Es war kein Schlüssel zu sehen. Wir verharrten wortlos etwa fünf Minuten, in denen wir annahmen, dass alle als Staatsgegner verhaftet würden, obwohl kein Wort gegen den Staat laut geworden war. Elling ging in den Nebensaal und verhandelte mit der dort postierten S.A., die uns im Einverständnis mit der neuen, nationalsozialistisch gewordenen Friedhofsverwaltung eingeschlossen hatte. Elling war wohl ein sehr gutes Nazimitglied geworden. Jedenfalls hatten seine Worte den Erfolg, dass wir herausgelassen wurden. Es waren zu viele Leidtragende erschienen, als dass man ein Exempel an Staatsfeinden hätte statuieren können. Die Freiplätze im Freiburger Gefängnis hätten nicht ausgereicht. Möglichst einzeln, um nicht durch Gruppenbildung aufzufallen, schlichen die Genossen davon.

Ich eilte heim, um unverzüglich meinen »letzten Willen« niederzuschreiben, der bei meiner Kremation jede Feier, jede Rede und Anwesenheit von Leuten ausser der Friedhofsverwaltung verbot. Mit Begleitbrief sandte ich diese

Verfügung an den Verein nach Berlin. Schliesslich hat mich die Direktion doch noch um meine sämtlichen seit 1928 geleisteten Beitragsgelder betrogen, als ich sie 1939 statutengemäss zurückforderte, nachdem für mich feststand, dass ich nicht in Deutschland sterben wollte. Es wurde mir mitgeteilt, dass ich nichts zu fordern hätte, da nach neuestem »Gesetz« jüdische Mitglieder ohnehin von der Kremation ausgeschlossen wären.

Erstaunliche Trauung

In der ersten Zeit Hitlers durfte die Freireligiöse Gemeinde noch bestehen, nachdem sie korporativ zum Nationalsozialismus übergetreten war. Etwa die Hälfte der Mitglieder, darunter auch ich, trat aus. Die andern wurden Nazi, warfen ihren alten Vorstand hinaus und wählten einen neuen, wie das laut »Gesetz« jeder Kleintierhalter- und Kanarienvogelbesitzerverein tun musste, jeder Kegel- und jeder Skatklub. Die Freireligiöse Gemeinde wählte 1933 den Anglisten und Privatdozenten Dr. Kapp zum Vorsitzenden.
Kapp war seit zehn Jahren mit einer Ärztin verheiratet und besass vier Kinder. Beide stammen aus gut protestantischen Familien. Die Frau ist die Tochter des Geheimrats Schwörer, der bis 1933 Ministerialrat und Referent für Hochschulwesen im badischen Ministerium für Kultus und Unterricht war. Im Jahre 1934 liess es dem nunmehr aus der Kirche ausgetretenen Paar keine Ruhe mehr. Es litt unter der schmachvollen Vorstellung, in einem Konkubinat zu leben, da ihre Ehe nicht von Wotan eingesegnet war.
Sie begaben sich mit einem grossen Aufgebot von S.A.-Leuten, flatternden Hakenkreuzfahnen und ihren vier Kindern an einem strahlenden Sonntagmorgen in den

Mooswald, einem Märchenwald zwischen Freiburg und dem Rhein. Die Wotanstrauung wurde auf einer Lichtung zwischen zwei Eichen nachgeholt. Zwei deutsche Eichen sind Vorschrift. Kandelaber wurden aufgestellt, Spiritus hineingegossen und angezündet, damit die heidnische Wabe loherte. Prediger Elling hielt die Weiherede. Das späte Brautpaar stand umschlungen auf einem Teppich von Maiglöckchen zwischen einer Hecke von Fahnen.
Nach der Zeremonie kehrten die Neugetrauten zurück in ihr Haus an der Wilhelm-Dürr-Strasse, das sie von dem heute in Cambridge lehrenden Staatsrechtler *Kantorowicz* gekauft hatten und das sie vielleicht, da es nichtarisch verseucht war, desinfizieren liessen.

Korruption

Die 1933 zu Beamten gemachten, arbeitslosen »alten Kämpfer« waren schon 1934 korrupt bis ins Innerste. Besonders die neuen, zu ungeheurer Machtfülle gelangten Bürgermeister. In meinem Briefkasten fand ich Briefe mit Verdächtigungen des sogenannten Oberbürgermeisters *Kerber*. Er sollte bei seinem Umzug vom nahen Endingen am Kaiserstuhl nach Freiburg, den sein Schwiegervater besorgte, der Stadt für Umzugskosten 6000.– RM entzogen haben. Wertvolle Perserteppiche habe er aus dem städtischen Augustinermuseum entfernt und in seine Privatwohnung gelegt. Der Landeskommissär *Schwörer*, ein alter Beamter, wurde gezwungen, diese Dinge in allen Zeitungen, gewissermassen als Kerbers Vorsitzender, zu dementieren. Wieder bekam ich einen Brief des Inhalts, Kerber veranstalte Saufgelage, und er könne den wegen Unterschlagungen verhafteten Fürsorgeamtsdirektor Dr. Walter Müller nicht vor

Gericht ziehen lassen, weil er von ihm in flagranti mit Müllers Ehefrau ertappt sei. Tatsächlich fiel Müller, der früher als Kommunist am Marx-Engels-Institut in Moskau war, später eifriger Sozialdemokrat wurde, nach der Entlassung aus dem Untersuchungsgefängnis, die Treppe herauf und ist heute Direktor des Statistischen Amtes in Freiburg, ohne dass je ein Gerichtstermin wegen seiner Unterschlagung von »Winterhilfs«-Geldern stattgefunden hätte.

Die Briefe an die Freiburger Bevölkerung stammten von dem Eierhändler *Daniel Pressmar,* einem »alten Kämpfer«, der selber Oberbürgermeister werden wollte. Kerber liess ihn verhaften, er sass kurze Zeit, dann kam er wieder ans Tageslicht und war in der Zukunft verstummt. Aus der nationalsozialistischen »Arbeiter«-Partei trat er aus.

In den Nachbarorten sah es bei den neuen Bürgermeistern nicht anders aus. In Emmendingen sprach der protestantische Pfarrer auf der Kanzel von den Orgien, die der Bürgermeister Rehm auf dem Friedhof veranstaltet hatte. In Waldkirch brachte sich der Bürgermeister, Vater von vier Kindern, 1934 eine braune Kämpferin vom Parteitag in Nürnberg mit in sein kleines Städtchen. Die braune Kämpferin machte sich breit im Haus, und schliesslich musste die Frau Bürgermeister ihr weichen.

Auch die Presse war korrumpiert. Am 1. Oktober 1934 fand in unserm ganzen Vorort Haslach, der leicht abzuriegeln ist, eine Razzia statt, von der politisch nur im Geringsten Verdächtige betroffen wurden, wir natürlich auch. Alles war lange vorbereitet, Schupo und S.A. aus der ganzen Umgebung bis nach Karlsruhe herunter waren zusammengezogen. In dichten Polizeiketten war Haslach abgeriegelt.

Das Ganze sollte ein ablenkendes Schauspiel für die wieder einmal murrende S.A. sein. Der Gestapomann Werner liess in den Kleiderschrank meiner Tochter einen Gummiknüppel fallen, um die beiden mitgekommenen

S.A.-Jungen zu erfreuen. Ich wandte mich an den 4. Haussucher, einen Schupomann, und erklärte ihm, dass ich deutlich gesehen hätte, wie der Gummiknüppel aus dem Ärmel des Werner rutschte. Dieser Mann, in dem noch ein bisschen Rechtlichkeit war, wandte sich unbehaglich an Werner und fragte, ob er sich vielleicht geirrt habe. Werner gab die Möglichkeit zu. Es war kein kleiner Sieg – eine solche bei uns gefundene »Waffe« hätte uns gefährlich werden können.
Im »Olymp«, dem Mansardenzimmer meines Sohnes, entdeckte der jüngere haussuchende S.A.-Mann eine Mineraliensammlung. Er betrachtete alles einzeln und liebevoll, las die schön in Rundschrift geschriebenen Bezeichnungen und konnte sich gar nicht trennen. Ich hätte dem seine aufgezwungene Gemeinheit vergessenden und seine harmlose Gutartigkeit zeigenden Kinde gern die Sammlung geschenkt, an der sich mein Junge doch nicht mehr freuen konnte.
Es wurde niemand nach dieser gross angelegten Theateraktion länger als 14 Tage im Gefängnis behalten. Gefunden wurden weder Schriften noch Waffen. Trotzdem erhielt meine Tochter angstvolle Briefe meiner Verwandten in Norddeutschland. Sie lasen in ihren Zeitungen, dass in Haslach bei Freiburg gewaltige Waffenlager gefunden seien und nahezu 200 Marxisten vor das Mannheimer Sondergericht kommen würden. Die Verwandten glaubten mich wieder einmal verhaftet.
Während man so den Norddeutschen Zeugnis gab von der Berechtigung des grausamen Vorgehens gegen Sozialdemokraten, lasen wir in Süddeutschland von Massenverhaftungen »kapitalistisch« eingestellter Leute, die als Hausbesitzer eine kinderreiche Familie als Mieter abgewiesen oder als Geschäftsleute einen Lehrling geohrfeigt hätten. Name, Ort und Strasse waren immer genau angegeben, stimmten nur nie; einmal erfuhr ich von Hamburger Bekannten, dass es diese Leute in ihrer Strasse nicht gäbe. In solchen fingierten Zeitungsmätz-

chen erschöpfte sich der Sozialismus. Mit den erlogenen Bestrafungen von Marxisten gab man der Sozialdemokratiehetze neue Nahrung.
Als in Freiburg im Juli 1934 infolge der Sommerhitze ein unvorsichtig auf Chemikalien geworfenes Streichholz einen riesigen Dachbrand entfachte, schrieb der »Alemanne« in fettesten Lettern: »Kommunisten stecken die Universität in Brand! Nach dem Muster des Reichstagsbrandes im Dachgeschoss angefangen! Die Täter mischten sich unter die helfenden Studenten, wurden als alte Kommunisten erkannt und verhaftet!« – Der »Täter« war ein zerstreuter Professor. Seine Unvorsichtigkeit wurde totgeschwiegen. Der Schaden war durch Versicherung gedeckt. Der »Alemanne« brachte keine Berichtigung. Die am Dachfirst der Universität in Goldbuchstaben angebrachten Worte: »Die Wahrheit wird euch frei machen!«, die bei Sonnenschein hell über die Strasse leuchteten, sind mitverbrannt.
Korruption ist in einem Diktaturstaat Notwendigkeit. Der Diktator, statt wie »Eberhard, der Fürst im Barte, Württembergs geliebter Herr« sein Haupt »ruhig jedem Untertan in Schoss zu legen«, muss das seine durch Heere von Spitzeln und schwer Bewaffneten vor der »Liebe« des Volkes schützen. Ebenso notwendig hat die Diktatur einen imaginären Feind, einen »Teufel«, auf den das Volk gehetzt werden muss. Im Februar 1933 waren es die Kommunisten, dann kamen die Sozialdemokraten, dann die Juden, dann die Saarländer, dann die Österreicher, die Tschechen, das »Weltjudentum«, die Memelländer, die Polen, und jetzt sind es die »Plutokraten«. Ohne Hass, Hetze und Mord, ohne einen »Feind«, kann sich eine Diktatur nicht halten.

Von der Universität

Mir erschien besonders die Universität als Trümmerhaufen der deutschen Kultur. Man kann vom Theater und anderen Instituten dasselbe sagen, aber diese Stätte, der ich so viele erbauende Stunden verdanke, ist für mein Gefühl am meisten geschändet, durch die Studenten, die jungen Nazidozenten und am meisten durch die alten Professoren, die dort seit vielen Jahren Geistesfreiheit lehrten und nun nicht schnell genug verbrennen konnten, was sie angebetet hatten.

Der Literaturhistoriker *Philipp Wittkopp*, der Biograph Thomas Manns, liess kein Kolleg vorbeigehen, ohne einen früher von ihm hochgelobten »Defaitistischen« in den Schmutz zu zerren, und das Scharren der Hörer bei der Verunglimpfung eines jüdischen Dichters freute ihn sichtlich. 1932 hatte er einer Amerikanerin eine Doktordissertation über sozialistische Arbeiterautobiographien gegeben. Um die erst im 3. Reich fertiggestellte Arbeit noch herausbringen zu können, schloss die amerikanische Doktorandin eine negative Beurteilung an und die Anerkennung darüber, dass unter Hitler diese Art aufrührerischer Lebensbetrachtung ihr Ende gefunden habe. Wittkopp war 1918 Sozialdemokrat geworden, 1919 ausgetreten und zur demokratischen Partei übergegangen, und seit 1933 war er 150%iger Nationalsozialist. Von seiner Gattin, einer vor der Inflation reich gewesenen Jüdin aus Frankfurt am Main, mit der er über 20 Jahre verheiratet war und mit der er zwei Söhne hatte, liess er sich 1933 aus Gründen scheiden, die ihn selbst entehrten. Deutsche Professoren brachten es fertig, jedes wissenschaftliche Fach Hitlers Totalitätsanspruch unterzuordnen. Zwei Kollegs über Rassenlehre gehört zu haben, musste jeder Examenskandidat nachweisen, ob er nun klassischer Philologe oder Geologe war. Es wurde der Trennungsstrich zur seit 70 Jahren in Deutschland gepflegten objektiven Wissenschaft gezogen. Wie sehr die Lehre unter diesem System litt, davon gaben schon wenige Jahre später junge protestantische Pfarrer, Assessoren und Assistenzärzte Proben – wie weit die Forschung zurückging, wird die Zukunft erweisen. Die Universitätsprofessoren demonstrierten ihre Versklavung am 1. Mai, dem einst der Befreiung der Arbeiterschaft gewidmeten Feiertag, den der Nationalsozialismus in seiner Ideenarmut der Sozialdemokratie gestohlen und in seinem Sinn umgebogen hat. Es war ein billiges Schauspiel, an diesem Tage zwei Stunden lang die Wissenschaft zwischen Arbeitgebern und Arbeitnehmern in einem Propagandazug an triumphierenden S.S.- und S.A.-Grössen vorüberziehend, Volksverbundenheit markieren zu sehen. Nicht allen Gemütern imponierte das neue Gemeinschaftsgefühl aller Deutschen. Da kamen krank Gewesene heim aus den Kliniken, die dort ihren altvertrauten, jüdischen Professor vermisst hatten. Eine arme Witwe, die bei einer Diphtherie-Epidemie ihr einziges Kind verlor, sagte mir allen Ernstes, ihr Kind hätte sterben müssen, weil die jüdischen Ärzte aus der Kinderklinik vertrieben seien, die hätten so gute Rezepte gewusst, und die hätten sie nun alle mitgenommen.

Zuweilen sagten uns Studenten, dass sie den nationalsozialistischen Betrieb satt hätten. Ich habe aber nicht einen gesprochen, der das mit seinem beleidigten Gerechtigkeitsgefühl für die Unterjochten oder sonst weltanschaulich begründete. Es war immer nur der ewige Dienst, der ihnen den Nationalsozialismus verleidete. Aus Bequemlichkeit, nicht aus Menschlichkeit wurde abgelehnt. Mit der Einführung der allgemeinen zweijährigen Wehrpflicht und dem vorangehenden halbjährigen Arbeitsdienst am 16. März 1935 und der 1936 eingeführten weiblichen Arbeitsdienstpflicht hörte der Militärbetrieb der Universität wieder auf. Bis dahin aber störten Waffenausbildung und Geländeübungen mit anschliessenden Propagandamärschen im braunen Hemd die wissenschaftliche Schulung jede Woche zweimal. Die ersten vier Semester musste jeder Student der S.A. aktiv angehören, später als passives Mitglied. Bei den Propagandamärschen mit Gesang blieb der riesenlange, in Viererreihen gegliederte Zug vor den jüdischen Geschäften stehen und trampelte im Takt des Liedes auf der Stelle. Folgende drei Lieder hörte man am häufigsten: das bekannte »Wenn's Judenblut vom Messer spritzt, dann geht's nochmal so gut«, dann den russischen Rotgardistenmarsch, auf dessen packende Melodie deutsche Sozialdemokraten seit 1921 einen eigenen Text sangen: »Brüder, zur Sonne, zur Freiheit« und der von den Nazi umgedichtet wurde zu dem Lied von den »jüdischen Polen, denen der Kopf vor die Füsse rollt«. Das dritte meistbeliebte Lied war eine Umdichtung des Heckerliedes von 1848. Eigene Erfindungsgabe besitzen die Nazi nicht, alles ist umgedichtete Ware, und die Melodien der Pogromlieder sind oft altem deutschen Volksliedgut entnommen. Aus dem umgedichteten Heckerlied ersieht man die Freiheitsauffassung der deutschen Jugend:

»Lasst die Köpfe rollen, lasst die Köpfe rollen
auf dem Kurfürstendamm!
Stosst die langen Messer, stosst die langen Messer
in den Judenbauch hinein!
Reisst die Konkubine, reisst die Konkubine
aus dem Judenbett,
Schmiert die Guillotine, schmiert die Guillotine
ein mit Judenfett!
Blut muss fliessen knüppeldick,
Wir sch…en auf die Freiheit der Judenrepublik!«

Starke, stofflich unflätige Worte waren beliebt. Ein juristischer Student verriet mir das Parolewort seines letzten, nächtlichen, von einem Professor kommandierten Manövers. Es entzieht sich der schriftlichen Wiedergabe.

Die Prüfungen waren oft herbe Prüfungen. Einmal wurde im physiologischen Institut ein jüdischer Kandidat mitten im Examen von zwei Braununiformierten herausgeholt, weil gerade die ersehnte Bestimmung gegen die Zulassung jüdischer Mediziner vom Karlsruher Kultusministerium gekommen war. Dem mitfühlenden Christen, der mir den Fall erzählte, verschlug der Abtransport des bleich gewordenen Menschen die Sprache, und er konnte selber keine rechte Antwort mehr geben.
Meiner Tochter wollte eine Kommilitonin das Doktorexamen um jeden Preis unmöglich machen. Sie war selber ein »nichtarischer Mischling«. Als Gymnasiastin war dieses Gemisch schon Leiterin des »Junabu« gewesen, des »Jungnationalen Bundes«, der antisemitischen Abart der Wandervogelbewegung. Zu meiner Zeit, als ich noch mit der Freideutschen Jugendbewegung wanderte, hatte es das noch nicht gegeben. Ihr Zimmer hatte dieses charaktervolle Mädchen mit Hakenkreuzen, Hitler- und Göringbildern ganz tapeziert. Lange vor dem Umsturz war sie schon Mitglied des nationalsozialistischen Studentinnenbundes, innerhalb dessen sie die Juden dermassen befehdete, dass niemand Verdacht bei ihr schöpfte. In Anbetracht dieser Verdienste beliess die Reichsleiterin der nationalsozialistischen Studentinnen Lydia Gottschewsky-München die Viertelsjüdin auf ihr Flehen im Bund. Meine Tochter hatte fast täglich Unannehmlichkeiten durch die Hetze dieses Geschöpfes gegen sie. Dazu kam, dass der Anglist, Professor *Friedrich Brie*, bei dem sie doktorierte, als Halbjude selbst schon schwer in seiner Position erschüttert war. Er ist heute längst weggejagt. Die Arbeit, die er meiner Tochter gab, war die letzte, die er erteilen durfte. Die Staatsexamen, die für die Philologen in Karlsruhe stattfanden, durfte er schon seit 1933 nicht mehr abnehmen. Da er nicht sicher war, ob er nicht als Ordinarius zum Zeitpunkt des Examens meiner Tochter schon abgesetzt sein würde, wusste meine Tochter nicht, ob sie sich noch darauf vorbereiten sollte oder

nicht, ob sie es in Heidelberg versuchen oder ganz aufgeben sollte. Es war ein ewiges nervenzerrüttendes Hin und Her.
Unter der ständigen Aufmerksamkeit, die die Gestapo mir zuwandte, als ehemaliger bekannter Funktionärin der Sozialdemokratie, musste meine Tochter auch sehr leiden. Schliesslich wurde sie als Kommunistin denunziert und musste in aufreibenden Verhandlungen nachweisen, dass sie mit der K.P.D. nie etwas zu tun gehabt hatte. *Wittkopp,* ihr Lehrer für deutsche Literatur, und einige andere Professoren standen ihr als Tochter der »Volkswacht« feindlich gegenüber. Der Historiker *Gerhard Ritter,* ihr Geschichtslehrer, war deutschnational, ein Gegner des Marxismus, aber meiner Tochter gegenüber wohlwollend und voll Rechtlichkeit.
Die nichtarische Herkunft hatte meiner Tochter schon im Dezember 1933 auf Betreiben der erwähnten Kollegin einige peinliche Vorladungen eingebracht, die sie zur sofortigen Exmatrikulation veranlassten, da sie die nötige Semesteranzahl ohnehin hatte. Wir machten uns viele Sorgen um den korrekten Abschluss der langen Studienjahre – gänzlich unnötig, denn ihre Dienstmädchenstellen in England hätte Fränze auch ohne den Dr. phil. bekommen und ihre heutige Lehrerinnenstelle an der »London School of Languages«, seit sie die englische Sprache wie ihre Muttersprache beherrscht, ebenfalls.
Als alles zu misslingen drohte, mussten wir die militärische Vergangenheit unserer Vorfahren aufmarschieren lassen, um das Examen zu retten! Im Jahre 1934 war das noch üblich, ½ Jahr später bedeutete auch das nur noch die Rettung, wenn der nichtarische Kandidat mit einem im Weltkrieg gefallenen Vater aufwarten konnte. Dann konnte er Examen machen, nicht aber eine Stelle antreten, nicht einmal als Nachtwächter. Oft wurde aus Studentenkreisen der Antrag gestellt, die Namen der jüdischen Gefallenen von der bronzenen Ehrentafel, die neben dem Eingang zur Lesehalle hing, zu streichen.

Wahrscheinlich war das technisch nicht möglich, und für eine neue Bronzetafel fehlte dem dritten Reich wohl das Kupfer, das es für Geschütze notwendiger gebrauchte. Jedenfalls waren bei meinem Wegzug von Deutschland die vielen jüdischen Namen noch nicht ausgelöscht. Unter dem Buchstaben C standen allein vier: drei Cohns und ein Caro.

Meine Schwiegermutter, an die wir uns bittend wandten, fand es ganz in Ordnung, dass ein nichtarisches Mädchen des Doktordiploms für unwürdig erachtet wurde. Sie hatte plötzlich ihre fest abgegrenzten Begriffe für das, was für eine Nichtarierin schicklich ist. Der hauswirtschaftliche Beruf stünde ihr doch offen, allenfalls bei Juden. Das schrieb sie in aller Liebe und Freundschaft, ohne Arg, wie man seinen Haushund sehr lieb hat, aber ihm doch keinen Platz auf dem gedeckten Tisch gestattet. Sie hielt sich an »gottgegebene Tatsachen«; Takt und Feingefühl den nächsten Verwandten gegenüber hatten gar nichts damit zu tun. In der Freude ihres Herzens über den Sieg ihres Führers hatte sie uns am 6. März 1933 auf einer Ansichtskarte geschrieben: »Es ist die höchste Zeit, dass der eiserne Besen anfängt zu kehren!« – Die Ansicht stellte »ihren Führer« in drohender Pose, mit rollendem Auge und schräg aufgerichtetem Arm dar, wie er sich vor seinem Machtantritt zu präsentieren liebte, ehe er sein goldenes Herz fotografieren liess, kleine Mädchen küssend oder mit mildem Blick an Krankenbetten stehend. Später schrieb sie mir, sie sei erlöst von der Schmach, in Herford in einer August-Bebel-Strasse wohnen zu müssen, die Strasse sei in Albert-Leo-Schlageter-Strasse umbenannt, und nun erst könne sie sich ihrer Wohnung freuen. Sie opferte ihrem übermässigen Glück im dritten Reich gern das ihrer Schwiegertochter und Enkelkinder. Sie schrieb, dass alle Privatschicksale ganz nebensächlich in solcher herrlicher Wiedergeburt eines Volkes seien. Als fromme Protestantin schloss sie ihren Brief mit der Versicherung ihrer Liebe und dass sie wei-

ter für uns beten würde. Hitler brachte eine furchtbare Unordnung in bisher klare Gehirne. Die Grossmama unterstützte uns also nicht mit Dokumenten über die kriegerische Tätigkeit ihres Mannes, der in drei Kriegen gekämpft hatte, 1864, 1866 und 1870/71, und viele Orden besass. Mit meinem verstorbenen Mann war in dieser Hinsicht kein Staat zu machen, weil er es als ungedienter Landsturmmann im Weltkriege nur zu einem Büroposten hinter der Front gebracht hatte.
Anders sah es mit den jüdischen Vorfahren aus. Mein Urgrossvater väterlicherseits, *Baruch Blumenthal,* hatte sich als kurhessischer Capitain d'armes in Deutschlands Befreiungskampf 1814/15 so ausgezeichnet, dass er zu hohen Ehren und Orden aufstieg. Sein Enkel, mein Vater, Bernhard Blumenthal, zog als Einjährig-Freiwilliger 1871 in Paris ein, und meine Brüder wurden 1914 [als] Offiziere mit dem E.K.I. behangen. Mein ältester Bruder, der 1934 noch Notar in Bielefeld in Westfalen war, sandte uns alle notariellen Dokumente über die Heldenhaftigkeit unserer jüdischen Familie. Ja – Wunden und im Kriege geflossenes Blut anderer Leute musste man 1934 zu eigenen Gunsten in die Waagschale werfen! Wir verleugneten unseren Pazifismus und sandten den ganzen gleichgültigen Kram der Universitätsbehörde ein. So öffneten die jüdischen Vorfahren meiner Tochter die Pforten zum Examen, und sie konnte ihre Arbeit über den Imagismus drucken lassen, in der sie die Imagisten und Pazifisten *Amy Lowell, Ezra Pound, Hilda Doolittle, Richard Aldington* u. a. zu erfassen suchte. Dann ging sie vor ihrer Auswanderung nach England noch einige Wochen in eine Nähschule zu freundlichen Nonnen, die von den übrigen Schülerinnen durch stundenlanges Gröhlen von Pogromliedern aus der Klosterfrauenruhe gebracht wurden.

1935

5. Kapitel

Rassenschande

Der heutige Antisemitismus stammt aus Österreich. Volksgenosse kann nur sein, wer deutschen Blutes ist, das heisst ein Deutscher, in dessen Vorfahren bis zur dritten Generation hinauf kein Tropfen nichtarisches Blut geflossen ist. Trotzdem sagte Göring: »Wer Jude ist, bestimme ich!« Und da er den halbjüdischen Fliegergeneral *Milch* trotz seines jüdischen Nachnamens nicht entbehren konnte, ernannte er ihn zum Arier. Die Rassenreinheit verkörpern Männer wie Goebbels, ein Mann, der unzweifelhaft am Juden in sich leidet, und Hitler, von dem der deutschnationale Münchner Anthropologe und Direktor des Hygienischen Instituts der Münchner Universität 1926 in einer medizinischen Wochenschrift schrieb, dass er der Typ eines Mischlings sei. Die Nationalsozialisten haben seit 1920 jedes Unglück – den Gladbacher Primanermord, das Lübecker Kindersterben, die Eisenbahnentgleisung bei Leiferde – ausserordentlich geschickt zur antisemitischen Agitation ausgenutzt. Alles war aber nur eine dilettantische Spielerei im Vergleich zu den »Nürnberger Gesetzen« von 1935.

Sie wurden durch gründliche Brunnenvergiftung vorbereitet. Hitler verkündigte sie auf dem Parteitag als »Ausdruck des deutschen Volkswillens!« Das deutsche Volk soll sie »unmissverständlich gefordert« haben. Und »blitzartig« soll seine Forderung erfüllt werden! – »Unmissverständlich« – »blitzartig« – immer dieselben Clichéwendungen im Munde dieses geistlosen Redners!

Von den Vorbereitungen sei nur die des Herrn *Daluege*

erwähnt. Hier ist »Name« nicht »Schall und Rauch!« Daluege wurde 1929 gelegentlich einer der tausend Parteieifersüchteleien von Goebbels aus Amt und Würden gejagt. 1933 aber waren Leute mit derartig perfidem Charakter unentbehrlich, und der Hauptmann Daluege wurde von Goebbels Todfeind Göring zum General ernannt und ist seitdem seine ergebene Kreatur. Am 30. Juni 1934 machte er sich zum eifrigsten Mordwerkzeug Berlins und war derjenige, der *Georg Strassers* verscharrte Leiche ausgraben, verbrennen und Frau Strasser sagen liess, sie »möge gefälligst ihr Maul halten, sonst würde es ihr genauso gehen!« – 1933 war er Chef der gesamten deutschen Polizei. Als solcher erhielt er im Sommer den Auftrag, den Anteil der in Deutschland lebenden Juden am Verbrechen zu veröffentlichen. Auf der ersten Seite jeder deutschen Zeitung erschien die umfangreiche Liste mit sämtlichen Arten von Verbrechen und dazu der Anteil des deutschen Judentums in Zahlen und prozentual zum Christen. Die Zeitungsverkäufer hatten wieder eine Zugnummer zum Strassenausruf. Auch die »Frankfurter Zeitung« brachte unter befohlener Schlagzeile die Liste – wäre sie lieber vorher in Ehren untergegangen wie die »Vossische« und viele andere anständige Zeitungen. Ich war dem Schicksal dankbar dafür, dass so viele Juden, die in erster Linie gute und grosse Deutsche gewesen waren, im Jahre 1934 gestorben sind. Im November 1934 starb *Max Liebermann,* der seit dem 5. März 1933 sein vom Vater ererbtes Haus am Brandenburger Tor nicht mehr verliess und keinen Blick mehr aus seinen Fenstern auf jene ehemals würdigste Stätte Berlins warf. Er hat in trüber Prophetie wenige Tage vor seinem Tode die Worte ausgesprochen: »Das ist keine vorübergehende Strömung. Das wird lange, lange dauern – das geht über unsere ganze Welt!«

Rassentragödie[1]

An allen deutschen Baustellen sieht man Hitlers riesiges, befehlsgemäss [?] angebrachtes Reklameschild: »Dass wir hier arbeiten dürfen, verdanken wir dem Führer!« – Ein Schild mit gleicher Aufschrift hängten sich [?]volle jüdische Hausfrauen 1935 in ihre Küchen. Es war, von Einzelfällen hilfsbedürftiger Juden abgesehen, nicht tragisch, dass sie kein Dienstmädchen mehr halten durften, aber die Begründung dieses »Gesetzes« war [?]lich. An jenem Montagmorgen nach dem Parteitag, als auf Befehl Goebbels' alle deutschen Klassenlehrer ihren Schülern den Sinn der Rassengesetze erläutern mussten, stand ich in unserm Garten, als ein mir bekannter 15-jähriger Handelsschüler vorbeikam. Er war so erfüllt von dem eben Gehörten, dass er seine Weisheit nicht bei sich behalten konnte. Er [?] mir die Erklärungen seines Lehrers, die in ihrer Scheusslichkeit nicht wiederzugeben sind und unter denen die furchtbarste die Begründung war, weshalb es den Juden gestattet ist, Dienstmädchen über 45 Jahre zu halten. Ich ging am Nachmittag zu der Mutter des Knaben, die auch über 45 Jahre alt ist und durch diese Ausführungen mit beschimpft wird. Sie ist 25 Jahre lang Mitglied der sozialdemokratischen Partei gewesen [?] kürzlich nazifreundlich geworden. Ich hoffte, sie durch den nationalsozialistischen Rassevortrag, der die Seele ihres Kindes vergiftete, [?]rieren. Es war vergebens.
Der ganze Rassenfimmel schädigt die Christen Deutschlands. Den Ärzten strömten tief unglückliche »arische« Frauen in die Sprechstunde, die sich fürchteten, Kinder in die Welt zu setzen, weil sie ein »ostisch überlagerter Typ« seien. Besonders bei den katholischen Freiburgern

---

1 Einige Wörter dieses Abschnitts können aufgrund der unsachgemäßen Bearbeitung bei der Erstellung des Mikrofilms nicht rekonstruiert werden; D. G.

findet man diese »ostisch überlagerten« Gesichter. Der »arische« Prokurist der Dresdner Bank in Freiburg tötete sich, seine »arische« Frau und alle seine vier Kinder 1935 durch Gasvergiftung. Alle waren körperlich gesund, die beiderseitigen Elternpaare lebten noch, aber die Eheleute hatten so viel vom Rassenwahn gelesen und gehört, dass sie glaubten, nicht länger leben zu können, weil sie verbrecherisch gehandelt hätten, vier Kinder in die Welt gesetzt zu haben, von denen keines einen »nordischen Typ [?]« repräsentierte. Die unglücklichen Elternpaare fanden einen hinterlassenen Brief mit dieser Erklärung und im Bücherschrank Stösse von Rassenliteratur.

In den Zeitungen erschien 1935 ein Artikel eines amerikanischen Anthropologen und Universitätsprofessors, Dr. Campbell. Er drückt seine Bewunderung der Rassengesetze aus, doch nun möge Hitler seine Grosstat krönen [?], indem er sämtliche Mischlinge in Deutschland sterilisieren lasse, damit sie ihr unreines Blut, das schmutziger als das der echten Juden ist, nicht vererben könnten. In der Tat können sich Halbjuden in Deutschland nicht fortpflanzen. Auch ihnen hat er ein »Gesetz« gegeben, das er [?] Art auslegt. Bekanntlich bedürfen Halbjuden zur Eheschliessung der Bestätigung [?] ihres »Rassenamtes«. Es sind mir drei Fälle in Freiburg bekannt, in denen [?] Halbjuden die Genehmigung zur Heirat mit Christen nicht bekamen, wenngleich sie sich beim Karlsruher Rassenamt beschwerten und schliesslich sogar beim obersten Rassenamt in Berlin-Dahlem. Dort liegen jetzt ihre Eingaben seit 1935 unbeachtet und unbeantwortet. Einer meiner Bekannten fuhr [?] schliesslich mit seiner Braut zur persönlichen Untersuchung ihres »nordischen [?]« Habitus persönlich zum obersten deutschen Rassenamt. Die Herkunft der Braut ist sogar strittig, da ihre Mutter bei ihrer unehelichen Geburt [?] mit einer Alimentationsklage mit einem Juden nicht durchdrang vor [?] und die Vaterschaft nie ermittelt wurde. Sie galt auch bisher nie als Halbjüdin, aber infolge der allgemeinen Sittenverwilderung in Deutschland zeigte ihre eigene, mit ihr verfeindete Mutter sie vor der Eheschliessung beim Rassenamt an als Halbjüdin und kramte die 25 Jahre alte Historie [?] ihres längst verschollenen, sagenhaften jüdischen Liebhabers aus. Der Hass [?] gegen die Tochter trieb die Alte so weit, sich selbst als »ehrvergessene, ihr reines Blut besudelt« habende Deutsche zu blamieren. – Das Brautpaar hat in Berlin nichts weiter erreicht, als dass die Mutter es durch Spitzel beobachten lässt, ob sie sich nicht in der Wohnung des Bräutigams treffen. Die unglücklichen jungen Leute selbst hoffen auf das Ende Hitlers, damit sie sich endlich vereinigen können. – Ob Hitler als Gefangener seiner Demagogie schliesslich noch den Wunsch Campbells verwirklicht, weiss man heute noch nicht.

1936

6. Kapitel

Der Nationalsozialismus wird nachträglich eine Weltanschauung

Die historische Forschung wird es offenbaren, wodurch es Hitler gelang, sich deutsche Gelehrte zu unterwerfen, die aus seinem Anspruch auf die Beherrschung Europas wenige Jahre später eine Weltanschauung konstruierten. Als Hitler 1919 in die Geschichte eintrat, war er von persönlicher Machtgier besessen, nicht von erkenntnismässiger, wissenschaftlich geschlossener Auffassung. »Mein Kampf« enthält keine philosophische Zusammenfassung, und die wenigen, nationalsozialistische Weisheit verkündenden Stellen sind bekanntlich Zutaten von Professor *Bernhard Stempfle,* dem Herausgeber des »Miesbacher Anzeiger«. Stempfle hat die »Bibel der Deutschen« durchkorrigiert und ihr die gebildeten Stellen eingeflickt. Zehn Jahre später war das blamabel für einen Diktator, und Stempfle wurde am 30. Juni 1934 ins Dachauer Moor geschleppt und erschossen.

1936 hatten deutsche Professoren Hitler bereits zum Philosophen erhoben. Sie lasen Kollegs mit dem Titel: »Hitlers Philosophie« und dichteten ihm an, dass seine Theorien sich an *Thomas Carlyle* anlehnten, während er ein Gegner *Oswald Spenglers* sei. Hitler liest bekanntlich nur Kriminalromane. Seine Bildung verrät er in seiner Namensunterschrift mit dem lateinisch geschriebenen Vornamen und dem deutsch geschriebenen Nachnamen.

Während Goebbels sich befleissigte, die auf Rotteck und Schlosser fussende liberale Wissenschaft, die er als »liberalistische« beschimpft, zu beseitigen, indem er ihr Ende

befiehlt, haben deutsche Philosophen es fertiggebracht, aus den alle halbe Jahre wechselnden Lehren des Nationalsozialismus eine Weltanschauung aufzubauen. 1936 hat Hitler bei Theologen, Medizinern, Juristen und Philosophen je einen Fachvortrag gehalten. In einem Film über Hitlers Grosstaten sah man auch Ausschnitte aus diesen Vorträgen – Hitler am Mikrophon, mühsam am Konzept klebend, ohne aufzusehen und wie bei andern Reden durch unbeherrschte Gesten faszinierend, vor ihm das aus Universitätsdozenten bestehende Publikum, das zum Schluss »Sieg Heil« schrie und wie rasend Beifall klatschte.
Man muss sich einmal fragen, wo die zahlreichen Hitlergegner in der Gelehrtenwelt geblieben sind. Nicht alle sind von den Nazi totgeschlagen, wie der Universitätsprofessor *Theodor Lessing* aus Hannover. Viele waren noch wenige Jahre vorher in der sozialdemokratischen Partei organisiert und bekannten sich offen zu ihr. Vor Reichstagswahlen forderten viele Gelehrte die Intellektuellen auf, sozialdemokratisch zu wählen. Ich füge hier einen solchen Zeitungsaufruf bei:

»Bei der Auswahl der Partei, der wir am 14. September unsere Stimme geben, um unseren politischen Willen zum Ausdruck zu bringen, müssen die großen Grundsätze entscheidend sein, nach denen eine Partei ihr Handeln bestimmt sein lassen will.
Wer eine Zukunft des inneren und äußeren Friedens wünscht, muß sich jetzt zur Sozialdemokratie bekennen.
Sozialdemokratischer Intellektuellenbund
Der geschäftsführende Vorstand: Marx-Heidelberg, Pfeiffenberger-Mannheim, Sturmfels-Darmstadt
Diesem Aufruf schliessen sich an: Universitäts-Professor Dr. v. Aster-Gießen, Geh. Regierungsrat Dr. Bachem-Berlin, Pfarrer Bleier-Berlin, Oberschulrat Dr. Deiters-Kassel, Stadtrat Dr. Drucker-Berlin, Ministerialrat Dr. Flatow-Berlin, Dr. med. Käthe Frankenthal-Berlin, Reichsgerichtsrat, Dr. Großmann-Leipzig, Univ.-Professor Dr. Grotjahn-Berlin, Oberregierungsrat Dr. Hamburger, M.d.L. Berlin, Regierungspräsident v. Harnack-Merseburg, Univ.-Professor Dr. Gumbel Heidelberg, Univ.-Professor Dr. Heimann-

Hamburg, Oberbürgermeister Dr. Heimerich-Mannheim, Schriftsteller Georg Hermann Neckargemünd, Oberstudienrat Dr. Heß-Nürnberg, Getrud Hermes-Leipzig, Prof. Dr. Hueter-Gießen, Oberverwaltungsgerichtsrat Kroner-Berlin, Staatssekretär Krüger-Berlin, Oberlandesgerichtsrat Dr. Kullmann-Karlsruhe, Univ.-Professor Dr. Laun-Hamburg, Univ.-Professor Dr. Lederer-Heidelberg, Univ.-Professor Dr. Lessing-Hannover, Univ.-Professor Dr. Lindemann-Köln, Univ.-Professor Dr. March-Breslau, Univ.-Professor Dr. Maurenbrecher-München, Direktor Carl Mennicke-Berlin, Privatdozent Dr. Marsch[?]-Heidelberg, Beigeordneter Dr. h.c. Meerfeld-Köln, Univ.-Professor Dr. Meusel-Aachen, Stadtrat Dr. Michel-Frankfurt a. M., Oberstudiendirektor Dr. Müller-Potsdam, Fritz Naphtali, M.d.R.W.R., Berlin, Professor Dr. Möller, Tierärztliche Hochschule, Berlin, Prof. Dr. Oestreich-Berlin, Senatspräsident Dr. Orgler-Berlin, Stadträtin Dr. Meta Quark-Hammerschlag-Frankfurt a. M., Univ.-Professor Dr. Piper-Münster i. Westfalen, Univ.-Professor Dr. Radbruch-Heidelberg, Oberschulrat Dr. Runge-Münster i. Westf., Univ.-Professor Dr. Scharel-Jena, Univ.-Professor Dr. Schmidt-Bonn, Univ.-Professor Dr. Anna Siemsen-Jena, Staatssekretär Dr. Staudinger-Berlin, Präsident a. D. Professor Dr. Strecker-Berlin, Rechtsanwalt Dr. Sueßheim-Nürnberg, Ministerialrat Dr. Thoma-Karlsruhe, Univ.-Professor Dr. Tillich-Frankfurt a.M., Univ.-Professor Dr. Wuensch-Marburg.«
[Undatierter Zeitungsausschnitt]

Nationalsozialistische Heiligsprechung

Nicht nur eine Weltanschauung brauchte die nationalsozialistische deutsche Arbeiterpartei nachträglich, sondern auch einige für Naziideale gefallene Helden. Kein Mensch weiss, zu welcher Partei sich der am 26. Mai 1923 von Franzosen in der Golzheimer Heide bei Düsseldorf erschossene *Albert Leo Schlageter* entschlossen haben würde, wenn er am Leben geblieben wäre. Er war parteilos, hat Hitler nicht gekannt, und seine Taten im besetzten Gebiet, die vielen Deutschen das Leben gekostet haben, waren weniger vom vaterländischen als vom finanziellen Standpunkt bestimmt. Er brachte französi-

sche Transporte zur Entgleisung, um seine eigenen Verschiebungen von Heeresgut nach Polen zu vertuschen. In Freiburg i. Br. wurde er wegen Diebstahls aus der katholischen Verbindung »Falkenstein« ausgestossen. Im 3. Reich wurde er zum »ersten gefallenen Nationalsozialisten« ernannt, und wenn Hitler bei der alljährlichen Totenfeier am Nürnberger Parteitag die Namen der für ihre nationalsozialistischen Ideale gefallenen »Helden« chronologisch vorliest, ruft er Schlageters Namen als ersten auf. Die Feiern in seinem Geburtsort Schönau im Wiesental an seinem Todestag sind immer eine grossartige Propaganda.
Der zweite nachgeborene Held ist *Horst Wessel,* der am 23. Februar 1930 starb. Er wurde von seinem Nebenbuhler um die Strassendirne Erna Zuwade, dem Kommunisten Ali Höhler, in Ernas Beisein in den Mund geschossen. Sechs Wochen später ist er an der verfehlten ärztlichen Behandlung gestorben. Ein von Mutter und Grossmutter aus dem Haus gejagter, entgleister Pastorensohn, berufslos, als Zuhälter von Berliner Dirnen lebend – und dennoch S.A.-Führer, der die Nationalhymne reimte und nach einem Reitermarsch aus dem 18. Jahrhundert sang, den er fälschlich für eigene Komposition ausgab.
Während Schlageter noch einen Barden in *Hanns Johst* fand, musste sich Familie Wessel mit einem ausgedienten Pornographen, *Hanns Heinz Evers,* begnügen, dessen »Alraune« 1915 als Tornisterbuch für die Soldaten wegen ihres unsittlichen Inhalts verboten wurde.
1936 wollte die Hitlerjugend neben dem Partei- und dem S.A.-Helden einen eigenen Heros haben. Ein findiger Nazischriftsteller wählte Herbert Norkus, den mit 16 Jahren bei einem Krawall umgekommenen Hitlerjungen. Es wurde ein Buch über ihn geschrieben, das jeder Hitlerjunge besitzt, seine Raufereien und seine Beteiligung an Saalschlachten wurden gefilmt, und so hat die Hitlerjugend seit 1936 einen eigenen Heiligen.
Ausserdem reisst Goebbels das Grab jedes grossen Deut-

schen auf und macht aus dem Toten einen heiligen Hitlerpropheten. Von Goethe bis Fontane – jeder hat einmal etwas geschrieben, das als Sehnsucht nach dem starken Mann ausgelegt werden kann, und auch einmal ein Wort gegen die Juden gesagt. Die philosemitischen Äusserungen desselben Mannes werden nicht zitiert, z. B. bei Nietzsche. Die Toten können sich nicht wehren.

Germanisches Brauchtum

Sowenig Germaniens Vertreter, Hitler, Göring, Goebbels, Hess und Streicher, die germanischen Merkmale: hoher Wuchs, Langschädel, blonde Haare und blaue Augen besitzen, sowenig können sie die altgermanischen Bräuche wieder erwecken mit allen ihren Things auf Schwarzwaldbergen, ihrer Götter- und Göttinnen-Verehrung in Thüringer Hainen, ihrem Ahnen- und Totenkult. Zum Erntedankfest Anfang Oktober, auf neudeutsch »Weinmond« genannt, müssen die Bauern auf Befehl die verschollenen Bräuche wieder hervorholen. Besonders bei den süddeutschen Bauern wirkt es gekünstelt, weil alles auf nordischen Sagen beruht. Diese Bräuche waren Auswirkungen des vorchristlichen Aberglaubens, der ständigen Furcht vor Odin, Thor und Thyr, dem Donner- und dem Kriegsgott. Die Altvorderen sahen im Gewitter eine Rache Thors, und bestimmte Bräuche mussten den Erzürnten besänftigen. Heute muss der über Naturerscheinungen aufgeklärte Bauer mechanisch diese Dinge nachahmen, ohne ihren verschollenen Sinn zu ahnen, und wenn er ihn ahnte, würde er ihn ablehnen. Es gibt in manchen Dörfern noch geschwungene Eisenstücke am Giebel des Hauses, und mancherorts sieht man noch den Kopf eines Pferdegerippes überm Haustor. Diese Schutzzeichen gegen allerhand Unbill aus alter Zeit sind ehrwürdige Andenken, aber nicht mehr lebendig zu machen in der Vorstellung des Volkes. Hitler begeht das Erntedankfest alljährlich auf dem Bückeberg bei Hameln an der Weser. Alle Welt fragte sich erstaunt, was das für ein Berg sei. Man erfuhr, dass er Hitler zu Ehren 1933 entstanden ist und dass die Bauern ihn mühselig aus ihrem Erdreich aufschütten mussten. Dort lässt die nationalsozialistische Regie alle Jahre der Göttin Freia Opfer darbringen und allerhand Kult mit Erntebräuchen treiben, auch, wenn die Ernte mager ausgefallen ist. Im Jahre 1938 fiel das Erntedankfest auf dem Bückeberg zum ersten Mal aus. Einige Leute meinten, die Bauern hätten das Theater satt gehabt, andere sagten, Hitler sei an jenem 30. September mit der Befreiung der Sudetendeutschen beschäftigt gewesen. Dem deutschen Volke sagt man keine Gründe.

Olympiade

Da ich acht Tage vor der Olympiade bei der Sunlicht-Gesellschaft in Berlin zu tun hatte, konnte ich manches beobachten, was einem zeigt, dass die Nazi ihre eigene Schande kennen.

Lehnitz ist ein Berliner Villenvorort, am Lehnitzsee im märkischen Sand gelegen, Ausflugsziel der Berliner, einige Stationen hinter Oranienburg, dem ehemaligen berüchtigtsten Konzentrationslager. In Lehnitz ist ein von dem jüdischen Wohltäter Gustav Sachs vor Jahrzehnten gegründetes jüdisches Erholungsheim. Dort besuchte ich Verwandte. Mir kam es vor wie ein Gefängnis. Überall im Heim waren Schilder angeschlagen, die den Gästen das Politisieren verboten, obgleich die Juden ganz unter sich waren.

In den Wald durften sie nicht wandern, nur in den zum Grundstück gehörenden Park, in Restaurants durften sie sich nicht erfrischen, zum Baden im See durften sie nur einzeln und nur an bestimmte Stellen gehen. Die jüdische Leitung war grässlich ängstlich. Wenn nicht auch dort Kinder zur Erholung gewesen [wären], so wäre es ein freudloses Haus gewesen.
Lehnitz ist ein hervorragender Antisemitenplatz. Der Gepäckträger, der den alten jüdischen Damen die Koffer trug, wurde als »Judenknecht« beschimpft. Das Heim wurde von einem netten, jungen jüdischen Nachtwächter bewacht, der bis 1933 Berliner Schupomann gewesen war, aber Sudeleien in roter Ölfarbe, wie »Juda verrecke« nicht immer verhindern konnte. Wie ich vom Bahnhof kam, las ich auf dem asphaltierten Gehsteig ein langes Gedicht für die Juden, das mit weisser Ölfarbe geschrieben war: »Ihr Juden, glaubt ihr, dafür haben wir Lehnitz aufgebaut, dass ihr mit euren krummen Nasen es versaut?« Am nächsten Tag sah ich, wie zwei Mann mit Schrubbern die Bahnhofstrasse von dem deutschen Dichtwerk säuberten. Später sah ich sie einen eisernen Mast säubern, auf dem Judenbeschimpfungen nach chinesischer Art, die Buchstaben untereinander, standen. Um den Augiasstall auszumisten, musste eine Leiter angelehnt werden. Ich fragte, warum die Inschriften nicht stehen blieben, die Männer antworteten: »Wegen der Olympiade.« In Berlin wurde auch fieberhaft gesäubert. Alle »Stürmer«- und »Schwarze Korps«-Kästen waren während der Olympiade verschwunden, um hinterher wieder aufgehängt zu werden.
In Freiburg und im Schwarzwald waren während der Olympiade auch zahlreiche Ausländer. Sie benutzten die bis zu 60% verbilligten Eisenbahn- und Schiffskarten, besuchten die Olympiade kaum und reisten im schönen Deutschland. Der Inhaber einer Leihbibliothek in Freiburg zeigte mir drei Bücher, die er während der Olympiade nicht ausleihen durfte. Das erste war ein schwarzes

Buch im Aktenformat mit Goldlettern, die wie hebräische Buchstaben wirkten. Beim näheren Hinsehen entdeckte man, dass es blockartig stilisierte, deutsche Buchstaben waren. Das Buch heisst »Das Buch Isidor« von Dr. Goebbels. Ja, wirklich, der Dr.-Titel steht dabei. In diesem Buch hat der Gundolf-Schüler Dr. *Bernhard Weiss,* den er in Vorträgen Isidor nannte, in Schmutzversen verhöhnt, den unglücklichen, jüdischen Sozialdemokraten, der sich von seinen Genossen dazu verleiten liess, als Berliner Polizeipräsident in einer durch Nazi und Kommunisten gleich gefährlichen Zeit zu amten. – Das zweite Buch war von dem heutigen Potsdamer Polizeipräsidenten und Fememörder *Manfred von Killinger* und heisst »Ernstes und Heiteres aus der Putschzeit.« Zu dem Heiteren in den Naziputschzeiten gehört ein Besuch bei einer Bauernfrau, die von den Nazi nichts wollte und von ihnen über eine Wagendeichsel gelegt so lange verprügelt wurde, bis sie das Deutschlandlied sang. Mit unflätigen Worten schildert der Verfasser dieses fidele Abenteuer. – Das dritte Buch war die Biographie Horst Wessels von *Hanns Heinz Evers,* in der er dieses Zuhälterleben nach genauem Quellenstudium beschreibt und dem er ein Vorwort voransetzte, in dem er erzählt, wie Hitler ihn 1931 ins braune Haus nach München berief und ihm den Auftrag erteilte, Horst Wessels Biograph zu werden. Der Himmel weiss, welcher Literaturkenner die »Reichskulturkammer« auf diese ungeheure Blamage hingewiesen hat. Alle drei Bücher blieben von 1936 ab verboten.

1937

7. Kapitel

Deutschlands Ende als Kulturstaat

Das ganze Jahr 1937 war eine Vorbereitung auf die Pogrome von 1938. Wir waren blind, dass wir es nicht merkten. Als ob Hitler in der Erreichung eines Zieles auch nur um einen Punkt zurückweichen dürfte! Eine Umkehrung, nur eine Mässigung, würde das Ende der Bewegung bedeuten, die von Sensationen und Triumphen über schwache Gegner leben muss. Im Jahre 1937 war Deutschland bereits bis in die untersten, einfachsten Zellen des Volksorganismus vergiftet. Wenn wir einen Hitlergegner ein Vierteljahr lang nicht mehr gesehen hatten, sprachen wir zunächst vorsichtig mit ihm, weil er mittlerweile Denunziant geworden sein konnte. Vorsicht war nicht Feigheit, es war sinnlos geworden, sich in Gefahr zu begeben. Wir wollten Mut nicht mit Leichtsinn verwechseln, der niemand nützte und allen Getreuen schadete. Nachdem ich einmal gesehen hatte, wie an einem Nebentisch in einem Kaffeegarten ein Bekannter, der noch am Tag zuvor mich seiner republikanischen Gesinnung versichert hatte, beim Erklingen des Horst-Wessel-Liedes aufstand und den Arm hochreckte, anstatt, wie ich, schleunigst zu verschwinden – und von diesem Moment an traute ich nur noch mir selber.
Ich erinnerte 1937 einen Mann daran, dass sein eigener Bruder als Reichsbannermann beim Umsturz 1933 auf den Schlossberg geschleppt und dort von sechs Nazi halb totgeprügelt und liegen gelassen wurde, bis ihn nach stundenlanger Ohnmacht ein katholischer Priester fand, der dort oben frühmorgens sein Brevier las. Der Mensch gab mir zur Antwort: »Ja, wo gehobelt wird, da

fallen Späne!« Abgesehen davon, dass der Span sein eigener Bruder war, sollte ein Staat seine Bürger wohl etwas höher achten als Späne, doch dieses Wort war von den Schulungsleitern in die Gehirne gehämmert, nachdem auch das Staatsoberhaupt in öffentlicher Erklärung der Greuel vom Jahre 1933 von seinen Untertanen als Spänen in diesem Sinn gesprochen hatte. Die Seelen sind erstarrt gegen die Qualen, und wenn es sich um den eigenen Bruder handelt. Die Sinne sind stumpf geworden – schlimmer als am Ende des ersten Weltkrieges.
Nicht, als wäre man plötzlich anderen Sinnes und anderen Strebens geworden. So gehen diese Dinge nicht vor sich. Es vollzieht sich eine leise Ablenkung, ein Einbiegen in einen neuen Weg, der scheinbar noch die Richtung des früheren hat und sich nur allmählich in eine andere Gegend wendet. Die Gewohnheit hatte auch gutmütige Frauen abgestumpft. Man beklagte es nicht mehr, wenn wieder einer verhaftet und seiner Familie der Ernährer entzogen war.
Die letzte Wahlrede meines Lebens in Rheinfelden am 3. März 1933 schloss ich mit den Worten Freiligraths aus seinem Gedicht »Die Toten an die Lebenden«:

»Oh, steht gerüstet, seid bereit,
Oh, kämpfet, dass die Erde,
Darin wir liegen starr und steif,
Ganz eine freie werde!
Dass fürder der Gedanke nicht
Uns stören kann im Schlafen:
Sie waren frei, doch wieder jetzt
Und ewig sind sie Sklaven!«

Heute will es mir scheinen, dass die Deutschen ewig Sklaven sein werden, weil sie der Freiheit in den Jahren 1918 – 1933 nicht wert waren. Die Freiheit ist begraben – der Traum von drei deutschen Generationen ist ausgeträumt.

Regisseur Goebbels ist unabsetzbar, weil seine Stücke infolge monatelanger Vorbereitung immer gut klappten. Die Klosterprozesse waren auch von seiner Hand und mit seinem Mund vorbereitet. Monatelang vorher waren die Gläubigen gegen ihre Priester und Klosterfrauen mobilisiert worden. Das Ende vom Liede war die Beschneidung der kirchlichen Dotationen, die staatliche Einziehung von Kirchengütern und Trennung von Staat und Kirche in bezug auf die Kirchensteuereintreibung, die früher dem Staat oblag.
Um das alles zu erreichen, wurden die Konkordate, die die einzelnen Länder Deutschlands banden, durchlöchert und das auf dem Papier dem Papst Versprochene im Leben unwirksam gemacht. So wurden der katholischen Wohltätigkeitsanstalt Caritas dem Buchstaben nach alle Befugnisse gelassen, in Wirklichkeit aber unmöglich gemacht durch das Sammelverbot der freiwilligen Beiträge usw. Die Caritas ist in Freiburg i. Br. 1896 von dem Priester und Sozialpolitiker *Lorenz Werthmann* gegründet. Dort befindet sich auch die Caritasschule, deren Direktor 1934 verjagt wurde wegen seines Wortes vom Hakenkreuz: »Sie haben das Kreuz Christi umgebogen!« Denunziert war er von einem katholischen Schüler bei der Nazi-Kreisleitung. Bis 1937 waren alle Zweige der katholischen Jugendbewegung verboten, vom »Quickborn« bis zum katholischen Turnverein, und ihre Vermögen vom Staat beschlagnahmt. Die Burgkanzlei und Jugendherberge des »Quickborn« war seit 1919 in der schönen Burg Rothenfels am Main, die die katholischen Wandervögel aus eigenen Kräften und Mitteln während der Inflationszeit restaurierten. Heute ist sie »nationalsozialistische Ordensburg«, das heisst die Schule, in der der Nachwuchs der Nazi zu »Führern« ausgebildet wird.

Die riesengross aufgezogenen Sittlichkeitsprozesse gegen die Mönche und Nonnen haben bei der Bevölkerung ihr Ziel erreicht. Kaum einem fielen die Widersprüche und die ewige Wiederholung der gleichen Delikte auf. Man verschlang die anwidernden, übertreibenden Zeitungsberichte täglich mit Behagen. Der Respekt vor den katholischen Pfarrern war so untergraben, dass sie von Schulknaben auf offener Strasse beschimpft wurden. »Devisenschieber« ist das einzige dieser Schimpfworte, das man niederschreiben kann. Wenn die Schulkinder morgens zum Spaziergang geführt wurden, mussten sie vor der Haslacher katholischen Kirche nach der alten Volksmelodie »Ein Heller und ein Batzen« anstimmen:

»Ein Pater und zwei Brüder, eine Nonn' war auch dabei,
Die war'n Devisenschieber, und jetzt ist der Spuk vorbei.
Man packt sie am Schlafittchen, es war die höchste Zeit,
Man wirft sie in das Kittchen, wär'n nur alle erst so weit!«

Ein anderes neues Kinderlied, nach der Schlagermelodie »Eine Seefahrt, die ist lustig«, sangen sie, wenn sie einer Nonne begegneten:

»Heimlich leise und verstohlen
Schleicht die Nonne durch das Land,
Bis man unter ihren Röcken
Einen Sack Devisen fand!«

So wurde die uneigennützige Hilfe und Barmherzigkeit der Schwestern belohnt.
Mein Sohn und ich wanderten zum Osterfest 1937 durch das Höllental, über Donaueschingen und Tuttlingen nach Beuron, dem Benediktinerkloster, um in seinem stillen Frieden die Händel dieser Welt zu vergessen. Als wir über die Donaubrücke kamen, sahen wir an der Klostermauer Hakenkreuze in weisser Ölfarbe und Beschimpfungen der Mönche. Der durch seine künstleri-

sche Vertiefung berühmte Gottesdienst im Kloster wurde von dem Gegröle vorüberziehender Kraft-durch-Freude-Fahrer gestört, die in den Tagen unseres Aufenthalts in Mengen als politische Propagandisten auftraten. Wie wirksam solche Betätigung war, konnten wir an den 500 Einwohnern des Dörfchens merken: Alle Schulkinder grüssten uns mit »Heil Hitler«, und in den Gaststätten fanden wir überall »Stürmer«-Nummern mit Beschimpfungen und Karikaturen des Klerus. Sonderbarerweise auch im Klosterhotel, in dessen Schlafsälen die Wallfahrtspilger übernachteten.
Die Juden glaubten 1937 eine Zeit lang, dass die Katholikenhetze die Angriffswut auf sie selbst zum Stillstand brächte. Bald wurden aber ihre kümmerlichen Rechte weiter vermindert. Sie, die sich in kleineren Städten kaum noch über die Strassen wagten, deren Kinder alle einen seelischen Knacks hatten, wurden »wegen ihres immer herausfordernder werdenden Benehmens« aus allen Lokalen ausgeschlossen. Wenn jemand, besonders ein wehrloses Kind, jüdisch aussah, so war das ein schreckliches Los. Ein zionistischer Wanderredner, Dr. Schlossberg, wurde in einem kleinen Hotel in Oberhausen in Westfalen, als er sich zu Bett begeben wollte, ohne sich im Restaurant niedergelassen zu haben, überfallen. Er musste seinen Ausweis zeigen, aus dem die Banditen ersahen, dass er in Polen geboren ist. Sie hielten den Geburtsort aber für einen russischen und verprügelten Schlossberg als »Bolschewisten«. Er ist schon als Kind nach Königsberg gekommen, wo er 1914 bei Kriegsbeginn studierte. Obgleich er nicht zum Heere eingezogen worden wäre als Ausländer, stellte er sich sofort freiwillig, aus Dankbarkeit für sein Gastland und weil er den grössten Eindruck seiner frühesten Kindheit – die Misshandlung eines alten Juden – nicht verwinden konnte, sodass er glaubte, jetzt gegen russische Soldaten, die sich das zuschulden kommen liessen, zu Felde ziehen zu müssen. Er wurde im Verlauf des Feldzuges gegen die

Russen von einer Kugel getroffen, die sich bei der Operation als unentfernbar erwies. Trotz dieses Zeugnisses von »Heldenmut« im Körper, das ihn bei Witterungswechsel heute noch schmerzt, ist sein Blut also nicht »gereinigt« worden.

Die öffentlichen Bäder, die die Juden mit ihren enorm gesteigerten Steuern so gut wie die andern unterhielten, durften sie nicht betreten. Die öffentlichen Parks, z. B. der Colombigarten in Freiburg i. Br., erhielten Schilder mit Inschriften: »Hunden und Juden ist das Betreten verboten!«

In Vereinen und Einkaufsgenossenschaften mussten sie ihre Beiträge bis zum Ende des Jahres weiter zahlen, ihre Anrechte verloren sie sofort. Kleinhändler, Architekten und private Bauunternehmer hassten neben den Warenhäusern die Genossenschaften, die auf die Initiative der Sozialdemokraten gegründet wurden und soziale Interessen vertraten. Nach dem jahrelangen nationalsozialistischen Kampfe gegen die Genossenschaften im Interesse des Kapitalismus musste die Partei im März 1933 ihren Mitgliedern die Zugehörigkeit bei Genossenschaften verbieten. Im Theater und in den städtischen Beamtungen liess die Kreisleitung den Befehl für Beamte und Angestellte anschlagen, sofort aus den Genossenschaften auszutreten. Alles trat im März mit Elan aus und im Juni 1933 wieder ein. Das Frohlocken der Kleinhändler und Privatunternehmer verstummte. Sie hatten sich nach den 14 Jahre langen Versprechungen tatsächlich eingebildet, dass sich Hitler ihre Zerschlagung entgehen lassen würde, anstatt sie als nationalsozialistischen Machtkomplex geschlossen zu sich herüberzuziehen, indem er die alten Vorstände auf die Strasse warf und arbeitslose Nationalsozialisten dafür einsetzte. Die Mitglieder wurden »Gefolgschaft« ohne freie Meinungsäusserung, ohne Diskussionsfreiheit in den Generalversammlungen – korporativ waren Tausende auf einen Schlag zu Nationalsozialisten gemacht worden. Der Vorstand des Konsumvereins wurde ein Student mit Namen Sieder, ein bemoostes Haupt, das 12 Jahre lang studiert hatte, durch alle Examen gefallen und der Schrecken der Professoren war. Der Vorstand des »Gemeinnützigen Bauvereins« in Freiburg i. Br. ist heute ein verkommener Architekt mit Namen Körner, der nach einigen Prozessen wegen seiner schlecht gebauten Häuser jahrelang keine Aufträge bekam, sodass er mit Frau und vier Kindern von der Fürsorge lebte. Beide sind alte Kämpfer, besonders gegen die Genossenschaften. Seit sie Vorstände von Genossenschaften sind, wohnen beide in Luxusvillen, nicht in Genossenschaftshäuschen. Nach der Überführung der Genossenschaften wurden Beamte und Angestellte zum Eintritt als Mitglieder gezwungen. Besonders diese Genossenschaften waren es, die seit 1937 ihre jüdischen Mitglieder zur Verzweiflung brachten, ohne ihnen ihren Genossenschaftsanteil herauszugeben. Ich bekam ein anmutiges Rundschreiben des Bauvereins, von dem ich ein Eigenheim im Jahre 1924 erworben hatte. Darin hiess es unter anderen Attacken gegen die Juden, dass ein im Bauverein wohnender »Arier« selbstverständlich auch nicht den Logierbesuch eines Juden dulden dürfe, überhaupt keinen Juden mehr über die Schwelle des Hauses treten lassen solle. Ich wollte damals gleich nach Berlin ziehen, aber meine ebenfalls aus Kleinstädten nach Berlin gezogenen Verwandten rieten mir ab, weil die Auswanderung aus kleineren Städten nicht so schwierig war wie die von Berlin. Bis ich endlich auswanderte, war es allerdings umgekehrt geworden. Schliesslich aber war es auch meine gute Stelle bei der Sunlicht-Gesellschaft, die mir als Werberin den oberbadischen Bezirk zugewiesen hatte, die mich veranlasste, noch eine Zeit lang im Bauverein auszuharren. In Freiburg selbst hätte ich 1937 schon keine Wohnung mehr bekommen, wenn ich ausgezogen wäre. Im Jahre 1935 sah ich während eines Besuches in Osterode in Ostpreussen die Schilder »Juden unerwünscht«

und »Juden ist der Eintritt verboten« an Kinos, bei Friseuren und einigen Lebensmittelgeschäften. Hotels und Restaurants hatten dort das Judenverbot schon lange. Ich sagte damals meiner ostpreussischen Kusine, dass ein Gleiches in Freiburg i. Br. ganz unmöglich sei, da dort die katholische Bevölkerung diese Schande nie zuliesse. Noch merkte ich nicht, dass diese Dinge mit der Mentalität einer Bevölkerung gar nichts zu tun haben, sondern von der Partei zunächst befohlen, dann zum »Gesetz« erhoben werden und dass das Volk erst widerwillig gehorcht und schliesslich gewohnheitsmässig.

Seit 1937 war es nicht mehr die Parteipresse, die den schärfsten Ton gegen die Juden anschlug, sondern die gleichgeschaltete, ehemalige Generalanzeigerpresse. Und zwar täglich, auf einer ganzen Seite. Man beschränkte sich nun nicht mehr auf den Agitationskohl vom »Weltjudentum«, sondern beschrieb bei voller Namensnennung die Unsittlichkeit der jüdischen Rasseschänder und ihre »Verbrechen« gegen den »Blutschutz«.

Die jüdischen Geschäftsinhaber, die sich unter dem anhaltenden Boykott nicht mehr halten konnten und einen Ausverkauf veranstalteten, ehe sie ihre Geschäfte verschleuderten, erfuhren in der Presse derartige Bedrohungen an Leib und Leben, dass damit ihre Vogelfreiheit offen ausgesprochen war. Meine Tochter und ich gingen 1937 auch zu einem Ausverkauf in einem Konfektionshaus. Drinnen war ein grosses Gedränge, dem die Verkäuferinnen nicht Herr wurden, und die Leute stahlen von den Tischen herunter, so viel sie tragen konnten. Der Inhaber erzählte mir, dass er die Kriminalpolizei, die dem Geschäft gegenüber stationiert ist, um Schutz gebeten habe bei seinem behördlich genehmigten und mit riesigen Abgaben belegten Ausverkauf. Es sei ihm aber geantwortet worden, dafür sei die Kriminalpolizei nicht da, er solle sich selbst helfen. Das habe er denn auch getan und einer Frau die gestohlenen, uneingewickelten Waren aus der Ledertasche genommen. Er sei ihr, um im Laden kein Aufsehen zu erregen, auf die Strasse nachgegangen, dort habe die zahlreich postierte S.A. ihn fotografiert und ins Gesicht geschlagen. Er habe der Frau die Diebesware gelassen, und jetzt sei ihm alles gleichgültig, und er schaue gar nicht mehr hin. Draussen standen Fotografen, die jeden Herauskommenden filmten. Wir gingen deshalb durch den Seitengang hinaus. Dort standen sie aber auch, und meine Tochter schnitt im Augenblick, als sie den Apparat auf sich gerichtet sah, eine entsetzliche Fratze. Sie konnte es sich leisten, weil sie nur kurze Zeit zum Besuch in Deutschland war. Mit den Bildern wurde grösster Missbrauch getrieben. Sie wurden z. T. im »Alemannen« veröffentlicht mit entsprechender Unterschrift, und einige Beamte verloren ihre Stelle. In Zukunft liessen sich die jüdischen Geschäftsleute ihr Warenlager lieber von der »Arbeitsfront« abschwindeln, gleichzeitig mit ihrem Geschäft. So erhielten alle Warenhäuser christliche Inhaber, nicht eins wurde unter Kleinhändlern aufgeteilt, wie man es ihnen 14 Jahre lang versprochen hatte.

Der »Stürmer«, das Regierungs- und Schülerblatt

Es ist leider verboten, den »Stürmer« ins Ausland zu exportieren. Ich las ihn manchmal im Stürmerkasten, um mich zu orientieren. Angefasst habe ich ihn nie – nicht mit der Feuerzange hätte ich ihn anrühren können. Niederschreiben kann man den Unflat nicht.
Lange vor der gleichgeschalteten Presse »präsentiert der ›Stürmer‹ die sittliche Forderung« – und plötzlich ist des »Stürmers« Forderung »Gesetz«. Die Rassengesetze vom Nürnberger Parteitag 1935 waren alle vorher als Forderung im »Stürmer« erschienen. Immer schändlich bebil-

dert. Über die Dienstbotenfrage hatte sich *Streicher* längst sittlich entrüstet. Da erschienen Zeichnungen von reizenden, blonden Hausmädchen mit koketten Häubchen und Schürzchen, die von dem fürchterlich dargestellten jüdischen Hausherrn belästigt werden. Dann kam das Verbot für Juden, christliche Dienstboten zu halten. Der »Stürmer« brachte die Bilanzen jüdischer Geschäfte, die ihm der in jedem jüdischen Geschäft postierte Spitzel übermittelt hatte – bald darauf durften die Juden keine Geschäfte mehr haben. Der »Stürmer« beschrieb den Inhalt eines Lifts, der den Hausrat eines jüdischen Auswanderers enthielt – dann durften die Juden fast nichts mehr von ihren alten Möbeln mitnehmen. Die Namen und Adressen der im »Stürmer« angeprangerten Juden stimmten immer, nur der übrige Inhalt der Schandartikel entspricht nie der Wahrheit. So kam ein jüdischer Kaufmann aus Ihringen am Kaiserstuhl in den »Stürmer«. Er hatte, da er selber mit Frau und fünf Kindern nichts mehr zu essen und kein Geschäft mehr hatte, eine alte Forderung von 400.– RM eingetrieben. Der Schuldner zeigte den Kaufmann an, obgleich die Forderung existierte und keine Zinsen gefordert wurden. Er machte geltend, dass der Jude ihm damals in einer Notlage die 400.– RM erlassen und die Forderung in seinen Geschäftsbüchern ausgetilgt habe. Der Jude erhielt 5 Monate Gefängnis. Im »Stürmer« erschien darauf Name und Adresse des armen Teufels und ein Artikel, in dem zu lesen stand, dass er 5 Jahre Gefängnis wegen »Rassenschande« bekommen hätte.

Wenn Herrn Streicher nichts Neues mehr einfällt, bringt er Wiederholungen. Die Nachtigall singt auch immer dieselben Lieder, und das deutsche Volk hört die lieben, alten Töne immer wieder gerne. Die furchtbare Schändung eines zehnjährigen Christenmädchens spielt mal in Hamburg, mal in Dresden und mal in Breslau. Immer in der gleichen Art.

In einem solchen Blatt inseriert die Weltfirma Persil alle

Woche. Die Sunlicht A.G. inseriert im »Schwarzen Korps«.
Die Stürmerkästen schänden jeden traulichen deutschen Dorfplatz, an einem Schandpfahl befestigt oder an den ehrwürdigen Gebäuden selbst. In Opfingen, einem wunderhübschen Dorf am Tuniberg, hängt er auf dem Kirchplatz. In manchen Dörfern steht noch auf einem riesigen Holzbrett daneben: »Juden betreten diesen Ort auf eigene Gefahr!« Das heisst, sie dürfen bei der Durchwanderung niedergeprügelt werden. Es kräht kein Hahn danach, sie bleiben eben liegen, bis sie wieder aufstehen können, z. B. der Zahnarzt Bloch in Sulzburg, einem lieblichen Dorf im Markgräfler Land. An jedem naturschönen Platz in Freiburg i. Br. hängt nun endlich ein Stürmerkasten, und die Anbringung wird mit einer Feier der Hitlerjungen und -Mädel jedesmal sinnig begangen. Am nächsten Morgen findet man die Beschreibung unterm Lokalen, nur der Text der bei der Feier gesungenen Pogromlieder wird nicht abgedruckt. Die letzte feierliche Stürmerkastenanbringung geschah am Gebäude der alten Stadtmauer, das die Freiburger Mädchenarbeitsschule beherbergt. In Westfalen sah ich den Stürmerkasten an gotischen Rathäusern.
Die Kinder drücken sich vor lauter Interesse an den prickelnden Artikeln fast die Nase platt am Glas des Kastens. Besonders gute Stürmernummern werden in den Schulen gratis verteilt, und die Lehrer geben bei Schulausflügen jedem Kinde eine Nummer mit. Die »Stürmer«-Lesenden werden mit dem Lehrer fotografiert, und die Fotos erscheinen wieder im »Stürmer« als Reklame. Eine besondere Rubrik bilden im »Stürmer« die Schulkinderbriefe: »Lieber Stürmer, der Papa sagt, der Stürmer wär noch nichts für mich, aber der Herr Lehrer gibt ihn mir doch.«
Badische Schüler haben etwas Ähnliches geschaffen, ebenfalls mit Zeichnungen. Da war ein katholischer Priester gezeichnet, der einem Juden die Hand gibt. Da-

runter stand: »Dieser Pfarrer, Herr …, glaubt, uns noch Religionsunterricht erteilen zu dürfen und mit der gleichen Hand, die den Juden berührt hat, uns berühren zu dürfen.« In dem dazugehörigen Artikel stand, dass die Schulkinder vom Fenster aus gesehen hätten, wie der Pfarrer mindestens 10 Minuten lang auf offenem Schulplatz mit dem Juden sprach und den Unterricht über seiner Unterhaltung versäumte. »Dann aber haben wir ihn mit dem Ruf ›Juda verrecke‹ empfangen«, fährt der Schüleraufsatz fort. Er schliesst damit, dass der Geistliche von den Eltern angezeigt wurde, weil er die Kinder für ihre »Juda verrecke«-Rufe mit einem Stock geschlagen habe.

Es ist ein Irrtum, zu glauben, dass der »Stürmer« einzig in seiner Art wäre. Ich habe im »S.A.-Mann« die Schilderung jüdischer Ärzte von einem Sanitätsrat gelesen, die an Schrecken und Bebilderung dem »Stürmer« gleichkommt. Es wurde dort erzählt, dass jüdische Ärzte kleinen Mädchen Bakterien injizieren, wenn sie ohne Aufsicht in die Sprechstunde kommen. Es war zu einer Zeit, als die älteren jüdischen Ärzte noch praktizieren durften in Deutschland. Das Bild, wie der schrecklich aussehende jüdische Arzt sich mit der Injektionsspritze auf das lockige, kleine Mädchen stürzt, war künstlerischer ausgeführt als die Stürmerbilder und umso furchtbarer. – Das »Schwarze Korps«, wenn auch ideologisch verbrämt und ein fadenscheiniges sozialistisches Mäntelchen tragend, das Organ der S.S., steht dem »Stürmer« nicht nach, wenn es eine neue Welle der Judenverfolgungen in Gang zu bringen heisst.

Dafür, dass der »Stürmer« offizielles Regierungsblatt ist, nur zwei Beispiele: Ein christlicher Rechtsanwalt hatte 1937, als das noch erlaubt war, einen jüdischen Kaufmann vor Gericht vertreten und wurde dafür im »Stürmer« bedroht. Er reichte Klage ein wegen Beleidigung, verlor den Prozess, trieb ihn durch alle Instanzen und die oberste, gegen die es keinen Einspruch mehr gab, verkündete als letztes Urteil, dass der »Stürmer« dazu berufen sei, den »Führer« in seinem schweren Kampf gegen die Juden zu unterstützen, und dass, wenn er seine Pflicht gegenüber der Regierung erfülle, nicht wegen Beleidigung bestraft werden könne. – Zweitens: Vor dem Mannheimer Arbeitsgericht hatte ein Fabrikmeister wegen fristloser Entlassung seinen »Gefolgschaftsführer«, wie heute der Arbeitgeber heisst, verklagt. Ein Arbeiter hatte in der Pause den »Stürmer« gelesen und der Meister hatte geäussert, in dem Blatt ständen lauter Lügen. Der Arbeiter denunzierte diese Äusserung dem Betriebsrat, der die fristlose Entlassung verfügte. Das Arbeitsgericht entschied, dass dem Meister recht geschehen sei, denn, da der »Stürmer« der Regierung gegen die Juden beistehen müsse, die die Feinde des deutschen Reiches seien, habe der Meister eine landesverräterische Aussage getan, indem er indirekt Sympathie für die Staatsfeinde geäussert habe, und eigentlich müsse er noch bestraft werden.

Der »Stürmer« ist seit 1933 das Blatt mit der höchsten Auflageziffer in Deutschland. Der Erfolg seiner riesigen Verbreitung ist der rasend angewachsene Antisemitismus in Deutschland und von dort übergreifend in andere Länder.

Das Furchtbarste aber war doch die von Streicher zu Weihnachten 1936 verfasste »Stürmerfibel« für Kinder mit Buntbildern. Herausgekommen ist diese Rassenschande im Gerhard-Stalling-Verlag Oldenburg, dem bekannten Kinderbücherverlag, der vor 25 Jahren damit begann, die schönen Kinderverse der Jüdin *Paula Dehmel* mit den Bildern von Gertrud Caspari zu verlegen. Die Stürmerfibel ist weit mehr Kindern unter den Weihnachtsbaum gelegt worden als der Dickel-Duckel-Dackelhund Paula Dehmels.

Aufhören der illegalen Arbeit

Die illegale Arbeit hatte aufgehört. Sie war unendlich gefährlich, hatte noch im Jahre 1935 in Freiburg auf einmal dreissig Opfer gekostet, die alle ins Gefängnis, Zuchthaus oder Konzentrationslager wanderten – und sie hatte gar keinen Wert. In Deutschland gab sich kein Gebildeter zur Abfassung des Aufklärungsmaterials her, und so waren die in der Tarnung eines Prospektes »Der ideale Staubsauger« bei Arbeitsdienst und Militär verteilten Schriften geistig allzu dürftig. Die unter Lebensgefahr von Prag und aus der Schweiz hereingebrachten verbotenen Zeitungen hatten keinen Aktualitätswert, weil sie den deutschen Ereignissen nachhinkten. Als Aufklärung versagten sie, weil sie wenig orientiert waren und in der Hauptsache widerliche Richtungsstreitigkeiten der radikalen und sozialdemokratischen Emigranten brachten. Wie sollten wir mit der Verteilung solcher Auseinandersetzungen Erfolg haben, aus denen der deutsche Arbeiter ersah, wie wenig Solidarität unter den Geflüchteten unter sich herrschte? Ich bin irre geworden an der Aufklärungsarbeit am deutschen Volke. Wer dem Übel widerstehen wollte und die Kraft dazu hatte, ausserhalb der Gemeinschaft zu leben, gefeit gegen alle Nazilockungen, brauchte keine Aufklärung. Und bei 99% der Deutschen ändert sich eine Überzeugung nur, wenn man mit Schlagring und Revolver vorgeht, nicht aber durch geistige Waffen.

In den pflichtgemäss besuchten Schulungskursen werden die Antworten auf alle Einwände der Regimegegner gelernt. Als Mussolini im September 1937 Hitlers Besuch in Venedig bei ihm in Berlin erwiderte, stand in allen deutschen Zeitungen die Balkenüberschrift: »Berlin entfaltet einen noch nie gesehenen Prunk!« Darunter die Beschreibung der pomphaft aufgeputzten Strassen Berlins, eine Verschwendung für einen Tag, die Hunderttau-

sende kostete. Ich hatte folgendes Gespräch mit einigen Männern aus der Nachbarschaft: – Ich: »Vor 1933 habt ihr in jeder Versammlung über Frau Eberts Reichspräsidenten-Witwenpension raisonniert und von ihr gefordert, dass sie zur Arbeit gehen solle. Als Stresemann einige Zimmer des Aussenministeriums tapezieren liess, habt ihr geschrien, dass ihr an seiner Verschwendung zugrunde gehen müsst. Jetzt seid ihr stolz auf Görings Marmorschloss Karinhall, und dreissig Zimmer findet ihr nicht zu viel für Goebbels, und seine Erwerbung von Schloss Schwanenwerder, das früher dem jüdischen Sozialdemokraten *Parvus-Helphand* gehörte, ist auch in Ordnung. Goebbels und Göring hatten aber vor 1933 kein Vermögen, also haben sie es aus euren Steuern erworben.« – Antwort: »In der kleinen, verachteten Republik waren die Ausgaben der Staatsmänner ein Verbrechen, weil der Staat arm und keine Repräsentation nötig war. Jetzt ist er reich und mächtig, und Göring und Goebbels haben die Verpflichtung, ihn würdig zu repräsentieren, damit fremde Staatsmänner in Respekt gehalten werden. Eine Grossmacht muss so auftreten, wie unsere Führer es tun.«
Alles, was unsere Genossen heimlich seit 1933 getan hatten, war vergebens gewesen. Sie hatten sich und ihre Familien gefährdet oder ganz ins Unglück gestürzt. Auf einer primitiven, im Mooswald verborgenen Druckmaschine hatten sie nachts Flugblätter hergestellt und sie in der nächsten Nacht in die Briefkästen gesteckt oder in Vorgärten abgeworfen. Immer wieder tauchten diese »Frösche«, wie sie ihrer grünen Farbe wegen genannt wurden, auf. Illegale Arbeit will aber gelernt sein. Durch eine Verkäuferin des Warenhauses »Wohlwert« brachte die Gestapo heraus, wer das grüne Papier als Schrankpapier gekauft hatte. Nicht nur Denunziation, sondern öfter noch die Unvorsichtigkeit der Ehefrauen und Mütter brachte unsere Leute ins Zuchthaus. Die letzte illegale Zeitung in Kleinformat bekam ich aus München im Brief-

kuvert Anfang September 1938. Da war es mit der regelmässigen, illegalen Arbeit schon lange vorbei. Mit dem, was wir Frauen »Unterminieren« nannten, indem wir in den Läden scheinheilig nach allen im 3. Reich verschwundenen Auslandswaren fragten, hatten wir nur einen Augenblickserfolg. Der deutschen Hausfrau sind Einschränkungen gleichgültig, sie kann unglaublich armselig vegetieren, wenn sie den Klatsch mit der Nachbarin nicht entbehren muss.

Sunlicht-Gesellschaft A.G.

Nachdem ich in Freiburg i. Br. als ehemalige sozialdemokratische Redakteurin keine Arbeit mehr bekommen konnte, fing ich Ende November 1934 an, einer alten Wäscheagentin beim Austragen und Einkassieren ihrer Waren zu helfen. Es ging auf Weihnachten zu, das Geschäft ging gut und war ihr zu anstrengend geworden. Sie freute sich meiner Hilfe und bezahlte mich ordentlich. Das Vergnügen war aber bald zu Ende. Der schon erwähnte Blockwart unserer Strasse, der mir immer nachspionierte, schlich sich auch eines Tages hinter mir her, als ich mit meinen zwei dick gefüllten Wäschemappen aus dem Hause trat. Er zeigte mich an, und ich wurde bei der Polizei vorgeladen, weil ich keinen Gewerbeschein besass. Ich hatte mich zwar um einen solchen bemüht, aber die Gestapo hatte die Erteilung verboten, weil ich »gewohnheitsmässig staatsfeindliche Propaganda« betriebe. Ich gab zwar an, dass ich keine Ware auf eigene Rechnung verkaufte, sondern nur Kommissionen für die konzessionierte Agentin machte, aber das half mir nichts, ich bekam die beigeheftete Strafverfügung [hier nicht abgedruckt] und die Androhung von Gefängnis im Wiederholungsfall.

Da bekam ich im Dezember 1934 eine Einladung von der Sunlicht-Gesellschaft A.G., mich bei ihrer Direktion in Berlin vorzustellen. Voller Freude fuhr ich hin und bekam die ausgeschriebene Stelle, zu der mich die Freiburger Leiterin der Studentenhilfe, der meine Arbeitslosigkeit bekannt war, vorgeschlagen hatte.

Meine Kolleginnen in anderen Städten waren alle Studentinnen, in Freiburg aber war gerade keine für diese Arbeit frei. Obgleich nun keine Freiburger Firma mich engagieren wollte, stimmte das Freiburger Arbeitsamt diesem Berliner Engagement merkwürdigerweise zu und händigte mir das im 3. Reich obligatorisch gewordene Arbeitsbuch ein. Das ist eine Art Sklavenbuch, viel schlimmer als das von der Sozialdemokratie im Jahre 1918 abgeschaffte Gesindebuch für die Dienstmädchen, denn hier musste man lückenlos eintragen lassen, wo man beschäftigt gewesen war, was dem Arbeitgeber eine Kontrolle über jeden arbeitslosen Tag eines Stellenbewerbers ermöglicht.

Nun war ich Propagandistin für deutsche Ersatzmittel, die ich den Hausfrauen als »ebenso gut« anpreisen musste. Ich hatte aber auch etwas von Goebbels'scher Demagogie gelernt und bearbeitete die Hausfrauen auf meine Weise. Ich habe in der ganzen 3½ Jahre dauernden Tätigkeit nicht ein einziges Mal Reklame für den Ersatzschund gemacht und nie mit »Heil Hitler« gegrüsst. Ich lernte bei meinen Hausbesuchen in Ober- und Unterbaden, von Lörrach bis Baden-Baden, nicht nur die politische Gesinnung der Frauen kennen, sondern bekam auch gute Einblicke in die deutsche Vierjahresplan-Wirtschaft. Von 1935 an begannen erweiterte Laboratoriumsversuche der chemischen Industrie, die die Hausfrau selbst ausführen musste, die ich zu leiten und über die ich täglich nach Berlin zu berichten hatte.

Wir hatten uns bei den Hausfrauen als Helferinnen für den Vierjahresplan vorzustellen, durften aber die experimentierenden Firmen, in deren Auftrag wir kamen,

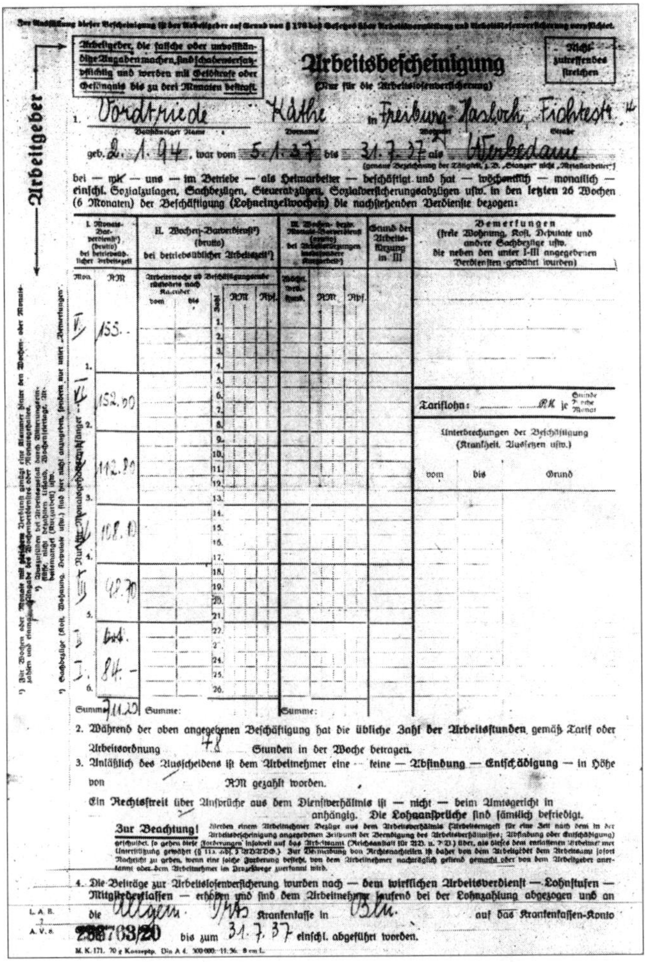

Zur Ausfüllung dieser Bescheinigung ist der Arbeitgeber auf Grund von § 170 des Gesetzes über Arbeitsvermittlung und Arbeitslosenversicherung verpflichtet.

Arbeitgeber, die falsche oder unvollständige Angaben machen, sind schadenersatzpflichtig und werden mit Geldstrafe oder Gefängnis bis zu drei Monaten bestraft.

Arbeitsbescheinigung

(Nur für die Arbeitslosenversicherung)

Nicht zutreffendes streichen

1. Vordtriede Käthe in Freiburg-Haslach Fichtestr. 4
Beschäftigter Name Vorname Wohnort Straße

geb. 2. 1. 94, war vom 5. 1. 37 bis 31. 7. 37 als Werbedame

bei — mir — uns — im Betriebe — als Heimarbeiter — beschäftigt und hat — wöchentlich — monatlich — einschl. Sozialzulagen, Sachbezügen, Steuerabzügen, Sozialversicherungsabzügen usw. in den letzten 26 Wochen (6 Monaten) der Beschäftigung (Lohneinzelwochen) die nachstehenden Verdienste bezogen:

I. Monats-Barverdienst (brutto) Mon.	RM	II. Wochen-Barverdienst (brutto) bei betriebsüblicher Arbeitszeit	III. Wochen-Sachbezüge	Grund der Arbeitsminderung in III	Bemerkungen
VI	155.–				
V	152.00				
IV	142.80				
III	108.10				
II	42.70				
I	84.–				
Summe	711.20	Summe:	Summe:		

Tariflohn: .... RM je Stunde / Woche / Monat

Unterbrechungen der Beschäftigung (Krankheit, Aussetzen usw.) vom bis Grund

2. Während der oben angegebenen Beschäftigung hat die übliche Zahl der Arbeitsstunden gemäß Tarif oder Arbeitsordnung 48 Stunden in der Woche betragen.

3. Anläßlich des Ausscheidens ist dem Arbeitnehmer eine — keine — Abfindung — Entschädigung — in Höhe von ... RM gezahlt worden.

Ein Rechtsstreit über Ansprüche aus dem Dienstverhältnis ist — nicht — beim Amtsgericht in ... anhängig. Die Lohnansprüche sind sämtlich befriedigt.

Zur Beachtung! [illegible]

4. Die Beiträge zur Arbeitslosenversicherung wurden nach — dem wirklichen Arbeitsverdienst — Lohnstufen — Mitgliederklassen — erhoben und sind dem Arbeitnehmer laufend bei der Lohnzahlung abgezogen und an die Allgem. O.K.K. Krankenkasse in Bln. auf das Krankenkassen-Konto 288763/20 bis zum 31. 7. 37 einschl. abgeführt worden.

Arbeitsbescheinigung der Sunlicht-Gesellschaft A. G., für die »Werbedame« Käthe Vordtriede.

niemals nennen. Von 1936 an wurden kombinierte Experimente gemacht, indem die Hausfrauen an von uns geschenkten Wäschestücken aus Zellwolle und andern Ersatzstoffen die gleichfalls von uns geschenkten Sauerstoffwaschmittel ausprobieren mussten. Die Leib- und Hauswäsche, die wir in grossen Mengen verschenkten,

war von der Firma Waldhof-Mannheim. Die Sunlicht-Fabrik ist in Rheinau-Mannheim. Ich musste alle halbe Jahre nach Berlin zum Schulungskurse vor jedem neuen Experiment. – Die Waschmittel brachte jede Woche ein Bote den von mir für die Versuche geworbenen Hausfrauen. Die Ersatzwäsche, die die Firma verschenkte, brachte ich den Hausfrauen selbst zum Aussuchen. Aus den Handtüchern konnte man Holzstücke in Zündholzdicke herausziehen. Die Zellwollwäsche war ebenso schlecht wie die sogenannte Wollwäsche. Wäsche und Strümpfe aus Kunstseide waren gut.
Ich hatte alle Woche bei den Hausfrauen die gewaschenen Gewebe zu prüfen. Über die Aufrauhung der Faser und durch das Waschen entstandenen Schäden musste ich täglich Bericht erstatten. Ferner über die Haltbarkeit des Waschpulvers, seine Brauchbarkeit zu den verschiedensten Zwecken usw. Die Sauerstoffwaschpulver, die 1939 in den Handel gekommen sind, erwiesen sich als gut reinigend, griffen aber im Laufe der Zeit die Gewebe rascher an als Fettmittel. Da wir alles verschenkten, was getragen und geprüft werden sollte, war es den Hausfrauen gleichgültig, ob die Sachen lange hielten. Ein Nachteil der gänzlich fettlosen Waschkochmittel ist der, dass die Waschkessel, die in Deutschland auch nicht mehr aus bestem Material hergestellt werden, leichter rosten.
Wir mussten vor Beginn jeder neuen Versuchsaktion immer wieder durch Handdruck Geheimhaltung beteuern. Die Sunlicht-Gesellschaft war unter den Firmen, die Göring für den Vierjahresplan verpflichtet hatte. Die Firma machte diese weitgehenden Versuche mit den Ersatzmitteln im Publikum, lange ehe sie auf den Markt geworfen wurden. Damals hatte man noch genügend vollwertige Seifenmittel, wie die Luxseifenflocken der Firma Sunlicht, und auch die Sunlicht-Stückseife enthielt 1936 noch 52% Fett, wenn auch die 80%ige, die es bis Ende des Jahres 1935 noch gab, im Januar 1936 verboten

wurde, um das vorhandene Fett zu strecken. Aber das merkten die Hausfrauen nicht. Die Ersatzmittel kamen erst 1939 in den Handel, das deutsche Volk wurde ganz systematisch und allmählich an die schlechte Ware gewohnt, nicht mit plumper Plötzlichkeit, wie die Russen. Auch die Preiserhöhungen waren ganz geringfügig, sodass niemand Ärgernis daran nahm, und da alles nur ein-Pfennig-weise stieg, hatte die Hausfrau 1939 vergessen, dass ein gleich schweres Seifenstück 1933 drei Pfennig weniger gekostet hatte.

In Gross-Berlin durften von 1937 an die Abwässer vom Geschirrspülen in Hotels und Hospitälern nicht mehr weggeschüttet werden. Die Sunlicht-Gesellschaft selbst lieferte die Filterapparate gratis zum Auffangen des Fetts beim Ausschütten des Spülwassers. Die Hotels wurden für diese Fettlieferung bezahlt. Selbstverständlich werden diese Fette völlig steril und einwandfrei gemacht.

Jede Versuchsaktion dauerte einige Monate. Dann prüften die Chemiker der Firma unsere Berichte praktisch nach.

Es war eine sehr angenehme, selbständige Tätigkeit und grosszügig bezahlt, mit reichlichen Spesen. Schön war freilich nicht, dass in dem ganzen riesigen Bürohaus in der Kaiser-Wilhelm-Strasse 62 vom Portier an aufwärts nur mit »Heil Hitler« gegrüsst wurde. Ich kam als schlecht imitier[ende] Süddeutsche aber mit »Grüss Gott« bis zum Schluss durch. Der oberste Direktor Santkin grüsste uns erst von 1937 an mit »Heil Hitler« und Armaufheben. Dann verschwanden auch die hübschen Bilder aus dem Sitzungssaal und machten einem Originalgemälde von Hitler in Lebensgrösse Platz. In den Speisesaal kam ein Bild Görings. Die zahlreichen jüdischen Angestellten wurden 1935 entlassen. Eine Ausnahme wurde mit einer Buchhalterin gemacht, deren Vater gefallen war. Ende 1935 weigerte sich aber der Betriebsrat, in den natürlich nur die schlimmsten Nazi kamen, weiter mit dem Mädchen zu arbeiten. Also verlor auch sie ihr Brot. Anfang 1936 wurde die sehr nette Direktorin unserer Umfrage-Abteilung entlassen, Fräulein Gumpert, weil sie Halbjüdin war. Je mehr ein Betrieb vor 1933 mit Auslands- und mit jüdischem Kapital belastet war, desto schlimmer wurde im gleichen Betrieb der Antisemitismus. Dabei wurde der Sunlicht-Konzern immer grösser durch die Fusion mit ehemals jüdischen Fabriken, die zum Schliessen verurteilt gewesen wären, wenn die Sunlicht-Gesellschaft sie nicht übernommen hätte. So nahm sie die Firma Ellida unter ihre arischen Fittiche, die früher böhmischen Juden gehörte, das Kleinol-Werk in Hamburg, das Haarfärbemittel herstellte, die Jürgen-van-den-Bergh-Margarinewerke in Cleve und noch viele Fabriken, die mit Seife nichts zu tun hatten. Es wird heute in Deutschland kartelliert und getrustet, dass es eine Lust ist. Die deutschen Konzerne gleichen Lawinen, die im Fallen immer grösser werden. Niemand erinnert sich mehr an die vorhitlersche Zeit, als es in jeder Naziversammlung und -zeitung hiess, dass unter Hitler Börsen, Konzerne und Trusts als jüdisches Teufelswerk abgeschafft würden. *Gottfried Feder* nannte das alles im offiziell ausgegebenen Parteiprogramm »raffendes Kapital«, während Krupp in Essen und die judenfreie Montan- und Schwerindustrie zum »schaffenden Kapital« gehörten.

Ich habe diese gut bezahlte Stelle dadurch verloren, dass mir im Juli 1938 die Freiburger Gestapo nachweisen konnte, dass ich mit meinen Gratisgaben die Frauen der politischen Gefangenen bevorzugte. Sie zwang die Firma, mich zu entlassen. Am 1. Oktober hätte sie mich sowieso entlassen müssen, nach dem neuen »Gesetz«, das Juden jede Reisetätigkeit untersagte. Ich war immerhin froh, dass der Direktor meiner Abteilung meine nichtarische Abstammung, über die ihn meine Personalakte orientiert hatte, dem Betriebsrat so lange verbergen konnte. Er mochte meine Tagesberichte gern, weil er sie ohne Korrektur verwenden konnte, und für mich waren

sie infolge meiner jahrelangen Routine als Journalistin ein Leichtes.
Heute besteht der im Jahre 1937 vollständig renovierte und 1892 erbaute Sunlicht-Palast in der Kaiser-Wilhelm-Strasse nicht mehr. Er stand neben dem Berliner Dom, war das erste Haus, das nach den Schlössern und Museen von »Unter den Linden«, und da dieser imposanteste Stadtteil Berlins zur kommenden Via triumphalis Hitlers gehört und mit »Braunen Häusern« bebaut wird, musste auch dieses solide Riesenhaus der Spitzhacke weichen. Am 15. Juli, als ich als »Arbeitskameradin« der Sunlicht-Gesellschaft ausscheiden musste, sandte man mir das letzte Mal die »Sunlicht-Post«, das ist die Monatszeitschrift für die 2500 Arbeiter und Angestellten. Bis 1937 war sie grossformatig und von ansehnlicher Stärke. Von 1938 an musste sie dem »Gesetz« zur Papierersparnis angepasst werden. Es ist aber nicht schade darum, denn sie enthielt doch nur Naziartikel, manchmal mit schwer »stürmerischem« Einschlag und dazu die üblichen Nazibilder. Ich lege den Teil dieser Julinummer bei, der Aufschluss gibt über den Vandalismus in Berlin, dem nun das durch drei Strassen gehende Sunlicht-Haus schon längst zum Opfer gefallen ist [hier nicht abgedruckt].

1938

8. Kapitel

Pogrom

August Bebel hat den Antisemitismus den »Sozialismus der dummen Kerle« genannt. Dass die Mehrzahl der Deutschen in übermässigem Nationalstolz eine blutmässige Abneigung gegen den nicht völlig assimilierten Juden hat, ist eine harte, unumstössliche Tatsache, mit der man rechnen muss. Es ist unbegreiflich, dass so viele deutsche Juden das auch heute noch bestreiten. Die blutmässige Abneigung gegen das jüdische und nicht etwa gegen das französische und englische Fremde ist vorhanden und weil sie die ungewollte ist, so ist sie darum die ungerechteste.

Viele Juden fühlten, dass der Tod unser Ziel und dass das Leben ein sehr ungewisses Geschenk ist. Die zahlreichen Freitode der Juden in diesen Tagen wurden zynisch glossiert. Im »Alemannen« las man einen »wissenschaftlichen«, mit Zahlen belegten Artikel darüber, dass der Selbstmord bei den Juden seit jeher häufiger als bei anderen Völkern gewesen und in ihrer Dekadenz begründet sei. Sonst stand in den Zeitungen nichts von den aufregenden Ereignissen, keine Silbe, auch nichts über die umliegenden Ortschaften. Dieses von Goebbels ausgegebene Rezept des Totschweigens hatte bei ganz naiven Gemütern die Wirkung, dass sie glaubten, nur in ihrem Ort seien diese Greuel passiert, und zwar deshalb, weil die Juden ihre Synagoge zum Waffenarsenal gemacht hätten, das sich in der Nacht auf den 11. 11. [sic] von selbst entzündet habe. Die »spontane Wut« des Volkes sei aufgeflammt, weil der von den Juden leichtsinnig hervorgerufene Synagogenbrand die Nachbarhäuser gefährdet habe. Ich weiss nicht, ob auch diese Lesart von oben befohlen war.

Kleine Einzelheiten aus den Pogromtagen, die keine Greuel, aber ziemlich greulich sind

Man braucht die Vorkommnisse vom 11. 11. 1938 in Freiburg i. Br. nicht ausführlich zu beschreiben, da sie sich in nichts von denen in allen Städten und Dörfern unterschieden.

Nichtsahnend ging ich an jenem Morgen in die Stadt, und ehe ich noch die brennende Synagoge und die eingeschlagenen, ausgeraubten Schaufenster des einzigen, noch vorhandenen Geschäftes mit jüdischem Inhaber sah, kam ich an einen Brunnen, um den eine ganze Menge Leute standen. Ich fragte eine Frau, was es da gäbe, und sie antwortete: »Sie tunke den Araber von dene Jude i!« Sie verwechselte die Worte Araber und Rabbiner. Der Unglückliche wurde mit dem Kopf in das schon kalte Wasser getaucht.

Goebbels und die deutsche Regierung betonten in ihren langen Erörterungen ihre Milde und Nachsicht, die sie auch jetzt noch angesichts der offen zu Tage tretenden Mördergesinnung des jüdischen Volkes ihm angedeihen liessen. Das war das Allerwiderlichste. Im gleichen Artikel erliess Goebbels das »Gesetz«, dass die Juden die durch Versicherung gedeckten Schäden ihrer Geschäfte, da sie sie mutwillig selber verschuldet hätten, auch selber auf eigene Kosten reparieren lassen müssten, und dass die deutschen Versicherungen das so »ersparte« Geld an den Staat abführen müssten. Aus diesem Grunde war es nur natürlich, dass die Bande die Glaskästen an dem erwähnten Schuhgeschäft nach der Reparatur noch zweimal zerschlug. Die Schaufenster konnten durch Rolladen geschützt werden. Sonst gab es nur noch ein Bankgeschäft mit jüdischem Besitzer. Es lag dem Palais der Exgrossherzogin Hilda von Baden gegenüber, und so konnte die Dame von ihrem Fenster aus mit ansehen, wie jetzt im Lande gegen die Juden gehaust wurde, mit denen ihr verstorbener Gatte ein so schönes

Verhältnis hatte. Das Bankgeschäft blieb lange für ausländische Pressefotografen in seinem unwürdigen Zustand bestehen, da der Bankier in den Schwarzwald flüchtete und niemand mehr da war, der für die Reparaturen sorgen konnte. Später nahm er sich das Leben.
Unser Gemüsehändler kam am nächsten Morgen nicht mit seinem Wägele. Er hatte bei der amtlichen Eierverteilungsstelle geäussert: »Wenn jetzt mein Vater zufällig ein Jude gewesen wäre, würde heute mein Gotteshaus brennen!« Das Eierfräulein zeigte ihn an, und er kam wegen Verächtlichmachung des Staates ins Gefängnis.
In einem Nachbarstädtchen leitete die Volksschuljugend auf Geheiss des Lehrers die Volksbelustigung. Ein vierzehnjähriges Mädchen, das von seinen Eltern ganz antinationalsozialistisch erzogen wurde, erzählte mir davon. Die Kinder führten die Juden, Frauen und Männer, auf den Marktplatz und hiessen sie dort tanzen und singen. Sie tanzten nicht, aber sie sangen ein hebräisches Lied. Welch ein erschütternder Anblick muss es gewesen sein, diese Schicksalsträger in grosser Seelenbewegtheit ein heiliges Lied ihres Gottesdienstes singend! Ich fragte das Mädchen, wie es das gefunden hätte. »Luschtig, luschtig«, antwortete es.
Eine mir bekannte jüdische Familie wohnte nah am Bahnhof. Der Mann kam nach Dachau. Am nächsten Tage kamen zwei S.A.-Leute mit der Bahn und fragten nebenan in einem Lampengeschäft, ob die auf dem Schild auf der nebenliegenden Haustür bezeichnete Zahnärztin eine Jüdin wäre, dann wollten sie sich dort nicht behandeln lassen. Das Fräulein im Lampengeschäft gab an, dass die Zahnärztin Jüdin sei. Die S.A.-Leute gingen darauf zu ihr und holten den Radioapparat ab. Sie fragten die verängstigten Leute, ob sie Strassburg gehört hätten, was bejaht wurde. Die Leute sagten, ihr offenes Eingeständnis rette sie vorm Gefängnis, also würde nur der Apparat eingezogen, damit sie nicht mehr Strassburgs Lügenmeldungen hörten. Ausserdem nah-

men sie den Fotoapparat mit, damit sie die Festungswerke bei Breisach nicht fotografierten. Dieses Gaunerstückchen machten sie noch bei einigen anderen Familien mit jüdisch klingenden Namen auf dem Hausschild. Die S.A.-Leute aus den Dörfern ohne Juden wollten auch ihren Anteil an dem so lange versprochenen Raube haben. – Ich begleitete die Zahnärztin am nächsten Nachmittag zum Telegrafendirektor, wo sie das Radio persönlich abbestellen wollte, denn die Abbestellung war seit Jahren verboten. Der Direktor fragte, was für einen Grund er schreiben sollte. Die Dame erzählte ihm die Sache. Der Mann war ganz ausser sich. So etwas dürfte nicht vorkommen, und er würde sofort die Kriminalpolizei anrufen. Die Zahnärztin, die noch der Meinung war, dass der Apparat in der Tat von der nationalsozialistischen Kreisleitung eingezogen war, bat, das zu unterlassen, denn die Juden dürften eben kein Radio mehr hören. Der Direktor antwortete darauf wörtlich, so etwas gäbe es doch gar nicht in Deutschland, wo ein jeder das gleiche Recht habe und wo es keine Ausnahmen gegen jüdische Einwohner gäbe. Diese Worte sprach der Mann gutgläubig aus, sie waren kein Hohn, und mir blieb die Antwort über so viel riesenhafter Dummheit im Halse stecken. Da die Zahnärztin angab, dass ihr Radio von der Kreisleitung eingezogen sei, wollte der Direktor absolut dort anklingeln und den Tatbestand klären. Die Dame musste ihn geradezu anflehen, ihren Namen nicht zu erwähnen, da sie Repressalien gegen ihren Mann im Konzentrationslager fürchtete. Der Direktor klingelte in unserer Gegenwart an und erfuhr, dass es sich um eine »Privataktion« gehandelt hätte, von der die Kreisleitung nichts wüsste.

Der jüdische Friedhof ist in Freiburg eine Stunde weit von der Stadt entfernt und wurde deshalb verschont, aber der jüdische Friedhofswärter, der nebenan wohnt, wurde mit nach Dachau geschleppt, obgleich er nur einen Arm hat und den andern im Kriege verlor. Dage-

gen blieb auf anderen jüdischen Friedhöfen kein Grabstein stehen.
Die Umfassungsmauern der ausgebrannten Synagoge wurden sofort abgetragen. Die Juden mussten nicht nur den Abbau bezahlen, sondern verloren auch das Grundstück an die Stadt. Das Gemeindehaus nebenan wurde auch zerstört. Die jüdische Gemeinde musste es auf eigene Kosten reparieren lassen und durfte es dann, da es nun der Stadt gehörte, gegen hohe monatliche Miete als Schulhaus für die aus allen Schulen herausgeworfenen Kinder benutzen. In den kleinen Orten wuchsen die jüdischen Kinder fortan ohne Schule heran, wenn es ihre Eltern nicht bezahlen konnten, sie nach Freiburg einer jüdischen Familie in Pension zu geben. In der Folgezeit wurde oft in das jüdische Schulhaus eingebrochen, alles besudelt und Wertvolles gestohlen. Die Strasse, die von unserer Siedlung Haslach in die Stadt führt, erwies sich als zu schmal für Lastwagen. Sie wurde verbreitert, und zur Aufschottung nahm die Stadt den Bauschutt der abgerissenen Synagoge. So sahen meine Freundin und ich eines Tages die Gesetzestafeln Mosis mit den ehrwürdigen hebräischen Buchstaben im Strassengraben liegen. Die Freundin, obgleich rein »arisch«, wünschte, dass auf dieser Stelle recht viele »arische« Autos verunglücken möchten.
Was mir die aus Dachau Heimkehrenden erzählten, mag ich nicht niederschreiben. Das Ausland kennt diese Dinge. Nur eines: Ich besuchte am ersten Weihnachtstage einen aus Dachau kommenden Herrn. Ich kannte ihn vorher nicht und dachte, er hätte eine Glatze. Er war aber am Heiligen Abend, eine halbe Stunde vor seiner Entlassung, nochmals einer Kopfrasur unterworfen worden. Er war mit 20 Gefährten herausgekommen, die den gleichen Zug benutzten. Es herrschte wegen des Festes ein reger Verkehr auf der Eisenbahn. Im Kupee wurden die Herren an ihren Glatzköpfen als heimkehrende Konzentrationslagerinsassen erkannt und beschimpft. Nach-

dem der arme Mensch seiner Frau und mir ein Weilchen erzählt hatte, sagte er: »Aber wir müssen doch wieder Lebensmut schöpfen, wenn wir weiterleben wollen. Lasst uns alle ins Kino gehen, damit wir das Elend verwinden!« Ich werde nie vergessen, wie bleich er wurde, als wir ihm sagen mussten, dass Goebbels auch diese harmlose Zerstreuung den Juden verboten hatte.
In dem kleinen Bodenseeort Meersburg hatte eine jüdische Stabsarztwitwe, Frau Elsa Mohr, ihr schönes Mobiliar samt einem Flügel an einen hohen Beamten verkauft, und das dafür erhaltene Geld war für Krankenhauskosten ausgegeben worden. Die Möbel sollten in einer Winternacht heimlich in das Haus des Beamten geschafft werden, der seine Stelle verloren hätte, wenn es herausgekommen wäre, dass er von Juden gekauft hatte. In der Pogromnacht erschienen die Rowdies auch bei Frau Mohr und gingen mit Äxten auf den Flügel und mit Dolchen auf die Polstermöbel los. Es blieb kein Stück heil. Frau Mohr stand dabei mit dem fröhlichsten Gesicht von der Welt und gebot keinen Einhalt, was den Frauen sowieso immer nur Schläge eingetragen hat. Dem Käufer der bezahlten Möbel stellte sie es frei, die Einbrecher anzuzeigen, aber der bat sie dringend, über den Kauf zu schweigen, er wolle den Schaden tragen.
Im Dezember 1938 fuhr ich nach Berlin, um mich von meinen Verwandten zu verabschieden, da ich hoffte, bald auswandern zu können. So sah ich denn auch den Kurfürstendamm hinter Bretterverschalung, und die Geschäftsautos der Firma Grünfeld sah ich fahren. Dieses vornehme, alte Leinengeschäft war zwar auch im November enteignet worden, die Inhaber hatte ich wiederholt im »Stürmer« abgebildet gesehen, mit entsprechenden Verleumdungsartikeln dazu. Trotzdem durften sie, sowenig wie andere jüdische Inhaber von international bekannten Geschäften, ihren Namen nicht aus der Firma zurückziehen, so schlecht er angeblich war, damit das Auslandspublikum irregeführt werden konnte. Überall

standen neben den jüdischen Geschäftsnamen ganz klein und fast unleserlich die neuen Inhabernamen.
Meine Verwandten aus Ostpreussen waren schon vor längerer Zeit nach Berlin gezogen, weil sie in dem 14.000 Einwohner zählenden Osterode ihres Lebens nicht mehr sicher waren. Der Vetter hatte seine Fabrik und das dazugehörige Wohnhaus für einige tausend Mark renovieren lassen und dann verpachtet. Das Warenlager sollte zu einem niedrigen Preis abgezahlt werden. Der Pächter zahlte das Warenlager gar nicht und von der vereinbarten monatlichen Pacht 1/3 gegen Mitte des Monats oder wann es ihm passte. Die Familie lebt in Berlin zu fünft in einer Hofwohnung über einer Kegelbahn in zwei winzigen Zimmern, deren Korridor die Küche darstellt. Da in Osterode kein Mensch es gewagt hätte, ihre Möbel zu kaufen, schickten sie sie einem Auktionator in dem katholischen Allenstein, wo solche »Gesetze« eher umgangen werden konnten. Auch den Inhalt der Schränke mussten sie mitschicken, weil in dem Berliner Loch kein Platz dafür vorhanden war. Für die Möbel bekamen sie nach vielem Schreiben etwas Geld, für den übrigen Hausrat nichts, da dem Auktionator angeblich alles gestohlen war.
Bald nach dem Abschluss des Pachtvertrages musste mein Vetter einen Anwalt in Osterode nehmen, wo er damals noch wohnte, weil der Pächter plötzlich gar nichts mehr zahlte. Er wurde zur Zahlung verurteilt, erhob Widerklage, wurde abgewiesen, es gab einen langen Prozess durch mehrere Instanzen in Osterode, Allenstein und zuletzt in Königsberg. Auch dort am Oberlandesgericht bekam der Vetter vollständig Recht.
Nun wurde der Pächter Parteigenosse und übergab die Angelegenheit der Parteileitung in Allenstein. Der Vetter musste hinfahren, und unter der Bedrohung der Naziletter unterschrieb er einen neuen Vertrag, der die Pacht auf die Hälfte herabsetzte. Er wäre sonst sofort ins Konzentrationslager gekommen. Unter wüsten Beschimpfun-

gen wurde er entlassen. Seinem Anwalt teilte er die Sache mit. Der äusserte sich irgendwo empört über die Behandlung seines Mandanten, und der Vetter wurde aufs neue nach Allenstein vorgeladen und bedroht. Diesmal musste er unterschreiben, dass er »freiwillig« den Vertrag »abgeändert« habe. Ausserdem wurde ihm angedroht, dass er mit seiner Familie totgeschlagen würde, wenn er noch einmal erzählte, dass die Parteileitung die Pacht herabgesetzt habe. Ein dreckiger Jude dürfte das Wort Parteileitung gar nicht in den Mund nehmen und mit den Worten: »Wir wollen es euch Juden austreiben, die Goien zu betrügen«, wurde er herausgeworfen.
Als die unglückliche Familie nach Berlin gezogen war, bekam der Vetter am Pogromtag, dem 11. 11. 1938, ein Schreiben der Osteroder Arbeitsfront, dass er sofort zu einer geschäftlichen Besprechung zu kommen hätte. Da er infolge der erlittenen Aufregungen herzkrank geworden war, fuhr meine Kusine die zehn Stunden durch den polnischen Korridor mit dem Nachtzug. In Osterode traf sie einen alten Arbeiter ihrer Fabrik, der sie zur Arbeitsfront geleitete, sie tröstete und ihr vor dem Haus die Hand drückte. Das war von drinnen gesehen worden und erregte die ersten Beschimpfungen. Die Frau sollte Fabrik und Wohnhaus für 5000.– RM an den Pächter verkaufen, also für etwas weniger, als die Renovierung gekostet hatte. Selbstverständlich weigerte sie sich zunächst, worauf sie nach Misshandlungen ins Ortsgefängnis geführt wurde, um sich zu besinnen. Am gleichen Abend wurde sie nochmals dem Pächter und der Arbeitsfront vorgeführt. Es hiess, sie würde nun zum letzten Mal gefragt, ob sie den Kaufvertrag unterschreiben würde, die Kaufsumme würde monatlich abgezahlt. Da ihr nichts anderes übrig blieb, sagte sie, dass sie mit dem Nachtzug um 10 Uhr abends zurück nach Berlin fahren und die Einwilligung ihres Mannes holen wollte. Der Zug ist um 8 Uhr morgens in Berlin, um neun fährt dann wieder einer nach Ostpreussen. Man sagte ihr, dass sie

diesen nehmen müsste, und wenn sie nicht am nächsten Abend um sieben Uhr wieder im Büro in Ostpreussen sei, würde sie in Berlin von der Gestapo geholt. Die arme Frau fuhr also die Nacht durch nach Berlin, telefonierte ihrem Mann, dass er sofort zum Bahnhof kommen und eine Vollmacht mitbringen müsse, da die Grundstücke auf seinen Namen eingetragen waren. Auf dem Berliner Bahnhof wurde alles schnell geschrieben, ohne Überlegung in der Eile, und dann fuhr die Ärmste zurück nach Osterode. Abends um sieben Uhr wurde der Kaufvertrag unterzeichnet, und da die todmüde Frau nirgends ein Unterkommen in Osterode gefunden hätte, da keiner es wagen durfte, sie aufzunehmen, machte sie in der gleichen Nacht die weite Reise zum vierten Mal. Schlafwagen waren damals für Juden schon verboten, und sie hätte auch nicht das Geld dazu gehabt. Der Vetter war bei Ausbruch des Weltkrieges Feldwebel, war von 1914–1918 an der Front und bekam das E.K. und andere Orden. Sein Bruder ist 1916 gefallen.
Vorige Woche schrieb mir meine Kusine, dass die monatlichen Abzahlungen seit dem Anfang des neuen Weltkrieges ausgeblieben sind. Vermögen haben sie nicht. Auswanderungsmöglichkeiten auch nicht. Sie leben vom Verkauf ihrer letzten Habseligkeiten. Die bei ihnen lebende Mutter der Kusine wird im April 80 Jahre alt.
Dies ist das Schicksal einer einst sehr angesehenen Fabrikantenfamilie, die seit 1750 in Osterode in Ostpreussen ansässig ist.

Umzug mit Hindernissen

Am 1. Oktober 1938 ging ich zur Direktion des Bauvereins, kündigte mein Häuschen und bat um Auszahlung meiner Genossenschaftsanteile sowie des geliehenen Bauzuschusses. Der Verein stand nicht mehr auf sicheren Füssen, trotz Herabsetzung der Zinsen von 6 auf 3% seit 1934, weil die neuen Nazibeamten sich zu hohe Gehälter festsetzten und grosse Abgaben an die N.S.-Partei machen mussten. Eine Aufsichtsratssitzung entschied, dass ich aus meinem Mietvertrag entlassen werden, aber das Geld erst nach zwei Jahren haben könnte. Man wusste, dass ich bis dahin über alle Berge war.

Man begann nun, mir die letzten Monate im Hause zu verleiden. Früher wurde mein Haus immer als besonders gut geschont gerühmt. Nun musste ich plötzlich für jeden Sprung im Gemäuer aufkommen, und es lag bald eine ellenlange Gegenrechnung zu meiner Forderung von 4500.– RM vor. Der Hausmeister *Asal* war ein früherer Kommunist, dessen 4 Kinder ich jedes Jahr in meiner Erholungsfürsorge verpflegte. Er kam täglich fast mit einem Befehl zu mir. Mit der Freudekraft des Auswanderers ertrug ich das, auch seine Drohung, dass ich ins Gefängnis, statt ins Ausland wandern würde, wenn ich nicht alle Forderungen erfüllte. Asal war von der Partei als Lockspitzel angestellt und hatte schon viele Mieter um ihre Freiheit gebracht. Ich musste mit jedem Wort vorsichtig sein.

Die Gestapo kam zum Schluss auch, fragte nach Waffen und liess sich mein Küchenmesser zeigen, das nur so lang wie meine Handbreite sein durfte und nicht zusammenklappbar, weil Auswanderer keine grossen Messer mehr in die Tasche stecken dürfen. Bei dem endgültig allerletzten Besuch der Gestapo wurde ich noch gefragt, ob ich ein polizeilich noch nicht angemeldetes Auto oder Motorrad hätte.

Alle Reparaturen liess der Bauverein machen, solange ich noch im Hause war. Es kamen gut ausgesuchte nationalsozialistische Handwerker, die sich alle Mühe gaben, die frisch polierten Möbel, die ich meiner Tochter nach England schicken wollte, zu beschmutzen. Ich hatte das Haus, statt mit Tapeten, auf eigene Kosten mit Rupfen bespannen lassen. Der Bauverein schrieb mir, dass man diese Rupfenwände, in denen Nichtarier gehaust hätten, nicht behalten könnte und dass am nächsten Tage Handwerker kämen, die den Rupfen auf meine Kosten entfernen und zu einem Lumpenhändler fahren würden. Ich trieb noch am gleichen Abend sechs Nachbarn auf, die frühmorgens um 5 Uhr den Rupfen entfernten. Als Asal mit seinen Handwerkern um acht Uhr erschien, waren die Wände kahl, und wir freuten uns über die noch tadellose Wandbekleidung. Wir assen gerade Kuchen und tranken Kaffee, mit dem wir Asal zuprosteten. Er erstarb fast vor Wut und schrieb alle Namen meiner getreuen Helfer auf. Sie fragten Asal, ob er sie wegen Rassenschande anzeigen wollte. Er antwortete: »Nein, aber wegen Landesverrats!«
Die Möbel sollten in einem Lift verschickt werden. Jeder Auswanderer weiss, was das im Dezember 1938 für Bittschriften bei den Behörden erforderte. Ich musste das Inventar mit einer Genauigkeit angeben, die kein Nastuch ausschloss. Die Listen kamen in dreifacher Ausfertigung nach Karlsruhe zur Devisenstelle, die erst einmal allerhand strich. Vermögens- und Reichsfluchtsteuer mussten bezahlt werden. Die sogenannte Packerlaubnis kam aber doch nicht rechtzeitig, und wir mussten alles provisorisch in einen Möbelwagen packen und bei einer Speditionsfirma unterstellen.
Es waren verwirrende Zustände. Zwischendurch musste ich gerade zu Weihnachten die berühmte Judenkennkarte herstellen lassen. Ein Heimatschein war dazu erforderlich, den ich nicht besass und beschaffen musste. Fingerabdrücke wurden gemacht, wie in Deutschland sonst

nur von Verbrechern. In langen Reihen musste man immer wieder auf dem Passamt warten. Unmut durfte sich nicht äussern. Die Namensänderung in Sara Vordtriede musste ich auf dem Freiburger Standesamt, in meinem Geburtsort Hannover und in meinem Trauungsort Herford in Westfalen vollziehen lassen. Dann wurde ich doch noch vom Staatsanwalt belangt, nachdem ich alles bezahlt hatte, weil ich die vollzogene Umtaufe nicht auch der Polizei gemeldet hatte. Das kostete 30.– RM Strafe. Niemand wusste das, und so ergab sich ein kleines Nebengeschäft für die armen Behörden.
Zu Hause ging es drunter und drüber, während ich wartend auf den Ämtern herumstand. Asal und seine Handwerker hausten wie die Wilden. Schliesslich kam am 30. Dezember in der Frühe Rettung in der Gestalt des Porzellanpackers. Als der Tüncher über dem Kopfe des Packers Stiefel die Zimmerdecke abwusch, und die dicken Spritzer ihm aufs Haar und auf mein geputztes Porzellan flogen, holte er als »Arier« die Polizei unseres Vororts, und mit ihrer Hilfe jagte er die Handwerker zum Tempel hinaus. So wurden die letzten beiden Umzugstage noch recht gemütlich. Der Packer Stiefel war auf solche Fälle eingearbeitet, weil er seit 1933 fast nur »jüdische Herrschaften gezogen hatte«, wie er sich ausdrückte. Die Auslandsumzüge besorgte immer die Firma Schenker. Herr Stiefel erzählte uns anschaulich von der Hetze, die manche Hauswirte veranstalteten, wenn ihre jüdischen Mieter auszogen. Da wir allein im Haus wohnten, fand er die Situation bei uns noch grossartig.
Am Silvestermorgen war der Möbelauszug. Ich feierte gerade das Neue Jahr mit den Transportarbeitern durch ein Glas Glühwein, weil es schneite und schrecklich kalt war, da kam Asal noch einmal, um meine Unterschrift unter ein Dokument zu holen, in dem ich bescheinigte, dass ich laut »Gesetz« als Jüdin den »Gemeinnützigen Bauverein« zu verlassen hätte und die Kündigung aner-

kennte. Obwohl ich meinerseits gekündigt hatte und das »Gesetz« erst ein Vierteljahr später erschien, unterschrieb ich mit Vergnügen. Dann aber sollte ich auch unsern vor vier Jahren überfahrenen und im Garten unterm Kirschbaum begrabenen Hund aus der harten Wintererde graben und in die städtische Abdeckerei bringen, weil dieses Hundegrab für die neuen »arischen« Mieter gesundheitsschädlich sei. Diesen letzten Trumpf hatte er sich bis zum Schluss aufbewahrt. Der Nachfolger des Toten sprang ihm an die Beine, und die Transportarbeiter warfen ihn gelassen hinaus.

Trotz aller Hindernisse hatte ich am Silvesterabend mein Häuschen leer und konnte in ein möbliertes Zimmer ziehen. Die Zimmersuche war für Nichtarier das schwierigste Kapitel, da niemand sie aufnehmen durfte. Doch gab es noch genug treue, alte Sozialdemokraten, zu denen ich ziehen konnte. Ich zog in ein Zimmer, in dem in der Ecke neben dem Kleiderschrank unter einer Wachstuchhülle die schwarz-rot-goldene Fahne stand, auf der mein Hauswirt einst im Sarge ruhen will.

1939

9. Kapitel

Auswanderung

Zu Beginn des Jahres 1939 hatte ich über- und übergenug davon, Augenzeugin der Versklavung des deutschen Volkes zu sein. Ich betrieb meine Auswanderung eifrig, wenn auch ohne Erfolg. Bekannte, die in Amt und Würden blieben, beneideten mich, dass ich das Land verlassen konnte. Bei Verhandlungen mit der Speditionsfirma Schenker traf ich einmal einen Zollamtmann. Er wies auf die lange Reihe Auswandererlifts, die auf dem Felde vor der Schenker'schen Güterhalle standen, fix und fertig plombiert auf den Auslandstransport wartend, und sagte: »Die Ratten verlassen das sinkende Schiff! Wer da doch auch mit könnte!« Dieser gut bezahlte Beamte hatte, wie so viele seiner Kollegen, denen Hitler doch im Jahre 1933 durch Ausmerzung aller jüdischen Beamten »die Ehre wiedergegeben« hatte, keinen Glauben mehr an die ehrenvolle deutsche Nation, und er sah nirgends mehr einen hellen Schein am deutschen Horizont.

Das Ende des unbestechlichen deutschen Beamten

Meine von Berlin ausgewanderten Verwandten hatten mir schon erzählt, dass es mit der Unbestechlichkeit des deutschen Beamten aus sei. Die gesamte Berliner Zollfahndungspolizei stand mit einer jüdischen Vermittlergesellschaft in der Meierstrasse in Verbindung. An diese wandte man sich in der allerletzten Not, wenn einem von der Devisenstelle die zum Existenzaufbau im fremden Lande notwendigsten Geräte zur Mitnahme gestrichen waren. Es kostete aber eine Stange Geld, wenn man ein verweigertes Stück mitnehmen wollte. Und die wenigsten hatten das noch im Augenblick vor der Auswanderung, wenn sie ausgeplündert vom Staat waren und ihr Restgeld auf einem »Auswanderersperrkonto« für Hitler reserviert war. Einer meiner Vettern wagte sich auch hin, nicht, weil er noch etwas ausführen wollte von seinen Sachen, sondern weil er ein Papier zur Ausreise gebrauchte, das ihm die Devisenstelle boshaft vorenthielt. Nachdem er sein Begehren vorgetragen hatte, sagten ihm die jüdischen Herren, er möge noch warten, der »Oberrabbiner« sei noch nicht da. Dann erschien ein Beamter der Devisenstelle, der sogenannte »Oberrabbiner«, und versprach dem Vetter die fehlende »Unbedenklichkeitserklärung« zur Auswanderung binnen einer Stunde. Der beglückte Auswanderer eilte heim und holte, da er kein verfügbares Geld mehr hatte, den Brillantring seiner Frau zur Bezahlung, den er ohnehin nicht hätte mitnehmen können. Auf der Devisenstelle erhielt er das kostbare Dokument sofort von dem »Oberrabbiner«.

Die das Packen der Koffer und Kisten in Freiburg i. Br. kontrollierenden Zollbeamten wurden ihrerseits von der Polizei kontrolliert, der man auch je nach Stand und Vermögen 30.– bis 50.– RM zustecken musste. Es war nicht nur Geldgier, es war auch echte Freundlichkeit bei dieser Handlungsweise der Beamten.

Nach vielen aufregenden Verhandlungen mit der Karlsruher Devisenstelle und dem Freiburger Finanzamt durfte ich meine fast 30 Jahre alten, abgenutzten Möbel im Lift verfrachtet meiner Tochter nach London schicken. Ich hoffte, bald hinterherzureisen.

Der Zollinspektor musste das Verladen der erlaubten Sachen mit der Liste in der Hand in der Halle des Spediteurs überwachen und durfte sich keinen Augenblick

entfernen. Als ich dort ankam, stand eine Frau bei unserm Kram. Ich erwartete eine Körpervisitation, wie ich sie vom Gefängnis gewohnt war. Der Zollinspektor stellte sich liebenswürdig vor und fügte hinzu: »Gestatten Sie, dass ich Ihnen meine Frau Gemahlin vorstelle?« Ein Kontrollbeamter, der zu einer Amtshandlung seine Frau Gemahlin mitbringt, war mir etwas Neues. Inspektor Fehlhaber gab mir zu verstehen, dass er gern beide Augen zudrücken wollte, dass aber seine Gemahlin allerhand von unsern Sachen benötigte. Da stehe so ein »Schränkle«, das habe seiner Frau gefallen, und der Packer könne es im Lift sowieso nicht mehr verstauen. Das »Schränkle« war ein grosser, eichener Wäscheschrank, das beste Stück unserer Einrichtung. Der Oberpacker Stiefel blinzelte mir zu, und ich sagte, dass das »Schränkle« natürlich dem Ehepaar Fehlhaber gehören solle. Der Beamte betonte, dass es sich um einen reellen Kauf handle, er habe nur immer am 10. des Monats schon kein Geld mehr und würde sich vom Zollamt Vorschuss holen. Er blieb eine Stunde lang fort, und der Packer sagte, ich solle doch noch etwas zum Verladen bringen. Ich hatte aber nicht mit solchem Glücksfall gerechnet, auch kein verfügbares Geld, um etwas zu kaufen, aber ich war schon froh genug, dass nun das gestrichene Grammophon und die Kaffeemaschine eingepackt werden konnten. Bis der Mann zurückkam, hatte die Frau noch einige Haushaltsgegenstände ausgesucht, sie konnte alles gebrauchen. Ich einigte mich mit dem Mann auf eine Bezahlung von 15.– RM für alles zusammen.
Dies war noch eine harmlose, unseren kleinen, bescheidenen Verhältnissen angemessene Angelegenheit. Und der Zollinspektor Fehlhaber hat mir später, acht Tage vor Ausbruch des zweiten Weltkrieges, als er selbst als ehemaliger Feldwebel schon mobilisiert und in Feldgrau war, noch einen grossen Gefallen getan, als er ganz ohne Bezahlung auf meine Bitte noch in meine Wohnung kam und die Zollschnüre um meine Koffer legte und sie

plombierte. Drei Stunden später musste er gen Polen ziehen und liegt heute vielleicht irgendwo im Osten begraben.
Im allgemeinen stürzten sich die Deutschen seit dem Januar 1939, auch die wohlmeinenden, die sich über die Ungesetzlichkeit gegen die Juden empörten, wie die Aasgeier auf die jüdischen Vermögenswerte, denn die Regierung machte es ihnen so vor, und wo die im Grossen die Juden bestahl, da konnten auch die Armen nicht ganz widerstehen.

Medizinische Klinik, 1939[1]

In den im dritten Reich vernachlässigten Universitätskliniken, in denen seit 1939 mit jedem Gazetupferchen gespart werden musste, nahm man mit Vorliebe Leute auf, die bald auswandern wollten. Sie waren vorzügliche Ausnutzungsobjekte. Ich kam Anfang Februar 1939 in die medizinische Klinik wegen einer gewöhnlichen Erkältungskrankheit, die ich in meinem möblierten Zimmerchen nicht auskurieren konnte. Zuerst lag ich allein in einem Zimmer der Kussmaul-Abteilung. Der Stationsarzt Dr. Jäger nahm bei der Belehrung seiner Assistenten oft Bezug auf seinen ehemaligen, nach Boston ausgewanderten Lehrer, den Internisten *Thannhauser*. Wenn ich nicht allein im Zimmer gelegen hätte, würde er das nicht gewagt haben.
Nachdem die »braunen« Schwestern mich glücklich noch mit einer fieberhaften Grippe angesteckt hatten, wurde ich wegen Überfüllung des Krankenhauses in den allgemeinen Grippestall der Christian-Bäumler-Strasse gelegt, wo Bett an Bett stand, ein furchtbarer Gestank

---

1 Kapitelüberschrift weicht von der im Inhaltsverzeichnis ab.

herrschte und fast jeden Tag eine zum Sterben hinausgefahren wurde. Die Grippe trat im Frühjahr 1939 sehr bösartig bei Frauen auf. Ich bekam noch eine schwere Angina hinzu. Die Verpflegung war etwas schlechter als die Gefangenenkost 1933. Die enorme Sparsamkeit erstreckte sich sogar auf die Bettwäsche, die für mich in fünf Wochen nicht einmal gewechselt wurde. Die Ärzte auf der Bäumler-Station waren nicht so angenehm wie Dr. Jäger. Da mich der Massenbetrieb mit dem ewigen »Heil Hitler« an jedem Bett im Saal anwiderte, machte ich die Augen bei der Visite gar nicht mehr auf, damit ich die von Ärzten, braunen Schwestern und Patienten immer wieder hochgereckten Arme nicht sah. Sprechen konnte ich bei meiner Angina sowieso nicht. Mit innerem Vergnügen hörte ich den Dr. Albert seinem Stabe meine Apathie mit Flüsterstimme erklären: »Dies ist ein Fall von seelischer Depression, hervorgerufen durch die bevorstehende Auswanderung.«
Die Behandlung war liebenswürdig, nicht nur von den guten Nönnchen, die abends so lieblich für unsern guten Schlaf beteten, sondern – ich muss der Wahrheit die Ehre geben – mir gegenüber besonders von den »bruune Schweschtere«, wie die braunen Hitlerschwestern auf Alemannisch heissen. Sie wurden im Gegensatz zu den Vinzentianerinnen häufig krank, jede infizierte sich zweimal innerhalb kurzer Zeit mit Grippe. Wahrscheinlich kann man die Immunität der Klosterfrauen erst in Jahren erwerben. Ich ärgerte mich über die bevorzugte Behandlung, die der Klinikdirektor, Professor Bohnenkamp, ihnen angedeihen liess, wie überhaupt alle Ärzte die braunen Schwestern freundlicher behandelten als die Nonnen, die vor allem Volk wegen jedes kleinen Fehlers gescholten und blamiert wurden. Die ehrwürdige Oberin, Schwester Camela, die *Ida Wüst* ähnlich sah, vertraute mir denn auch an, dass sie, so bald wie möglich, mit vielen anderen Nonnen nach Brasilien auswandern würde. Professor Bohnenkamp schrie von allen am lautesten

»Heil Hitler«, und beim Eintritt in den Saal blieb er in seiner Riesengrösse mit erhobener Rechten eine ganze Minute still stehen, die Ärzte und besonders die Ärztinnen machten die komische Feierlichkeit mit, nur die Nonnen liessen den Arm drunten.

Als es mir besser ging, freundete ich mich mit meinen Zimmergenossinnen an. Es waren etwa 20 Frauen und Mädchen, die öfter wechselten, während ich volle fünf Wochen blieb. Ich sondierte die politische Gesinnung bei allen und machte die Erfahrung, dass alle Städterinnen Nazi und alle Bauernfrauen Gegner waren. Auch die Hitleriken waren unzufrieden mit ihren Arbeitsverhältnissen, den hohen Abgaben für undurchsichtige Zwecke und dem ewigen Sammeln mit der Blechbüchse, mit dem wir sogar im Bett verfolgt wurden. Sie waren aber naiv zukunftsgläubig und überzeugt davon, dass nach dieser Übergangszeit Hitler bald die goldenen Zeiten bringen würde, die er ihnen so lange schon versprochen hatte. Wir feierten trotz Krankheit und Pein eine vergnügte Fastnacht mit Umzug durch alle Klinikgebäude, Maskenkostümen und Handharmonikabegleitung, und die Trennung von jeder Einzelnen tat uns leid.

Nur ich kam nicht fort. Da unser Vermögen gesperrt war, sodass ich den verlangten Vorschuss nicht zahlen konnte, und die Klinikverwaltung ihre Rechnungen für mich der Karlsruher Devisenstelle schicken musste, wollte die Verwaltung dem Staat so viel wie möglich von meinem Vermögen für sich selber entreissen, denn die Notlage der Kliniken ist ganz offensichtlich. Es wurden nun täglich neue, interessante Leiden an mir entdeckt und teure Experimente vorgenommen. Die andern wurden alle schnell wieder entlassen, denn ausser mir hatte jede einen Vermerk überm Bett mit der Bezeichnung der bezahlenden Krankenkasse oder des Fürsorgeamtes. Nur ich war Selbstzahlerin. Der Chefarzt Dr. Lutterbeck ersuchte die Devisenstelle um Freigabe weiterer Gelder von meinem Konto, auch für die andern Universitätskliniken, denen allen er mich überwies, denn an jeder Stelle meines Körpers fand er etwas Operables. Besonders auf meine Goldbrücken hatte er es abgesehen, die zwar ganz neu waren, aber unbedingt der Zahnklinik verbleiben und einer sonstigen Veränderung meiner Kauwerkzeuge weichen sollten. In der Halsklinik sollte ich mir die Mandeln herausschälen lassen usw. Die liebenswürdigen Verbrecher hielten mich in aller Freundlichkeit gefangen.

Nachdem ich mich von der schlapp machenden Krankenhausluft so weit hatte einlullen lassen, dass ich mehrere wichtige Termine für meine Auswanderung versäumte, kam mir plötzlich die alte Energie wieder und ich fühlte, dass ich mich aus dem Umhegtsein freimachen und wieder in den Auswanderungskampf stürzen musste. Bei der nächsten Morgenvisite sagte ich, dass ich die Klinik sofort verlassen würde und in keine andere mehr ginge. Als die Leute sahen, dass mit mir nichts mehr anzufangen war, liessen sie mich den bekannten Revers unterschreiben, dass ich die Klinik auf eigenen Wunsch verlasse und auf meine noch bestehende Krankheit aufmerksam gemacht worden sei.

Ich war aber kerngesund und musste bei der Heimkehr in mein möbliertes Zimmer gleich einen tüchtigen Schreck überstehen. Es waren gerade zwei S.A.-Leute bei meinem sozialdemokratischen Hauswirt. Sie begrüssten mich mit »Heil Hitler«, da sie nicht ahnten, wer ich war. Der sich schnell fassende Zimmermann Dambacher, mein Hauswirt, stellte mich vor: »Meine Schwägerin!« Die Banditen inspizierten mein Zimmer, wühlten alles durcheinander, und ich konnte nichts dazu sagen, da ich ja Dambachers Schwägerin spielte. Dann sagten sie, sie hätten es einem ehrsamen Zimmermann nicht zugetraut, dass er ein freches Judenweib in seine Etage nähme, während die Wohnungsnot so gross sei, dass viele nationalsozialistische Arbeiter kein Unterkommen fänden. Dambacher antwortete, die Frau läge jetzt krank in der

Klinik, und da würde er ihr nicht das Zimmer entziehen. Darauf zogen sie ab in die Klinik, um mich aufzusuchen. Dambacher blieb auch in der Zukunft fest und hatte wegen meiner noch vielen Ärger durch die nationalsozialistische Kreisleitung. Das hat ihn aber nie in seiner Freundlichkeit gegen mich wankend gemacht, und die ganze Familie schreibt mir heute noch schöne Briefe.

Auf der Wartebank der Devisenstelle

Jeder Auswanderer kennt die unendlichen Schwierigkeiten, die einem die Devisenstellen bereiten, wenn man von seinem eigenen gesperrten Gelde noch etwas verbrauchen muss, weil es mit der ihr zu ihrer Freude verkündigten Auswanderung dann doch noch nicht klappt. Die »Jewish Agency« in London war vom Bloomsbury-House ins Woburn-House gezogen und hatte beim Umzug meine gesamten Akten verloren, so dass ich alle Papiere noch einmal beschaffen und meine Tochter noch einmal um die zahlreichen Besuche beim Londoner Hilfskomittee bitten musste. Hitler nahm im Mai 1938 den Juden die freie Verfügung über ihre Bankkonten, um den ganz grossen Aderlass bei der Ermordung des Herrn *vom Rath* vorsichtig und von langer Hand vorzubereiten. Das, was sich unter dem Wort »Auswanderersperrkonto« verbirgt, ist sein Diebesgut, von dem er nur schwer etwas wieder herausgibt. Verzögert sich die Auswanderung, wird man wie ein Dieb behandelt. Jede Auswanderung ist ein grosses Geschäft für Hitler, und wenn es ganz arme Auswanderer sind, so müssen andere Juden für sie bezahlen, und wenn der Auswanderer arm ist und keinen Geldgeber findet, der Hitlers Erpressung bezahlen kann, dann muss er in Deutschland bleiben und auf die Verschleppung ins kriegsverwüstete Gebiet warten.

Zahlreiche Morgenfahrten führten mich um 6 Uhr nach Karlsruhe zur Devisenstelle, fröstelnd im kalten Sommer 1939. Dann kam von 9 Uhr ab das stundenlange Sitzen auf der Wartebank im 4. Stock der Redtenbacherstrasse Nr. 9, die Wartenummer in der Hand haltend.
Auf dieser Bank konnte man demütig werden. Man sah in furchtbare Schicksale hinein. Jedes ein Roman. Die Schicksalsgemeinschaft machte redselig. Ich müsste eine neue Arbeit beginnen, wenn ich alle meine erschütternden Erlebnisse auf jener Wartebank schildern wollte. Aus ganz Baden strömten hier die Auswanderer zusammen. Einmal kam der weisshaarige Vorstand einer dörflichen Gemeinde, der für alle die Geschäfte erledigte. Er selbst wollte nicht mehr auswandern, er wollte nur den andern helfen, und: »Wenn's Gotts Wille ist, recht bald sterben, wenn der letzte Jude im Dorf abgereist ist!« – Eine 15-Jährige war mit ihrer kleinen Schwester gekommen. Die Jüngere sollte mit der Mutter nach Südamerika. Nur für zwei konnte eine Einwanderungserlaubnis beschafft werden, die ältere Schwester fand es selbstverständlich, dass die Mutter mit dem jüngeren Kinde die Gelegenheit benutzte und dass sie als Dienstmädchen in einem jüdischen Restaurant zurückblieb. Der Vater war gestorben. – Da sassen oft Eltern, die sich von ihrem einzigen Kinde trennen und in Deutschland zurückbleiben wollten, weil sich für das Kind Adoptiveltern in England oder Amerika gefunden hatten. Am Kummervollsten waren die Witwen, die für ihr Kind eine Zufluchtsstätte im fremden Lande gefunden hatten und selber einsam zurückbleiben mussten. Frauen, denen man am 11. 11. 1938 alle Kleider zerfetzt und gestohlen hatte, waren gezwungen, neue zur Auswanderung zu kaufen. Nun sollten sie zu allem Unglück auch noch die 200% auf jedes »wegzuschleppende« neue Stück bezahlen. Sie baten die Beamten um Herabsetzung der Summe, und eine gebrauchte die Notlüge, die Sachen wären gar nicht ganz neu gewesen. Die Beamten liessen sie aber

damit nicht durch, weil sie genau wussten, dass in dem Heimatstädtchen der Frau sämtliches Eigentum der Juden von den Gangstern am 11. 11. zerstört war. Als vom 1. August 1939 ab alle, auch 50 Jahre alte Sachen, mit 200–400% »Golddiskont« besteuert wurden, nachdem sie zur Mitnahme freigegeben waren, und zwar auf ihren damaligen Einkaufswert gerechnet, nützten solche Notlügen ohnehin nichts mehr. Eine christliche Dame, oder nach neudeutschem Sprachgebrauch »arische«, war gekommen, um sich darüber zu beschweren, dass man ihr in Mannheim die Mitnahme ihres Familiensilbers nicht gestatten wollte bei ihrer Auswanderung zu ihrem Sohne nach Argentinien. Sie kam weinend aus dem Beamtenzimmer heraus, ihre Beschwerde hatte nichts genützt, und sie sagte jammernd zu uns Wartenden: »Aber ich bin doch keine Jüdin!« Sie konnte nicht begreifen, dass Hitler, der arme Mann, auch auf christliches Silber angewiesen ist. Immer mehr Nonnen und katholische Pfarrer sah man auf der Wartebank. Sie wurden auch nicht besser behandelt als die Juden.
Man durfte nicht mehr mit einem Beamten allein verhandeln. Einer bespitzelte den andern, dass er den Juden nicht zu viel zur Mitnahme erlaubte. Ich wurde Zeuge, wie ein älterer Mediziner um die Ausfuhrbewilligung für einen Apparat bat, von dem seine ganze Existenz in Südamerika abhing. Der Beamte sagte ihm, dass er sich nicht noch einmal herwagen sollte, die Ablehnung sei unwiderruflich, solche Apparate gehörten Deutschland. Der Arzt rief aus: »Soll ich drüben in Südamerika denn bald mit 60 Jahren anfangen, die Strasse zu fegen?« Der Beamte antwortete höhnisch: »Warum nicht?« – Ein Sänger hatte Platten besungen, um sich mit ihrer Hilfe an einer amerikanischen Stelle für jüdische Kantore zu bewerben. Die Absendung der Platten wurde ihm untersagt. Seine Beschwerde bei der Devisenstelle hatte Erfolg. Glücklich reiste er in seine Heimatstadt zurück. Als ich später nochmals wegen der Passertei-

lung auf der Wartebank sass, erkannte ich den gleichen Herrn wieder und sprach ihn an, denn ich glaubte ihn längst in Amerika. Er hatte aber die Stelle nicht erhalten, weil die Platten infolge der ursprünglichen Verweigerung zu spät angekommen waren. Meine Wut auf dieses Deutschland wuchs ins Riesengrosse.
Ich wurde besonders mit der Forderung bedrängt und hingehalten, dass ich den Altbesitz unserer Wertpapiere nachweisen müsste, um eins verkaufen zu dürfen. Stichtag war der 15. April 1932. Die Beteiligten, die uns den Altbesitz bezeugen konnten, waren gestorben oder in Brasilien mit einer mir unbekannten Adresse. Infolgedessen bekam ich auch kein Geld mehr, nicht einmal die Wertpapiererträgnisse, und fristete mein Leben von Verkäufen der Dinge, die ich eigentlich mitnehmen wollte.

Der Russenpakt

Vom Tage des 23. August 1939 an schwieg die antisemitische Kampagne bis zum 1. September, dem Tage des Kriegsausbruchs. Die Geschäfte, die noch für Juden zugelassen waren, verkauften erst von vier Uhr ab an Inhaber von Lebensmittelkarten, auf denen der Name Israel oder Sara als Vorname erschien. Begründet wurde die neue antisemitische Welle mit dem Wort: »Das Weltjudentum hat den Krieg entfesselt!«
In der Woche vor Kriegsausbruch wurden in ganz Freiburg die kirchlichen Sonntagsblätter und die Gemeindeanzeigen verboten. Angeblich wegen Papiermangel. Die Blätter erschienen seit zwei Jahren in vermindertem Format. Die Stimmung der Gläubigen war vom Tage des Russenpaktes an trübe, denn sie, die katholischen wie die protestantischen, haben Hitler trotz einer gewissen Antipathie gewählt aus Angst vor dem kirchenzerstörenden Bolschewismus.

Die Mehrheit aber sah im Russenpakt die Garantie für Hitlers Machtfülle. Man hörte bewundernde Ausdrücke wie: »So etwas von Taktik! – Ein Hitler darf auch einmal Opportunist sein! – Jetzt wird er Stalin ermorden lassen und den Bolschewismus vernichten! – Er wird uns für 250 Millionen Deutsche Lebensraum in Russland schaffen!«

Wen kann »unser Führer« nicht gebrauchen?

Es gibt unter den entlassenen Konzentrationslagerinsassen zwei Kategorien: 1.) die Geheilten, das sind diejenigen, aus denen die »Schulung« noch »Menschen« machen konnte und die, so unglaublich es klingt, selbst nach zwei- und dreijähriger Haft sofort zu übelsten Nazi wurden, ihr Haus an den befohlenen »Feiertagen« schmückten und ihre Nachbarn denunzierten. Ich hütete mich vor allen Entlassenen und begegnete ihnen mit Unfreundlichkeit und Misstrauen, wenn sie mich in der Freiheit wieder besuchten. In den Jahren 1934 und 1935 bin ich gerade von Entlassenen wiederholt angezeigt worden, und ich habe ihnen grosse Unannehmlichkeiten zu danken. Schliesslich auch das Verbot meiner Tätigkeit bei der Firma Sunlicht A.G.-Berlin. Nichts aber bereue ich mehr, als wenn ich jemand zu Unrecht schlecht behandelte, seinen Gruss nicht mehr erwiderte und dann zu spät einsehen musste, dass er ein treuer, opferbereiter Antihitlerist geblieben war.
Die zweite Kategorie waren die Unverbesserlichen, bei denen die ganze Familie aus räudigen Schafen bestand und bei denen die Ehefrau während der jahrelangen Gefangennahme ihres Mannes lieber hungerte und sich halb totschuftete, ehe sie auf dem Fürsorgeamt um Unterstützung und Mietzuschuss bat. Es waren ihrer we-

nige, aber ich bewahre doch in meinem Gedächtnis die liebevolle Erinnerung an etwa zehn Familien, die in aller Not treu blieben, denen die nationalsozialistische Volkswohlfahrt, um sie zu fangen, die milden Gaben sogar aufdrängen wollte, während ihr Ernährer im Gefängnis, Zuchthaus oder Konzentrationslager sass und die offen äusserten: »Lieber verrecken als von dem braunen Pack auch nur ein Stück Brot annehmen!«

Die erste Kategorie wurde bei den militärischen Musterungen genommen und eingeteilt. Die zweite Klasse dagegen »durfte« sich wohl mustern lassen, bekam aber keinen Militärpass und wurde nicht in die Stammrollen eingetragen. Der Regierungsrat Fuchs in Freiburg sagte diesen Unverbesserlichen nach der ärztlichen Untersuchung: »Solche Menschen kann unser Führer nicht gebrauchen!«

Einer meiner Freunde, der 1907 in St. Georgen bei Freiburg geborene Schreiner Ludwig Baum, sass als politischer Gefangener 2¾ Jahre. Weihnachten 1937 wurde er entlassen. Es war ein herrliches Fest. In der Dämmerung kamen alle und legten eine Gabe auf seiner Mutter Küchentisch nieder, und wir tranken sogar Sekt, jeder ein halbes Glas. Auf Betreiben der Parteileitung verlor er seine Arbeit bei der Büromöbelfabrik »Fortschritt«, in der schon sein verstorbener Vater 30 Jahre als Schreiner gearbeitet hatte. Die Direktion wollte ihn gern wieder einstellen, da stellte die Parteileitung ihr die Bedingung, dass der junge Mann zu einem bestimmten Termin einen Aufsatz abliefern solle: »Die politischen Erfolge des 3. Reiches.« Der Direktor redete Mutter und Sohn mit aller Liebenswürdigkeit zu. Die Parteileitung schickte noch einen Brief mit einer genauen Aufsatzdisposition und einer Verlängerung des ersten Termins. Ludwigs Schwestern warfen den Brief ins Herdfeuer und sagten: »Wir wollen dich schon ernähren!« Der Aufsatz wurde nie geschrieben, und Ludwig blieb arbeitslos. Schliesslich nahm ihn ein Kleinmeister auf, der Hitlergegner war

und bei dem Ludwig mehr verdiente, als er im »Fortschritt« bekommen hätte, weil in den grossen Betrieben fast täglich für irgendeinen Parteizweck »freiwillige« Zwangsabgaben zu machen sind.
Ludwig Baum kam im Mai 1939 nach der Musterung zu mir mit dem frohen Bescheid, dass ihn »unser Führer« nicht gebrauchen könne. Im September 1939 schrieb er mir in die Schweiz, nun, da der Ernstfall eingetreten sei, könne ihn unser Führer doch gebrauchen, er sei nochmals zur Musterung befohlen, bei der Infanterie eingeteilt und zur Kriegstrauung zugelassen worden, sodass er sich mit seinem Mädchen habe kriegstrauen lassen dürfen, wenn auch »leider« noch nicht in Uniform. Ludwig weiss, dass ich sein »leider« richtig verstehe. Wir sind durch jahrelange Übung erfahren im Gebrauch der verkehrten Ausdrücke. Wenn mir meine Freunde schreiben, dass wieder einer ins »Erholungsheim« gekommen ist, so weiss ich, dass das Gefängnis gemeint ist. Seit dem Kriegsausbruch im September ist der Terror schlimmer denn je, und die politischen Verhaftungen nehmen zu.
Wen kann »unser Führer« noch gebrauchen? Alle Männer bis zum 60. Lebensjahre, auch solche, die im vorigen Kriege bis zu 20% kriegsbeschädigt wurden und Kriegsrente beziehen. Mein letzter Logisgeber, der Zimmermann Wilhelm Dambacher, Freiburg i. Br., Eschholzstrasse 20, ist im Mai 1939 59 Jahre alt geworden. Er hat im April 1939 folgenden Einschreibebrief bekommen: »Sie haben sich im Mobilmachungsfall am zweiten Mobilmachungstag morgens um 7 Uhr in Kappel zu stellen.« Auf der Rückseite stand: »Dieser Befehl ist streng geheim zu halten.« Wegen eines Fussschusses im Jahre 1918 bezieht Dambacher 20.– RM monatliche Kriegsrente. Der Fuss ist nicht wieder normal geworden. Herr Dambacher trägt orthopädische Schuhe.
»Unser Führer« kann auch die frisch Sterilisierten gebrauchen. Dambacher hatte ausserdem an einen 24-jährigen Arbeiter, Hermann Gutekunst, ein Zimmer ver-

mietet. Gutekunst hatte als »Eilbote« 80 Pfennig Stundenlohn und Trinkgelder. Im Juli [?] 1939 musste er in Bonndorf im hohen Schwarzwald an den Kasernenbauten hinter der »Siegfriedlinie« arbeiten. Da er dort nur 52 Pfennig Stundenlohn hatte, abzüglich fast ein Drittel für die Sozialabgaben, und nicht deportiert werden wollte, ist er nicht gegangen. Die Gestapo wühlte infolgedessen in seiner Abwesenheit seine Sachen durch und stellte mir, da ich gerade allein daheim war, allerhand Fragen, um Gutekunst zu fangen und ihm Militärsabotage nachweisen zu können. Ich wurde gefragt: »Was liest Gutekunst für Zeitungen? Was für Bücher? Mit wem verkehrt er? Was für Sender stellt er ein? Was hat er über seine Weigerung geäussert?«

Gutekunst wurde wegen Arbeitsverweigerung verhaftet. Im Gefängnis habe ich ihn mit Erlaubnis des Staatsanwaltes besuchen dürfen, da ich nachweisen konnte, dass ich vor 1933 Vormund seines Stiefbruders war. Bei meinem Besuch fiel mir auf, dass Gutekunst gut aussah und keine Gefängnisfarbe hatte. Er weinte sehr und sagte kein Wort. Er bekam drei Monate Gefängnis. Er schrieb dem jungen Dambacher einen Brief, den ich beihefte, und einen an mich, den ich auch beilege [beide Briefe hier nicht abgedruckt]. Er schrieb mir, dass er nach seiner Inhaftierung wegen Beschränktheit und Blasenleiden sterilisiert sei. Dass der Junge nicht beschränkt ist, sieht man aus seiner Mitteilung und seinem Hinweis, dass er diese Operation bei der bevorstehenden Verhandlung zur Strafmilderung benutzen wolle, denn er meint, wenn er beschränkt sei, hätte er ja auch jene Arbeit nicht annehmen oder die Folgen ihrer Ablehnung nicht ermessen können. Die orthographischen Fehler in den Briefen sind bei der mangelhaften deutschen Schulbildung kein Zeichen von Beschränktheit, ebensowenig die Tatsache, dass er meinen schwierigen Namen »Fortrine« schreibt, da er mich ja kaum kannte und meinen Namen noch nie gelesen hatte. Er war ein blonder Riese, hatte 2½ Jahre

Arbeitsdienst und Militär geleistet und nie ein Blasenleiden gespürt. Die Sterilisation war eine politische Strafe, und er hat das auch gar nicht anders aufgefasst. Kein Mensch im Ausland ist über diese Schande des 3. Reiches orientiert, dass man politisch Missliebige sterilisiert. Als Folge habe ich bei einigen Frauen deutliche Neurosen bemerkt, in Form von Trübsinn und Arbeitsunlust. Sterilisierte Männer dürfen nur sterilisierte Frauen heiraten. Dieses Gesetz entspricht dem deutschen Staatsinteresse an möglichst vielen Kindern. Es ist besonders geeignet, die Melancholie zu fördern, denn, wie Gutekunst mir später sagte: »Weil ich diese verdammte Arbeit für den Militarismus nicht angenommen habe, kann ich nun nur noch einen Dubel heiraten!« Dubel ist der badische Ausdruck für Dummkopf.
Gutekunst brauchte die drei Monate nicht abzusitzen wegen des Kriegsausbruchs. Da er am 1. September entlassen wurde, konnte ich ihn vor meiner Abreise noch sprechen. Auf meine Frage, weshalb er sich die Sterilisation gefallen liess, antwortete er, dass er sonst ins Irrenhaus gekommen wäre zur Zwangssterilisation. Jetzt, sagte man ihm, könne er es noch freiwillig machen lassen, das sei weniger schmerzhaft. So stieg er auf die Bahre, nachdem er unterschrieben hatte, dass er die Operation freiwillig vornehmen lasse. Am 2. September 1939 um 6 Uhr bekam er den Gestellungsbefehl. Da er schon gedient hatte, wurde er gleich nach dem Osten verladen.

Knappheit der Waren vor Kriegsbeginn

Sie sind knapp, und sie sind schlecht, aber es muss davor gewarnt werden, die Leidensfähigkeit des deutschen Volkes zu unter- und die Knappheit zu überschätzen. Es sind Vorräte da, aber z. T. schlecht gelagert. Ende August

1939 bekam ich das mir zustehende Ei – eins pro Woche und pro Person. Es war gezeichnet Bulgaria, das Eigelb war gut, aber das Eiweiss war grün. Diese Eier sind Kisten- und ausserdem Kühlhauseier, d. h. in Kisten aus dem Ausland gekommen und dann monatelang tiefgekühlt.

So ähnlich ist es mit manchen Nahrungsmitteln. Der Deutsche aber schreit dennoch »Heil Hitler«, denn die wirtschaftliche Erledigung eines Systems ist nicht gleichbedeutend mit seiner politischen Erledigung.

Die Versorgung ist sparsam, um die meist reichlich vorhandenen Vorräte zu strecken. In den Jahren von 1935 bis 1939 gab es plötzlich wieder Mandeln zur Weihnachtsbäckerei oder dergleichen Dinge, die man lange entbehrt hatte, sowie eine Missstimmung zu beseitigen war bei den Hausfrauen. Die Vorratswirtschaft für den Kriegsfall begann 1936. War die Obsternte gut, bekam man doch keines zu kaufen, weil das Obst nicht dem freien Handel, sondern Konservenfabriken zugeführt werden musste, ebenso das Gemüse. Neujahr 1940 schrieb mir eine Freundin in die Schweiz, dass zu Weihnachten jeder eine Tafel Schokolade, ein achtel Pfund Kakao, ein viertel Pfund Butter und vier Eier kaufen konnte, nur die Juden hätten diese Extraportionen nicht bekommen.

In Freiburg i. Br. hat die Stadt ein grosses Kühlhaus zu ihren eigenen hinzugepachtet, das einem Eislieferanten gehört. Mein Milchmann sagte mir, dass Massen russischer Butter in der städtischen Milchzentrale gelagert sind, es wurde eigens ein Anbau dafür gemacht. Transportarbeiter der Firma Schenker erzählten mir, dass riesige Mengen Mehl eingelagert wurden.

Im Winter hat man in Deutschland von jeher etwas höhere Preise für Lebensmittel gezahlt, auch für Hühnerfutter. 1939 wurden zum ersten Mal die höheren Winterpreise in den Sommer übernommen.

Knapp sind die Textilien. Ich kaufte mir im Sommer 1939

ein dünnes Vistrakleid. Es kostete 69.– RM. Ich kam eines Tages damit in einen Gewitterplatzregen. Es war sehr weit bis zur nächsten Tramhaltestelle, und ich hatte keinen Schirm. Als ich in der Tram sass, trocknete das Kleid, schnurrte förmlich zusammen und wurde ganz kurz. Die Farben waren tadellos geblieben. Diese Art Kunststoffe vertragen kein Wasser. Man muss sie in dem teuren Waschbenzin reinigen, das man aber im August 1939 schon nicht mehr bekam. Ich kaufte im Dezember 1938 noch etwas Bettwäsche und nahm den teuersten Stoff, in dem angeblich noch etwas echte Baumwolle enthalten sei. Die Verkäuferin sagte, ich bekäme ihn nur als alte Kundin, denn man könne ihn noch waschen, allerdings nicht kochen, was für Bettwäsche jedenfalls nicht angenehm ist.

Am Sonnabend, den 2. September 1939, als meines Bleibens in Deutschland nicht länger sein konnte, wollte ich mir am frühen Morgen noch einen Schlafanzug kaufen. Im »arisierten« Warenhaus erfuhr ich, dass ich dazu einen Bezugsschein brauchte. Die Lebensmittelkarte hatte am vorhergehenden Sonntag, nachts um 10 Uhr ein uniformiertes Mädel gebracht. Die Verteilung hatte ausgezeichnet geklappt. Auf dem beiliegenden Merkblatt fand ich das Datum des Drucks: 1. September 1938. Man hatte also schon vor dem Münchner Abkommen die Kriegsrationierung organisiert. Mit dieser Karte musste ich zum tags zuvor in der Rotteckschule errichteten Kriegsversorgungsamt. Dort sollte ich dem Stadtamtmann Albert eine vorgedruckte eidesstattliche Erklärung unterschreiben, wonach ich nur zwei Stücke von dem verlangten Gegenstand besässe. Ich hatte am gleichen Morgen noch wegen Pass und Abmeldeschein mit der Polizei zu tun und wollte deshalb lieber keinen Meineid unterschreiben und verzichten. Ich konnte an unrationierten Textilien nur noch Gütermanns Nähseide das Röllchen kaufen, von jeder Farbe ein Stück. Wegen dieser acht Röllchen wurde mein Name in ein Kontrollbuch

eingetragen. Schon im Juli hatten alle Konfektions- und Wäschegeschäfte mit weiblichen Hilfskräften an einer polizeilich befohlenen Inventur gearbeitet, die sonst am Jahresende stattfindet. Nach ihrer Beendigung schlugen einige Kleidergeschäfte das Schild an: »Hier werden keine Waren an Juden abgegeben!«, auch solche Geschäfte, die die Arbeitsfront im Jahre 1938 für ein Minimum ihres Wertes den Juden abgelistet hatte. Von Oktober 1939 an haben Juden keine Bekleidung mehr kaufen können, nicht einmal Näh- und Stopfgarn. Kleiderkarten sind an Juden nicht ausgegeben. Auch über diese staatliche Massnahme war der »Stürmer« ¾ Jahre vorher orientiert worden, denn er kündigte sie an, indem er in jeder Nummer dazu aufforderte, einmal die jüdischen Kleider- und Schuhschränke zu inspizieren. An einigen Orten geschah das auch von August 1939 ab, und den Juden wurden die Kleider und Schuhe aus den Schränken gestohlen und durch die Arbeitsfront teuer verkauft.
Meine in den Jahren 1938 und 1939 gekauften Kleidungsstücke sind jetzt schon zerschlissen, obwohl ich im Hinblick auf meine seit langem geplante Auswanderung nur teure Sachen kaufte. Meine mit einem Gemisch aus Pappe und Lederabfällen im Sommer 1939 besohlten Schuhe sind nun alle durchgelaufen. Die Sohlen haben mit Absätzen 8.– RM gekostet, also 100% mehr als vor Hitlers Zeiten.

Parteitag des Friedens – Jahr des Friedens! 1939[1]

Mein Logisgeber, Herr Dambacher, erhielt am 31. August abends den Besuch eines »Strassenwarts« in S.A.-Uniform, der ihm im Namen Hitlers auftrug, für »gute

---

1 Kapitelüberschrift weicht von der im Inhaltsverzeichnis ab.

Stimmung und Arbeitslust« in den nächsten Wochen für alle in seiner Familie wohnenden Leute zu sorgen. Dambacher sei in dieser Beziehung für jedes Familienmitglied und jeden Untermieter haftbar.
Wir verstanden, dass diese Mitteilung am nächsten Tage die Kriegserklärung nach sich ziehen würde. Bis dahin aber hielten alle Leute in dem grossen Haus der Escholzstrasse und auch alle in der Nachbarschaft, ausser uns lauter Nazi, alle getroffenen Massnahmen für Taktik: die Teilmobilisation vom 22. bis 26. August, die Ausgabe der Lebensmittelkarten usw. Alles nur, damit die Engländer glauben sollten, es sei Hitler ernst mit einem Krieg und damit sie sich der Eroberung Polens nicht widersetzten! »Unser Hitler will kei Krieg – der kriegt d'Sach so!« sagte die Hausbesitzerin. Jeder vertraute ungeheuer auf den »Parteitag des Friedens« und glaubte, dass er doch wie alljährlich vom 3. bis 10. September in Nürnberg stattfinden würde, da er bis ins Kleinste vorbereitet und im Gegensatz zur Tannenbergfeier am 1. September keineswegs abgesagt war. In Deutschland hat jedes Jahr nach russischem Muster seine besondere Note. Das Jahr 1938 hiess »Parteitag und Jahr der Freiheit« – 1937 hiess »Parteitag und Jahr der Arbeit!« – Die Deutschen konnten sich nicht vorstellen, dass im Jahr des Friedens, drei Tage vor dem Beginn des Parteitags des Friedens, Hitler eine Kriegserklärung abgeben würde. Nichts aber zeigt seine grandiose Verlogenheit besser.

Kriegsbegeisterung

Meine Lage wurde immer schlimmer. Das Arbeitsamt gab mir schon, seit ich nicht mehr bei der Sunlicht-Gesellschaft war, keine Arbeit mehr. Es lag kein Trost in dem Gedanken, dass so viele durch diese Hölle gehen

mussten. Im Gegenteil. Es war doch kein allgemeines Schicksal, wie im Weltkrieg, sondern ein entsetzensvolles Ausnahmeschicksal.
Ich hatte mich mit dem Finanzamt herumzuschlagen und mit der Gestapo. Das erstere wollte mir die steuerliche Unbedenklichkeitsbescheinigung zur Ausreisebewilligung geben. Die Gestapo aber gab keine Passbewilligung, weil ihr mein geschriebener Lebenslauf, den ich, wie jeder Auswanderer, einreichen musste, nicht gefiel. Ich musste noch zu verschiedenen hochnotpeinlichen Verhören in dem gefürchteten Zimmer Nr. 47 antreten, von deren Verlauf meine »Packgenehmigung« abhing. Das heisst, nicht die Genehmigung, mich zu packen, sondern meine Koffer. Das städtische Bürgersteueramt heischte 72.– RM bereits bezahlter Bürgersteuer von mir. Wegen der ersehnten Packerlaubnis zahlte ich sie zum zweiten Mal.
Meine mitzunehmenden Sachen wurden nicht mehr von der Zollfahndungspolizei auf ihren Wert und den zu zahlenden »Golddiskont« geprüft, sondern von einem Gerichtsvollzieher, der sich zwei Stunden bei mir aufhielt und pro Stunde 22.– RM bekam. Die Zollbeamten hatten zu wenig Geld erpresst, darum mussten jetzt »Fachleute« taxieren. Wer noch vor dem 1. August 1939 fortkam und nicht unter die seitdem verschärften Bedingungen fiel, konnte noch von Glück sagen. Die Bedingungen hatten sich 1939 seit jedem Monat verschärft. Immer grösser wurde die christliche Gier nach dem letzten jüdischen Hemde. Goebbels hat 1933 im Berliner Sportpalast gesagt: »Ich werde die Juden nur mit Hemd und Hose bekleidet aus dem Lande jagen!« Dieses Versprechen hat er gehalten. Ich musste für meine mir verbliebenen Habseligkeiten den dreifachen Einkaufswert zahlen.
Am 24. August standen meine Koffer gepackt und im letzten Augenblick von Zollinspektor Fehlhaber plombiert in meinem Zimmer, aber der Speditionsfirma

Schenker waren 36 Lastautos und 50% ihrer Arbeiterschaft zum Militär eingezogen, und sie hatte keine Zeit, die Koffer abzuholen. – Bei allen andern, politisch unbedenklichen Leuten kam mit der Packerlaubnis auch die Passerteilungserlaubnis. Ich telefonierte am 24. August mit der Devisenstelle in Karlsruhe und erhielt eine halbe Zusage. Am 25. fuhr ich wieder um 6 Uhr früh hin. Vergeblich. Am 28. August telefonierte ich wieder, und am 29. August fuhr ich noch einmal hin, als die Züge schon sehr unregelmässig gingen und meist Militär nach Osten beförderten. Da hiess es, die Passerlaubnis würde erteilt und am selben Tage nach Freiburg zum Passamt geschickt, mitnehmen dürfte ich sie nicht.

Am 30. August bekam ich die Nachricht von meiner Tochter, dass der Krieg unvermeidlich sei und dass er vor dem Nürnberger Parteitag noch ausbrechen würde. Ich sollte sofort zu ihr nach London abreisen. Der englische Konsul in Frankfurt am Main würde mir das Visum im Pass eintragen, er habe den Auftrag dazu vom Home Office erhalten. Am gleichen Morgen sollte ich also nach Frankfurt fahren und von da über Freiburg zurück, ohne dort auszusteigen, nach Basel; in Zürich würde ich wahrscheinlich meinen aus Afrika kommenden Sohn noch einen Tag sehen, und dann sollte ich nach England fliegen. Nach diesem Brief überwand ich mich, noch einmal zur Gestapo zu gehen und um Beschleunigung der Passerlaubnis zu bitten. Dort wurde ich gefragt, ob ich Englisch könnte, was ich unwahrheitsgemäss verneinte. Auf dem Passamt, wohin ich täglich ging, hiess es immer, man wüsste von keiner Auswanderungserlaubnis für mich. Am 31. August fuhr ich zum letzten Mal früh um 6 Uhr nach Karlsruhe. Das heisst, ich wollte fahren, aber es fuhren nur noch ganz wenig Züge. Der Freiburger Wartesaal war voll von Breisachern und andern Bewohnern des rechten Rheinufers, die um 5 Uhr morgens mit der Kaiserstuhlbahn gekommen waren und auch nicht weiter ins Innere Deutschlands fahren konnten.

Aufgeregt und übernächtigt hingen die Flüchtlinge auf den Bänken, meist Frauen und Kinder. Sie kamen aus der ersten Kriegszone; Freiburg und Karlsruhe waren durch Anschlag des General *von Brauchitsch* zur zweiten Kriegszone erklärt. Ich kannte vom sonntäglichen Schwimmen im Rhein viele der anwesenden Breisacher. Unter ihnen war plötzlich kein Nazi. Wie sie mir erzählten, gab es in Breisach überhaupt keine Nazi mehr, ausser denen, die an der Parteikrippe sassen. Seit sieben Jahren hatte ich nicht so herzerfrischend auf Hitler schimpfen hören. Dann machte ein S.S.-Mann bekannt, dass man sich auf den Bahnsteig setzen und auf einen Zug warten sollte, da auch der ausgegebene »Notfahrplan« nicht mehr massgebend sei, und dass die gelöste Fahrkarte überhaupt keine Beförderungsberechtigung mehr darstelle.
Um 9 Uhr bekam ich einen Zug, der um ½ 12 in Karlsruhe eintraf. Es war sehr heiss geworden. Ich lief wie toll zur Devisenstelle, da die Trams auch nicht mehr regelmässig fuhren. Die Devisenstelle schloss Punkt 12 Uhr. Aufgeregt kam ich um 10 Minuten vor 12 Uhr auf dem Auswanderungsamt im 4. Stock an. Da schrie mir ein mit Rotstift geschriebenes Plakat entgegen: »Es finden vorläufig keine Auswanderungen statt. Die Sprechstunden sind aufgehoben!« Ich stürmte trotzdem in ein Zimmer, aus dem ich Sprechen hörte. Drinnen sassen zwei Herren und eine Dame, alle drei Zigaretten rauchend. Ich fragte, weshalb ich die telefonisch zugesagte Passerlaubnis nicht bekommen hätte, wegen der ich nun schon so oft von Freiburg hergefahren wäre. Der eine Beamte fragte zurück, ob ich nicht lesen könnte. Mein Eindringen sei eine echt jüdische Unverschämtheit. Der andere Beamte begleitete mich hinaus und sagte mir draussen, ich würde einen Pass bekommen. Ich bat, mir die Genehmigung gleich mitzugeben, aber es hiess, sie sei noch nicht geschrieben, und jetzt sei es 12 Uhr, und da würde sie auch nicht mehr geschrieben.

Ich ging also niedergeschlagen zum Bahnhof zurück. Bis 6 Uhr abends musste ich warten, dann fuhr ein völlig überfüllter Zug mit Karlsruher Flüchtlingen ab, die mit mir bis Offenburg fuhren und dort in den Bodenseezug umstiegen. Ich wurde mit drei Müttern und sechs Kindern, die ihre Puppen und Hampelmänner an sich drückten, in ein Kupee gepfercht. Die Ehemänner der jungen Frauen kamen in den Wagen und nahmen rührenden Abschied. Sie hatten ihre Mobilmachungsorder schon bekommen. Keiner kannte den andern, aber alle sprachen gegen den Krieg. Die Aufregung löste die Zungen. In Baden-Baden stieg noch ein Soldat zu uns herein. Da wurde das Gespräch noch defaitistischer. Er sagte, kein gedienter Soldat wäre kriegsbegeistert, das wären nur die jungen Burschen, die erst das halbe Jahr Arbeitsdienst hinter sich hätten. Angesichts der kommenden Leiden und Niederlagen war es mit der sieben Jahre langen Selbstbeherrschung vorbei. Die jungen Frauen bedauerten den kleinen Soldaten, dass er für einen Wahnsinn in Schlacht und Tod gehen sollte. Das allgemeine Gespräch gipfelte in den immer wiederholten Worten: »Ich war noch nie für Hitler!« Keiner von uns fünf Erwachsenen im Kupee hatte noch Angst vorm anderen. Ich als die Älteste von allen, die 1914 erlebt hatte, erinnerte an die Stimmung beim Ausbruch des ersten Weltkrieges. Damals herrschte vollste Meinungs- und Redefreiheit, doch nicht ein Deutscher hätte ein Wort gegen den Krieg zu sagen gewagt. Selbst die Sozialdemokraten wären nicht lebend bis zum Reichstagsufer gekommen, wenn sie die Kriegskredite im Reichstag nicht bewilligt hätten. 1916 kam mein ältester Bruder zu seiner Kriegstrauung auf Urlaub. Er musste seine junge Frau am Tage nach der Hochzeit wieder verlassen, aber er hätte es für unvereinbar mit seiner Offiziersehre gehalten, selbst mir gegenüber Kriegsmüdigkeit zu äussern. Wie furchtbar muss im September 1939 die Verzweiflung gewesen sein, dass man sie äus-

serte, obgleich jedes Wort die Verhaftung kosten konnte! Ich muss allerdings hinzufügen, dass es sich bei allen drei Frauen um solche der gebildeten Stände handelte, die zu Recht in unserm Zweiter-Klasse-Kupee sassen, nur den Soldaten und mich hatte der Schaffner mit einem Dritter-Klasse-Billett dazugesetzt, weil wir keinen andern Platz mehr fanden. Ich merkte am nächsten Tag, dass Proletarierfrauen zum Teil anders dachten.
Mit allen guten Wünschen für das Leben ihrer Männer schied ich in Offenburg von den drei netten Frauen. Jede von uns gab dem jungen Soldaten ein Geldstück.
In Freiburg angekommen, brachte ich am Abend noch meinen Hund zum vierten Mal zu einer Freundin, die in einem eine Stunde entfernten Vorort wohnte. Jeden Abend benutzte Timm die totale Verdunklung, die seit 10 Tagen hergestellt werden musste, um wieder heimzukehren. Punkt 11 Uhr nachts weinte er an der Haustür und rief mit traurigem Wauwau: »Lasst mich ein, lasst mich ein!«
Am 1. September ging ich wieder vergeblich zum Passamt. Ich machte mich mit dem Gedanken vertraut, den Krieg in Deutschland erleben zu müssen. Es war zehn Uhr morgens. Aus den Radios schrie Hitlers Kriegserklärung. An einem offenen Fenster stand ein Lautsprecher, darunter sieben Proletarierfrauen. Ich trat zu ihnen, und da merkte ich, dass doch Kriegsbegeisterung vorhanden war bei solchen Frauen, in denen der Nationalsozialismus die niedrigsten Instinkte geweckt hatte. Sie freuten sich über das herrliche Wetter und begeisterten sich der Kriegsästhetik, wie schön sich das ausnehmen würde, wenn die Flugzeuge aus strahlendem Himmel herunter mit ihren Bomben das ganze Polen vernichten würden. Eine repräsentierte den üblen Typ der Heldenmutter. Sie begnügte sich nicht mit der Vernichtung Polens, denn ihr Sohn dürfte ihr nicht nach Hause kommen, ehe nicht auch die Engländer zu Boden geschlagen wären! Die Englandhetze der Monate Mai, Juni, Juli und August

hatte ihre Früchte gezeitigt. In den Schulen wurden den Kindern die Sünden der Engländer vom Juni 1839 an beigebracht, als vor genau 100 Jahren der Kapitän Elliot zum Schutze der englischen Opiumhändler im Hafen von Canton den Krieg gegen China begann. Seit Juli 1939 an war *Chamberlain* in deutschen Schulen für einen »Verbrecher« erklärt worden.
Hetzplakate gegen England sah ich an jeder Strassenecke, ausserdem im Amtsgericht, im Landgericht, im Finanzamt und auf dem Meldeamt. Nur auf dem Passamt hing keins wegen der dort verkehrenden Ausländer. Es waren graphische und figürliche Darstellungen von Englands »Greueltaten« in den Kolonien, die sie Deutschland »gestohlen« hatten.
Als Hitler in seiner Kriegserklärungsrede sagte: »Ich stehe hier in meiner alten Uniform von 1914 vor Ihnen«, waren die Frauen neben mir tief gerührt. Keine kam auf den Gedanken, dass Hitler, falls er diese Jacke nicht überhaupt aus dem nächsten Theaterfundus holen liess, sie gestohlen haben muss, denn die Uniformen waren Heeresgut und mussten 1918 zurückgegeben werden. Eine eigene hat der Gefreite sicher nicht besessen. Ebenso waren die Frauen gerührt, als Hitler sagte, dass ihm keine Waffe in Deutschland zu schlecht wäre, die er nicht in die Hand nehmen und damit auf die Polen losgehen würde. Am gerührtesten aber waren sie, als Hitler aufheulte: »Achtundvierzig Stunden habe ich gesessen und auf Beantwortung meines 16-Punkte-Vorschlags gewartet«, da weinte eine der Frauen laut und rief aus: »Er kann doch au nit Holz uff sich spalte lo!« – Zuletzt aber durchbrauste die sieben Frauen ein Hochgefühl, als Hitler zum totalitären Krieg aufforderte, Totalität insofern, als das ganze Volk, vor allem die Frauen, ihm mit zum Siege verhelfen müssten. Diese Methode gefiel ihnen – dass sie nun nicht länger, wie seit Hitlers Antritt, passiv in der Politik sein sollten, sondern aktiv eingreifend.
Die S.A. aber war nicht kriegsbegeistert. Sie bangten um

ihre guten Posten und konnten nicht fassen, dass sie höchstselbst den Kopf hinhalten sollten.
Man sah nicht, wie 1914, singend ausmarschierende Truppen, mit Blumen auf dem Bajonett, denen aus allen Fenstern Schokolade und Zigaretten zugeworfen wurden. Diesen Leichenzügen wurden keine Liebesgaben zugeworfen, aus keinem Fenster winkte man ihnen zu. Der traurige Eindruck wurde durch die Drillichanzüge hervorgerufen und durch die bedrückten Gesichter. Ein Feldwebel kommandierte: »1, 2, 3, singt!« – Niemand gehorchte. Die feldgrauen Uniformen schienen noch nicht fertig zu sein.
Viel Ärger erregte der Mangel an Medizinern. Wer nicht eingezogen war von ihnen, musste die Schwerkranken mit den Schwestern zusammen aus den Freiburger Universitätskliniken auf den hohen Schwarzwald evakuieren helfen. Die meisten kamen in die Sanatorien nach St. Blasien und Todtmoos, die dort liegenden Lungenkranken mussten nach Haus fahren. Bei den Ärzten hing ein Schild an der Haustür: »Eingezogen zum Heeresdienst«, manche hatten noch etwas Hurra-Patriotisches dazugeschrieben.
Die Stimmung der Kriegerfrauen, deren Männer schon am 23. August mobilisiert waren und die keinerlei Unterstützung bekamen, die ihre Miete am 31. August nicht bezahlen konnten, die war wirklich von Begeisterung frei. Sie waren die Einzigen, von denen man sagen konnte: »Ihr Nazitum ist über Nacht verschwunden!« In der Kriegerfrauenunterstützung hat die vielgerühmte deutsche Organisation total versagt. Den sich auf dem Fürsorgeamt Meldenden wurde gesagt: »Haben Sie ein Arbeitsbuch?« – Wenn ja, wurden sie zur sofortigen Arbeitsannahme zum Arbeitsamt geschickt. Die Hauswirte werden auch keine Nazi mehr sein, denn sie mussten den Kriegerfrauen sofort die Miete verbilligen. Eine Frau Lisbeth Faller besass ein Arbeitsbuch als Verkäuferin. Ihr wurde eine Stelle zugewiesen. Auf ihre Frage, wo

ihr 10 Monate altes Kind bleiben sollte, hiess es: »Es kommt nach Günterstal ins Waisenhaus!« Herr Faller ist Schuhmachermeister. Seine Frau rechnete mit einem »Blitzkrieg« und zahlte seine Werkstattmiete am 1. September weiter, anstatt die Werkstatt zu kündigen. Sie konnte sich von ihrem Manne nicht verabschieden. Die zuerst Mobilisierten kamen in die Schulhäuser, wo sie auf Stroh schliefen und die sie bis zum Abtransport nach Polen nicht mehr verlassen durften. Frau Faller und viele andere Frauen zogen abends unter die Schulfenster und unterhielten sich mit ihren oben stehenden Männern, die nicht herauskommen durften. Jedermann wusste, dass die Gespräche kontrolliert wurden.

Die Frauen, die ein Kind erwarteten und die bisher, falls sie sich einer ärztlichen Kontrolle unterzogen, vom 4. Monat an einen Liter Vollmilch täglich gratis bekamen, waren ebenfalls verärgert, weil ihnen die Ration am 26. August auf einen halben Liter herabgesetzt wurde.

Die Bauern waren seit zwei Jahren unzufrieden wegen der Zwangsbewirtschaftung. Dort wurde die Stimmung rapid schlechter. Der Bauer Hermann Ott aus Munzingen bei Freiburg, 13 km von der Rheingrenze entfernt, musste im Juni 1939 zwei schwere Pferde zum Militär abgeben. Er erhielt einen Gutschein für die Pferde, und sein Heu blieb draussen liegen. Da die Pferde nicht zurückkamen und das Heu hereingebracht werden musste, kaufte er einen Traktor. Seinen Lastwagen musste er dafür umarbeiten lassen. Am 1. September sprach ich ihn das letzte Mal. Er war sehr aufgeregt, denn soeben waren ihm auch Traktor und Lastwagen gegen Gutschein abgeholt worden.

Diese Zeichen von Unzufriedenheit bedeuten aber noch keine Aktivität gegen die Tyrannen. Bei meinem Fortgang machte das deutsche Volk im Ganzen gesehen noch den Eindruck von Sklaven, die vergessen haben, dass sie in Freiheit aufgewachsen sind.

An eine Niederlage glaubt indessen kaum einer. Auch

die Hitler-Gegner nicht, denn die Lehre der Erlebnisse in Hitlers Raubzügen war ermutigend.
Wie ich jetzt aus Deutschland höre, ist keine Kriegslyrik emporgeschossen. Die Dichter schweigen – sehr im Gegensatz zu 1914, da pünktlich am 4. August die Zeitungen voll von begeisterten Kriegsgedichten waren. Es ist nicht schade drum. Die Kriegslyrik des Heinrich Lersch und Konsorten klingt mir heute noch schauerlich im Ohr:
»Pass auf du, keinen Schuss in die Luft,
Joffre, wärst du dabei, du Schuft!«

Flucht

Samstag, den 2. September, brachte morgens um sechs Uhr ein Polizist die Gestellungsbefehle für die Eschholzstrasse Nr. 20, wo ich seit dem 1. Januar 1939 wohnte, und sonderbarerweise auch einen für meinen Sohn, der die deutsche Erde seit zwei Jahren nicht mehr betreten hatte. Er sollte sich um neun Uhr in einer Schule einfinden. Es war alles vermerkt, was er an eigener Kleidung mitbringen sollte, auch zwei Wolldecken und zwei genagelte Stiefel – im Gegensatz zu 1914, als der Staat alle Soldaten einkleidete. Wie der Irrtum entstanden ist, weiss ich nicht. Mein Sohn hatte keine Zurückstellung mehr vom Militär bekommen. Man fand also wohl seinen Namen in irgendeiner Rekrutenliste.
Jetzt wäre ich auch ohne Pass abgefahren, um irgendwie über die Grenze zu kommen. Ich machte schnell einige Besorgungen und lieh mir eine grosse Schubkarre in einem Malergeschäft, auf die ich mit Hilfe meines Hauswirtes die plombierten Koffer lud und die ich zum Spediteur karrte. Dort hörte ich, dass der Export aller Waren seit einem Tage verboten sei, ausgenommen die, welche sofort Devisen einbrächten. Ich sagte, die Koffer müssten

sofort nach England spediert werden. Das war am 2. September ganz unmöglich. In dem Augenblick kamen einige Schweizer hereingestürzt, die im Schwarzwald zur Kur gewesen waren und auch ihre Koffer exportiert haben wollten. Der Direktor der Speditionsfirma telegrafierte an die Eisenbahndirektion in Karlsruhe und ersuchte um die Ausfuhrgenehmigung für ein »Sammelgut Schweizer Koffer«. Darunter wollte er auch meine Koffer verfrachten, in der Hoffnung, dass Deutschland keine Reiseeffekten von Schweizer Kurgästen zurückhalten würde. Ich nahm das freundliche Angebot dankend an, obgleich ich noch am gleichen Nachmittag mit der Swissair nach Croyden bei London fliegen wollte. Dann lief ich zum Passamt. Tatsächlich war die Passgenehmigung soeben gekommen, aber die beiden S.A.-Leute, die Zigaretten rauchend dasassen und gar nichts mehr zu tun hatten, erklärten, dass während des Publikumsverkehrs keine Pässe angefertigt würden. Am Nachmittag hätten sie frei, dann käme der Sonntag, also solle ich am Dienstag wiederkommen, Montagnachmittag, wenn keine Publikumsstunden seien, würde der Pass geschrieben. Keine Minute früher. Ich ging zum Passamtsdirektor und sagte ihm, ich würde auch ohne Pass über die Grenze kommen. Er antwortete: »Um 12 Uhr ist das Passamt fürs Publikum geschlossen, die Beamten haben aber heute wegen des freien Nachmittags bis ½1 Uhr Dienst. Ich will es versuchen, ob die Beamten um 12 Uhr den Pass anfertigen, aber ich kann nichts versprechen. Kommen Sie um 12.35 Uhr wieder. Also klingelte ich erst einmal den englischen Konsul in Frankfurt am Main an, dessen Visazusicherung ich vor einigen Tagen bekommen hatte, bekam aber keine Antwort am Telefon. Vielleicht war er schon nach England abgereist. Also schickte ich ihm nur für das Visum 10.– RM und hoffte, es in der Schweiz zu bekommen. Dann lief ich wieder zum Spediteur Schenker und erhielt die freudige Mitteilung, dass die Eisenbahndirektion zustimmend zurücktelegrafiert hatte und dass meine Koffer auf dem Wege nach Basel seien. Pünktlich um ¼ nach 12 Uhr war ich wieder auf dem Passamt, bekam den Pass, auf den ich nun erst die 17 Schweizer Franken holen konnte, die mir von meinem gestohlenen Vermögen für den Rest meines Lebens noch zugebilligt wurden. Um 12.20 Uhr war ich in der Bank, die am Samstag um ½1 Uhr schliesst. Bis 12.25 Uhr hatte der mir wohlwollende Prokurist, der nur noch 10 Sfr. hatte, mir die übrigen 7 bei einer anderen Bank holen lassen, um 12.40 Uhr war ich im Reisebüro und holte meine Flugkarte nach England ab, die ich lange schon bestellt hatte, aber nicht bekam, weil ihr Erwerb auch im Pass eingetragen werden muss. Dann ging ich zum polizeilichen Meldeamt meines Bezirks und meldete mich nach der Schweiz ab. Auf der Gestapo hatte man mir gesagt, das müsse unmittelbar vor meiner Abreise geschehen, weil ich mich ohne Abmeldeschein in keinem Staat polizeilich anmelden könne. Das war eine Lüge. Ich habe den deutschen Abmeldeschein noch nie in den verschiedenen Städten gebraucht, in denen ich mich in der Schweiz mittlerweile, seit dem 2. 9. 1939, aufgehalten habe. In Wirklichkeit wollte die Polizei meine Abreise in Konstanz und Basel signalisieren, um mir die letzten Unannehmlichkeiten zu machen.

Dann ging ich zur Bahn und kaufte ein Billett nach Kreuzlingen in der Schweiz und eins nach Bern. So ging ich mit meinen vier Sommer- und Wintermänteln bekleidet, zwei Handkoffer und Schirm in der Hand, am 2. September mittags durch die Freiburger Bahnhofssperre.

Ich hatte alles wie im Traum besorgt. Wenn man sich ein Ziel so fest vornimmt, erreicht man es auch.

Um das Schweizer Visum zu besorgen, war es zu spät. Der Schweizer Konsul wohnt in Mannheim.

Am Bahnhof entrissen mir zwei Helferinnen der nationalsozialistischen Volkswohlfahrt meine Koffer mit »Heil Hitler« und erklärten, da kein Gepäckträger und auch sonst niemand mehr ohne Fahrkarte den Bahnsteig betreten dürfte, wären sie zur Hilfe angestellt. Ich wollte ihnen mein letztes deutsches Geld geben, aber sie wehrten ab: »Nein, danke, wir tun in dieser herrlichen Kriegszeit alles für unsern Führer!« Also steckte ich das Geld wieder ein, es wurde bei der Kontrolle in Basel nicht gefunden, und ich tauschte es später in Kreuzlingen für ein paar Schweizer Franken ein.

Mein Plan war, über Offenburg nach Konstanz zu fahren und dort an einen Arzt in Kreuzlingen, dem schweizerischen Teil von Konstanz zu telefonieren, der mich in seinem Auto als Patientin in seine Klinik holen sollte. Ich wusste von diesem Schweizer, der bei Kriegsausbruch noch viele Patienten in Konstanz hatte, die er täglich besuchte, dass er mir helfen würde.

Alle nach Offenburg fahrenden Züge, es waren den ganzen Nachmittag über nur drei oder vier, nahmen aber nur Soldaten mit! Ich traf keinen Zug für Zivilisten. Vergeblich versuchte ich, ein Trittbrett zu erklettern, die Schaffner erklärten: »Wir fahren heute keine Vergnügungsreisenden!« Also brachte ich die Fahrkarte nach Kreuzlingen wieder an den Billettschalter, erhielt das Geld dafür zurück und nahm es auch noch seelenruhig mit nach der Schweiz. Etwas nach sechs Uhr abends fuhr ich nach Basel. Alle mit einem J überstempelten Pässe mussten das Schweizer Visum haben, sonst wurde man nicht hereingelassen. Leute aus ganz oder, wie Freiburg, halb evakuiertem Gebiet, schon gar nicht, und nach drei Tagen wurde der Visazwang für alle in die Schweiz Reisenden eingeführt. Ich dachte aber, ich würde schon irgendwie nach Kreuzlingen kommen, obgleich ich gerade in die entgegengesetzte Ecke fuhr, aber der nach Basel fahrende Zug war der einzige, der mich mitnahm. Auf dem badischen Bahnhof wurden alle Leute nach der Passkontrolle weitergelassen, nur ich nicht. Der eine Beamte machte einen andern auf mich aufmerksam, ich wurde in einen Raum geführt, in dem man mich vor jeder politischen Tätigkeit im Ausland warnte. Wie ich richtig vermutet hatte, telefonierte die Gestapo meine Abreise sofort nach Basel. Ich bezeugte mein gänzliches Desinteresse für Politik und musste noch einige hässliche Äusserungen der S.S.-Leute einstecken. Dann wurde ich in eine Kabine zur Körpervisitation geführt. Die Person, die die Untersuchung vornimmt, ist in Freiburg als gefürchtete Denunziantin bekannt, die auch eine alte Freiburger Dame wegen einer Kleinigkeit schon 1935 in den Tod getrieben hat. Sie sollte ihres Alters wegen nicht sofort verhaftet werden, sondern erst nach Freiburg zurückfahren, sie ging aber gleich in den Rhein bei Basel. Die Kontrollperson hiess mich, mich ausziehen, dann nahm sie aus meiner Handtasche ein Adressenbüchlein, in das ich vorne ein Auswanderergedicht geklebt hatte: »Wenn sich ein Slowak übers Wasser verdingt« von *Theodor Kramer*. Sie las es und brach in Tränen aus. Dann rief sie: »Ach, ich bin immer so gut gewesen gegen die Auswanderer, was habe ich immer für Bedauernis mit ihnen gehabt und nun muss ich selber fliehen!« Sie wohnte in einem Häuschen bei Istein, gerade gegenüber den feindlichen Kanonen am Rheinufer. Ihr Mann war schon vor acht Tagen nach Polen abtransportiert worden. Sie beschrieb mir ihre schöne Wohnung und ihre Wäscheschätze und die vor 4 Jahren angeschafften Möbel und bat mich um Rat, wie sie das alles ins Innere des Landes schaffen könnte. Kinder hatte sie nicht, es war ihr nur so leid um ihre Kisten und Kasten. Ich konnte mich nicht enthalten, zu sagen, dass die Frauen, die sie hier im Laufe der Jahre seit 1933 sich bis aufs Hemd ausziehen liess, noch Etliches mehr verloren hätten, Ehre und Existenz. Sie bat mich erschrocken, mich sofort wieder anzuziehen, meine Koffer öffnete sie gar nicht, das deutsche Geld im Mantel schaute sie nicht an. Da sie mir alles Gute für die Zukunft wünschte, erwiderte ich ihr dasselbe.

Mittlerweile hatte sich der ganze Reisendenstrom verlaufen, sodass ich meinen Plan, unbemerkt durchzuwischen, nicht ausführen konnte. Anstatt nun der Grenzstelle zuzugehen, lief ich wieder zurück, den badischen Bahnhof entlang nach Deutschland. Die Koffer warf ich weg, um schneller laufen zu können, immer in der Hoffnung, irgendeinen Bahnhofsausgang zu finden. Schon nach zwei Minuten fühlte ich eine Hand auf meiner Schulter. Hinter mir stand ein Schweizer Grenzbeamter, meine Koffer in der Hand. Auf seine Frage antwortete ich, dass ich einen Ausgang in der Dunkelheit gesucht hätte, es war mittlerweile ½9 Uhr geworden. Ich wurde nun im Grenzkontrollbüro festgesetzt, und der Beamte sagte, er müsste mich bestrafen wegen Versuchs, die Grenze schwarz zu überschreiten. Es war aber nicht so gemeint. Er telefonierte hin und her, um die Erlaubnis zu erhalten, mir ein Visum ausstellen zu dürfen. Der von mir angegebene Arzt in Kreuzlingen wurde auch angeklingelt, er war aber als Oberstleutnant zum Grenzschutz eingezogen. Seine Frau veranlasste, dass ihr Mann von seinem Grenzort aus mit dem Präsidenten der Fremdenpolizei telefonierte. Schliesslich wurde wieder angeklingelt, dass der Grenzbeamte mich freilassen dürfte, der Arzt übernähme die Bürgschaft für meinen Schweizer Aufenthalt, und der Basler Polizeipräsident Jenni wollte es bei der Berner Fremdenpolizei verantworten, dass mir der gute Grenzbeamte ein Visum in meinen Pass schriebe. Der freute sich ganz riesig, und ich wusste nicht, wie mir geschah, zum ersten Mal nach fast sieben Jahren wieder mit einem menschlichen Polizeibeamten zu sprechen. Nun kümmerte er sich auch noch um meinen Verbleib während der längst hereingebrochenen Nacht. Er klingelte in Zürich in dem Hotel an, in dem ich meinen Sohn vermutete, von dem ich schon so lange nichts mehr gehört hatte und der mir im Juli geschrieben hatte, dass er mich in jenem Hotel erwartete nach seiner afrikanischen Reise, falls es mir gelänge, einen Pass zu bekommen. Dann wollten wir zusammen zu meiner Tochter nach England reisen und er von da weiter zum

Wintersemester nach Cincinnati, um seine Stelle an der Universität anzutreten. In dem Hotel war mein Sohn nicht angekommen, der drei Tage später in französische Gefangenschaft geriet. Dann klingelte der Beamte bei der Swissair an, wann ich nach England zu meiner Tochter fliegen könnte. Die Swissair aber meldete, dass der kontinentale Flug nach England eingestellt sei. Nun nützte mir das Flugbillett nach Croyden auch nichts mehr, und mein englisches Visum verfiel wegen des Krieges.

Nachdem nun meine 17 Schweizer Franken für Telefonate draufgegangen waren, lieh mir der gute Beamte 20 Franken und riet mir, am nächsten Sonntagmorgen die Einladung der Frau »Oberschtlüttnant« in Kreuzlingen anzunehmen. Dann belud er sich mit meinem Gepäck, hatte die grösste Freude, als die deutschen Grenzer mich noch einmal festnehmen wollten, weil sie bei der abermaligen Kontrolle meines Portemonnaies mehr als 17 Franken fanden, und rief ihnen zu: »Däs hab i dem Fraueli gegeben!« Also liessen die deutschen Beamten mich ziehen, mein Beschützer trug meine Koffer zum Zoll, wo es auch wieder gut ging dank seiner Hilfe, und dann brachte er mich zur Tramhaltestelle, bevor er sein Büro wieder aufsuchte für die Nacht. Mit allen guten Wünschen verabschiedete er sich, und da stand ich nun auf einem schweizerischen Bahnhofsplatz. Ich war gerettet.

»Die Freiheit ist begraben – der Traum von drei deutschen Generationen ist ausgeträumt.«

Ein Nachwort von Detlef Garz

Dass in einem Abstand von einem Jahr zwei Publikationen erscheinen, als deren Autorin die nahezu unbekannte Käthe Vordtriede zeichnet, ist ungewöhnlich, kann aber doch mit guten Gründen erklärt werden. Manfred Bosch erläutert in der von ihm 1998 besorgten Ausgabe der »Briefe nach 1933 aus Freiburg, Frauenfeld und New York an ihren Sohn Werner« unter dem Titel »Mir ist es noch wie ein Traum, dass mir diese abenteuerliche Flucht gelang…«, wie es zu der Entdeckung und Veröffentlichung dieser Briefe kommen konnte. Auch die vorliegende Arbeit, die zwischen Januar und März 1940 in der Schweiz erstellte Autobiographie von Käthe Vordtriede, hat ihre eigene Geschichte, und ich will daher zunächst auf den Anlass eingehen, der zu ihrer Abfassung führte.
Käthe Vordtriede reagierte mit dem Erstellen ihrer Autobiographie auf die Auslobung eines »wissenschaftlichen Preisausschreibens«, die von drei an der renommierten Harvard University in Cambridge, Massachusetts tätigen Wissenschaftlern auf den Weg gebracht worden war. Die Professoren Gordon W. Allport (Psychologie), Sidney B. Fay (Geschichte) und Edward Y. Hartshorne (Soziologie) hatten in Zeitschriften und auf Flugblättern »Alle, die Deutschland vor und während Hitler gut kennen!« angesprochen und gebeten, ihre Erfahrungen unter der Fragestellung »Mein Leben in Deutschland vor und nach dem 30. Januar 1933« aufzuschreiben. Als Preisgeld für die besten Beiträge wurde in Verbindung mit der Zeitschrift »Atlantic Monthly« eine Summe von insgesamt 1000 Dollar zur Verfügung gestellt.
Berücksichtigt man alle Einsendungen, so gingen weit über 250

Zuschriften ein, davon etwa 200 autobiographische Manuskripte, die den Anforderungen – cum grano salis – entsprachen. Aufgrund der hohen qualitativen, aber auch quantitativen Anforderungen an die Verfasser der Manuskripte – so sollte der Umfang der eingereichten Beiträge bei wenigstens 20 000 Worten, also bei ungefähr 80 Seiten liegen – war zu erwarten, dass nur eine bestimmte Gruppe innerhalb der Emigranten sich an dem Wettbewerb beteiligen würde; nämlich jene Personen, die gewohnt waren, sich schriftlich zu artikulieren. Tatsächlich haben sich vorwiegend Angehörige der klassischen Professionen der vorgegebenen Aufgabe unterzogen. Es finden sich überwiegend Beiträge von Ärzten, Juristen, Theologen sowie von Lehrern, Journalisten und Künstlern. Auffällig ist die besonders für die damalige Zeit hohe Beteiligung von Frauen, die bei circa 30% liegt. Am bekanntesten ist bislang der aus dem Nachlass publizierte Text des Philosophen Karl Löwith geworden, den dieser aus dem japanischen Exil einreichte (»Mein Leben in Deutschland vor und nach 1933«, Stuttgart 1986).

Käthe Vordtriede teilt in ihrem Brief vom 7. Februar 1940 mit, dass sie von dem Wettbewerb durch den Philosophen an der Züricher Hochschule und Lehrer ihres Sohnes, Fritz Medicus, erfahren hat (Briefe, S. 157). Allerdings muss die Ausschreibung auch in der Schweiz allgemein, besonders jedoch unter politisch Interessierten und Engagierten, sehr früh bekannt gewesen sein, denn bereits am 28. 8. 1939 erfolgte eine lange Auseinandersetzung mit dem Wettbewerb und seinen Bedingungen in der Berner Tagwacht, der offiziellen Zeitschrift der Sozialdemokratischen Partei der Schweiz, durch Walther Victor. Dieser sah das Vorhaben, wie er bereits in der Überschrift »Emigranten als Versuchskarnickel« zum Ausdruck bringt, äußerst kritisch und vertrat die Auffassung, dass zum einen wohl kaum ein Emigrant genügend Zeit für das Abfassen seiner Biographie aufwenden könne, und er unterstellte zum anderen, dass bei einer Teilnahme die Rechtslage im Hinblick auf das Eigentum am Manuskript sowie an den Tantiemen völlig ungeklärt sei.

Bezüglich des zweiten Monitums lässt sich sagen, dass die

Veranstalter des Preisausschreibens in den nachfolgenden Schriftwechseln mit den Teilnehmern alle Rechte der Autoren am Manuskript und an dessen Verwertung anerkannten. Bezüglich des ersten Punktes ist aufgrund der hohen Beteiligung offensichtlich – Käthe Vordtriede zitiert die Preisrichter und spricht davon, »dass wider Erwarten viele Arbeiten ankamen« (Briefe, S. 179) –, dass sich Walther Victor täuschte. Und es ist nicht nur das ausgelobte Preisgeld, das motivierend wirkte, sondern für viele Teilnehmer war es ein Bedürfnis, sich der Ereignisse noch einmal – und nun in schriftlicher Form – zu vergegenwärtigen und zu versichern, sei es einerseits für sich selbst oder auch für die Nachkommen. In diesem persönlichen Sinne formuliert die 1938 aus Wien mit ihrer Familie emigrierte Vera Deutsch: »Ich schreibe diese Erinnerungen nieder nicht so sehr für irgend einen literarischen Zweck als für meinen Sohn Harry [...], damit er für später die Traditionen und Einflüsse kennt, unter denen seine Eltern den größten Teil ihres Lebens gestanden haben. Er soll wissen, was die Bilder an unseren Wänden und in unserem Laden bedeuten, soll wissen, warum wir die Sprache seiner Heimat immer nur gebrochen reden können, warum er keine Großeltern und keine Tanten hat, warum sein Heim ärmer und seine Eltern ärmer sind als die der anderen Kinder. Er soll wissen, dass wir drüben alles getan hatten, um seine Kindheit sonnig und sorglos zu gestalten« (Ms. Vera Deutsch, 18. 3. 1940, S. 1).
Auf der anderen Seite stehen jene Teilnehmer und Teilnehmerinnen, die aus einem explizit politischen Interesse heraus sich an dem Wettbewerb beteiligten. Zu ihnen gehörte zum Beispiel die 1882 geborene *Anna Siemsen*, die, wie Käthe Vordtriede, wenn auch in exponierterer Position, politisch engagiert war und wie diese in die Schweiz emigrieren konnte. »Ich schreibe diese Erinnerungen vor allem deswegen auf, weil ich überzeugt bin, jedes Zeugnis über die deutsche Vergangenheit, die zum Dritten Reiche Adolf Hitlers führte, sei wichtig, weniger um dessen Charakter zu erkennen – der ist heute nicht mehr umstritten –, sondern um zu verstehen, dass dieser Ausgang kein Zufall, kein Unfall war, sondern nichts anderes als letzte Entwicklung von Tendenzen, die von Anbeginn in Hohenzol-

lern-Preußen vorhanden waren und zur europäischen und Weltgefahr wurden durch ihre Verbindung mit den imperialistischen Tendenzen der spät und rasch sich entfaltenden vorwiegend westdeutschen Industrie« (Ms. Anna Siemsen, 25. 3. 1940, S. I).

Das Manuskript von Käthe Vordtriede nimmt eine Mittelstellung zwischen diesen beiden Texttypen ein, weder präsentiert sie geschichtsphilosophische bzw. gesellschaftstheoretische Reflexionen noch neigt sie zur Darstellung einer Familiengeschichte im engeren Sinne. Sie verbindet vielmehr die Schilderung ihrer Beobachtungen und Bewertungen zu Vorgängen innerhalb des makropolitischen Raums Deutschland mit der Darstellung ihrer politischen Aktivitäten in Südwestdeutschland, also einer Mesoebene, sowie mit den lokalen, mikropolitischen Ereignissen innerhalb ihres Wohnortes Freiburg. Zugleich durchbricht sie die Trennung von Öffentlichem und Privatem, indem sie die »großen« historischen Vorkommnisse ebenso wie die vermeintlichen Kleinigkeiten des Alltags in ihre Erzählung aufnimmt und damit zuallererst in ihrer Verflechtung begreiflich macht.

Im Übrigen ist es kein Zufall, dass Käthe Vordtriede zu Beginn ihres Manuskripts die ungewöhnliche Überschrift »Autoergographie« wählt. Sie artikuliert hier, gewissermaßen als Klammer vor die Beschreibung ihres Lebens gezogen, ihr zentrales biographisches Motiv. Leben heißt für Käthe Vordtriede arbeiten und Arbeiten wiederum bedeutet politische Arbeit. Und so verspüren wir in ihrer Darstellung die »Hingabe und die Verantwortlichkeit gegenüber einer Sache«, die Max Weber als ein Kriterium für jene postulierte, die »Politik als Beruf« betreiben. Und umso deutlicher lässt sich dann auch die große Enttäuschung nachvollziehen, die das aufgezwungene apolitische Leben in der Emigration für Käthe Vordtriede mit sich brachte – das gilt zum einen für die kurze Zeit in der Schweiz, aber stärker noch für den fast 25 Jahre währenden Aufenthalt in den USA. Käthe Vordtriede ist zwar dem physischen Tod entronnen, aber dem sozialen Tod, dem Verlust ihres »erfüllten und tätigen Lebens«, konnte sie nicht entgehen.

In ihrer Autobiographie spannt sie den Rahmen ihres Lebens

auf zwischen ihrer politischen Arbeit einerseits und der Fürsorge für die Kinder andererseits. Die Schicksalsbezogenheit ihres Lebenslaufs liegt nun genau darin, dass ihr beides verloren geht: Die Möglichkeit zu einer politischen Arbeit wird ihr durch den Nationalsozialismus genommen, die Fürsorge und das Eintreten für die Kinder kommt gewissermaßen naturwüchsig mit deren Älterwerden in dem Maße, in dem diese selbst für die Gestaltung ihres Lebens verantwortlich werden, abhanden. Dies zu akzeptieren ist schwer für Käthe Vordtriede. Es scheint fast so, als ob die durch die erzwungene politische Untätigkeit brachliegende Energie sich auf die Fürsorge für die Kinder verlagert. Dennoch ist sie keine »overprotective mother« im herkömmlichen Sinn. Eine ihrer großen Leistungen besteht gerade darin, dass sie ihre Kinder, »als es darauf ankommt«, loslassen kann und ihnen damit die Emigration ermöglicht bzw. ihnen diese sogar aufdrängt bzw. vorschreibt. Diese starke und gelegentlich starre und eigensinnige Lenkung führt allerdings ebenfalls dazu, dass sie ihre Kinder auch später, als diese bereits erwachsen sind, mit Rat und – soweit sie kann – mit Tat zu steuern und zu beeinflussen sucht.

Es lässt sich vermuten, dass der frühe Tod ihrer Mutter, die erneute Hinwendung des Vaters zu einer Frau und seine sich daran anschliessende Wiederverheiratung wie auch später ihre eigene rasche Trennung vom Ehemann für Käthe Vordtriede Verlusterfahrungen darstellen, die sie durch eine enge Hinwendung an ihre Kinder zu kompensieren trachtet. Dass ihr dies nicht, dass ihr dies nicht immer geglückt ist, dafür lassen sich nicht nur in ihrer Autobiographie, sondern sowohl in ihren »Briefen« als auch in Werner Vordtriedes »Tagebuch« zahlreiche Hinweise finden.

Das Interesse des Preisrichterkollegiums jedenfalls richtete sich, so der Text der Ausschreibung, genau auf solche Biographien, wie die von Käthe Vordtriede erstellte. Ihm ging es darum, eine »rein wissenschaftliche Materialsammlung, die für eine Untersuchung der *gesellschaftlichen und seelischen Wirkungen des Nationalsozialismus auf die deutsche Gesellschaft und das deutsche Volk* verwendet werden soll«, zu erstellen (Hervorhebungen im Original). Damit verbunden war eine Reihe von

»besonderen Richtlinien«, die die Anforderungen an die zu erstellende Autobiographie spezifizierte. »Ihre Lebensbeschreibung sollte möglichst *einfach*, *unmittelbar*, *vollständig* und *anschaulich* gehalten sein. Bitte BESCHREIBEN Sie wirkliche Vorkommnisse, die WORTE und TATEN DER MENSCHEN, soweit erinnerlich. Die Preisrichter haben kein Interesse an philosophischen Erwägungen über die Vergangenheit, sondern vor allem an einem Bericht persönlicher Erlebnisse. Zitate aus *Briefen*, *Tagebüchern*, *Notizbüchern* und *sonstigen persönlichen Schriftstücken* geben Ihrer Schilderung die erwünschte *Glaubwürdigkeit* und *Vollständigkeit*« (Hervorhebungen im Original, s. Faksimile o. S. 10.)
Liest man Käthe Vordtriedes Autobiographie vor dem Hintergrund dieser Vorgaben, fällt unmittelbar auf, wie eng sie sich an den Text der Ausschreibung gehalten hat. Ja, in ihrem Brief vom 7. Februar 1940 bittet sie ihre nach England emigrierte Tochter *Fränze* »zur Auffrischung ihres Gedächtnisses«, um die Zusendung von 7 oder 8 Mappen mit Unterlagen und Dokumenten per Einschreiben. Hiermit verfolgte sie die Absicht, auf die ebenfalls erhobene Forderung, dass die Manuskripte *»wahrheitsgetreu«* sein müssen, möglichst adäquat einzugehen. Obwohl Käthe Vordtriede kurze Zeit später, nämlich bereits am 13. Februar 1940, diese Bitte, die mit hohem Aufwand und großen Kosten verbunden gewesen wäre, zurücknimmt, war ihr doch daran gelegen, ihrem Beitrag eine Vielzahl von Dokumenten anzufügen. So erfahren wir aus ihrem Brief vom 10. Juni 1940, dass sie nun viele Dokumente, die sowohl für die Einreise wie die Stellensuche wichtig sein könnten, nicht vorlegen kann, da sie diese ihrer Autobiographie als Anlage beigefügt und an die Gutachter gesandt hatte. – Dennoch muss sie für ihre immens detaillierte Darstellung viele Begebenheiten aus dem Gedächtnis zitieren, was gelegentlich zu unrichtigen bzw. ungenauen Informationen, Zuordnungen usw. führt.
Bemerkenswert ist, dass sich Käthe Vordtriedes Autobiographie weder unter den kopierten und im Archiv der Harvard University aufbewahrten Arbeiten noch unter den in diesem Zusammenhang erstellten Mikrofilmen befindet. Sie hat ihren Platz vielmehr auf einer gesonderten Filmrolle, die unter der

Überschrift »on file with Prof. Hartshorne wartime papers« abgelegt ist. Dazu ist wichtig zu wissen, dass einer der Gutachter, nämlich der Soziologe Professor Hartshorne, bereits 1941 die Harvard University verließ und zum United States Government, Coordinator of Information in Washington, D.C. überwechselte.

Hinter dem neutral klingenden Titel des Coordinator of Information (COI) verbirgt sich »der erste zentrale Geheimdienst in der Geschichte der Vereinigten Staaten« (Marquardt-Bigman 1995, 7). Dessen Leiter, »Wild Bill Donovan«, »war der Ansicht, dass für diese Aufgabe die besten Geistes- und Sozialwissenschaftler rekrutiert werden sollten, und als ihn Präsident Roosevelt zum Direktor des COI ernannte, begab er sich mit der ihm eigenen Energie unverzüglich an die Verwirklichung seiner Pläne. Der Mitarbeiterstab der innerhalb des COI bald darauf eingerichteten ›Research and Analysis Branch‹ (R & A) ist später als ›the most brilliant team of analysts in the history of intelligence‹ (W. S. Stephenson) bezeichnet worden« (ebd.).[1]

Weshalb Edward Hartshorne gerade diese Autobiographie (und, wie wir wissen, mindestens zwei weitere) mit nach Washington genommen bzw. von dort angefordert hatte, bleibt unklar, sieht man von der Tatsache ab, dass er eine Verwendung im Rahmen seiner Tätigkeit für den Geheimdienst unterstellte.[2] Der nachstehende, an Käthe Vordtriede gerichtete Brief vom 12. Januar 1942 (vgl. nächste Seite) legt sogar nahe, dass Hartshorne alle Manuskripte während seiner Arbeit für den Geheimdienst in Washington in seinem Besitz hatte und sie,

---

1 In der Biographical Record Section, die der Central Information Division (CID) angegliedert war, arbeiteten eine Reihe von bekannten, zum Teil emigrierten Wissenschaftlern, so Hajo Holborn, Felix Gilbert, Eugene Anderson und Emmy Rado, die Leiterin der New Yorker Außenstelle von Biographical Records (vgl. Marquardt-Bigman 1995, S. 61).

2 Edward Y. Hartshorne wurde nach dem Ende des Krieges von der US-amerikanischen Militärregierung als »Director of the German Universities« eingesetzt. Er wurde am 26. 8. 1946 während der Fahrt auf der Autobahn von München nach Nürnberg erschossen.

auch das kann dann vermutet werden, auf ihre Brauchbarkeit für dessen Zwecke analysierte. Dementsprechend kann weiterhin angenommen werden, dass Hartshorne das Manuskript Käthe Vordtriedes vor der Rücksendung prüfte und dessen Bedeutung für Propagandazwecke erkannte. Wie Käthe Vordtriede in ihrem Brief vom 13. 3. 1942 berichtet, war nämlich vorgesehen, dass sie aufgrund ihrer »reichen Erfahrungen mit den ›housewives in Baden‹ Rundfunkvorträge auf deutsch auf short wave [...] halten« sollte (Briefe, S. 300). Inwieweit dieses Vorhaben realisiert wurde, konnte bisher nicht geklärt werden. Käthe Vordtriede hat ihren Beitrag am 19. März 1940 abgeschickt und die Adresse von Dr. Renner, in der Wiebsteinstrasse in Frauenfeld, Switzerland als Absender vermerkt. Der Brief ging am 14. April 1940 bei den Preisrichtern ein, woraufhin eine Bestätigung am 17. April 1940 erfolgte. Das einzige weitere Dokument zu Käthe Vordtriede, das im Houghton-Archiv der Harvard University vorhanden ist, stammt aus dem Jahr 1942. Es handelt sich um das bereits erwähnte Schreiben; als Adresse ist jetzt angegeben:

Mrs. Kate Vordtriede
151 West 94 St.
New York City

January 12, 1942
Dear Mrs. Vordtriede:
Your letter of January 10 in regard to the return of your manuscript is received. Inasmuch as Dr. Hartshorne, who is now in Washington, D.C., has the manuscripts under his supervision, I am sending your letter to him so that he may answer it.
Very sincerely, [Unterschrift fehlt]

Andere Briefe oder sonstige Dokumente liegen nicht vor. Im Übrigen lässt sich aus der Tatsache, dass das von Käthe Vordtriede eingereichte Manuskript nicht zu denjenigen gehörte, die von den Gutachtern in einem ersten Auswertungsdurchgang im Jahr 1940 bearbeitet worden waren, schließen, dass der Inhalt seinerzeit nicht bekannt war (vgl. Allport/Bruner/Jandorf 1941).

Über das Leben Käthe Vordtriedes wissen wir mittlerweile einiges, über ihre familiäre Herkunft väterlicherseits wissen wir manches, über die Herkunft mütterlicherseits noch vergleichsweise wenig, und kaum etwas ist über das Leben ihrer Stiefmutter und der Stiefschwestern bekannt.[3] Diejenigen Daten, die bisher recherchiert werden konnten und über die Angaben der Autobiographie hinausgehen bzw. diese ergänzen, sollen im Folgenden vorgestellt werden.

Käthe Vordtriede ist am 2. Januar 1891 in Hannover zur Welt gekommen. Ihr Großvater mütterlicherseits, Julius Samuel, ist in Wismar geboren, hatte sich mit Bertha Kleemann verheiratet und ein »Seidengeschäft« in Hannover betrieben. Käthes Mutter, Helene Blumenthal geb. Samuel, wurde am 18. September 1864 in Hannover geboren. Sie war vor ihrer Ehe Lehrerin an der Städtischen Töchterschule in Hannover und starb bereits am 23. Dezember 1892 im Alter von nur 28 Jahren in Herford in Westfalen (vgl. die Wiedergutmachungsakten, Staatsarchiv Freiburg). Zu dieser Zeit waren die Kinder Erich und Georg sechs bzw. vier, Käthe selbst zwei Jahre alt.

Demgegenüber lässt sich die Herkunft der Vorfahren väterlicherseits aufgrund der von Erik Hoffmann erst kürzlich vorgelegten Monographie »Jüdische Nachbarn in Hessisch Oldendorf« recht gut rekonstruieren. Die Familie Blumenthal stammt aus Hessisch Oldendorf, einem kleinen Ort, etwa 40 Kilometer südwestlich von Hannover aus in Richtung Bielefeld gelegen. Ihr Stammbaum kann bis in das 18. Jahrhundert zurückverfolgt werden. Der Metzger, Vieh- und Häutehändler Simson Levi findet im Jahr 1770 zum ersten Mal als Sohn des Itzig (Isaac) Levi urkundliche Erwähnung. Aufgrund der von Napoleon initiierten Emanzipationsgesetze für das »Königreich Westphalen« kam es im Jahr 1808 dazu, »daß die Juden dieselben Rechte und Freiheiten wie alle übrigen Untertanen« (Hoffmann 1998, S. 30) genossen. Verbunden war hiermit, dass

3 Zur Verdeutlichung der zum Teil komplizierten Familienverhältnisse habe ich S. 252f. ein Genogramm eingefügt, das die verwandtschaftlichen Zusammenhänge übersichtlich gliedert.

Genogramm: Käthe Vordtriede

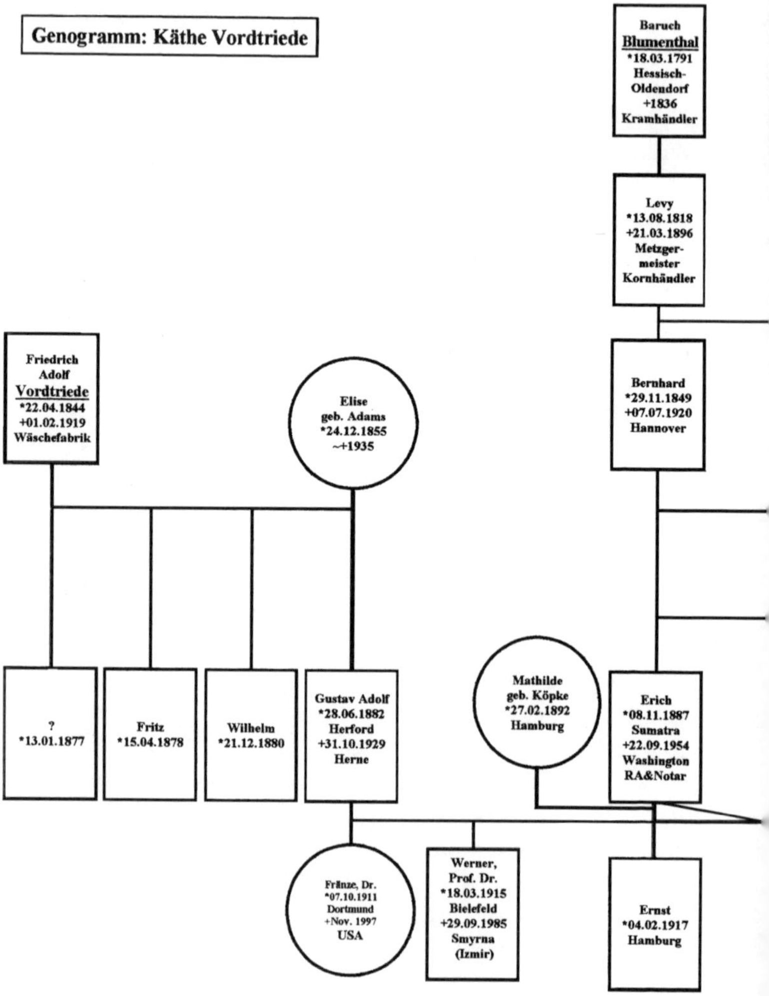

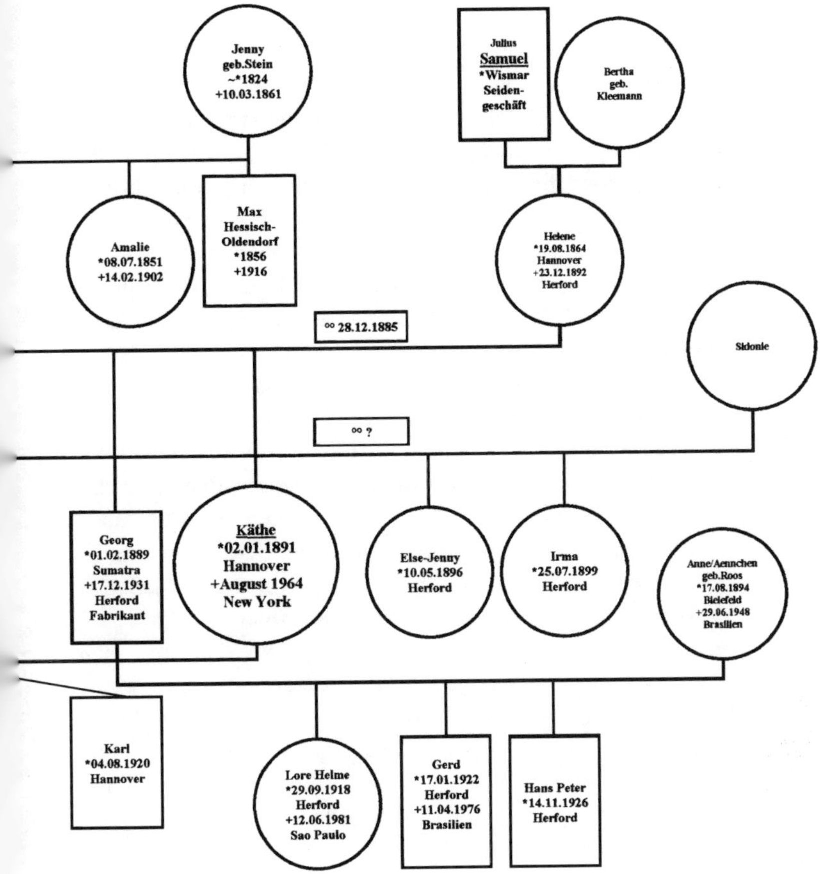
Jenny geb.Stein ~*1824 +10.03.1861
Julius Samuel *Wismar Seiden-geschäft
Bertha geb. Kleemann
Amalie *08.07.1851 +14.02.1902
Max Hessisch-Oldendorf *1856 +1916
Helene *19.08.1864 Hannover +23.12.1892 Herford
∞ 28.12.1885
Sidonie
∞ ?
Georg *01.02.1889 Sumatra +17.12.1931 Herford Fabrikant
Käthe *02.01.1891 Hannover +August 1964 New York
Else-Jenny *10.05.1896 Herford
Irma *25.07.1899 Herford
Anne/Aennchen geb.Roos *17.08.1894 Bielefeld +29.06.1948 Brasilien
Karl *04.08.1920 Hannover
Lore Helme *29.09.1918 Herford +12.06.1981 Sao Paulo
Gerd *17.01.1922 Herford +11.04.1976 Brasilien
Hans Peter *14.11.1926 Herford

diese nun »feststehende Familiennamen« wählen mussten. Die Witwe Simson Levis entschied sich für den Namen Blumenthal, so dass deren Sohn Baruch, der Ururgroßvater von Käthe Vordtriede, der von 1791 bis 1836 lebte, bereits den Namen Blumenthal trug. Er setzte die berufliche Tradition des Vaters fort, firmierte aber bereits als Metzgermeister sowie zusätzlich als Kramhändler.

Baruch Blumenthals Eintreten für den deutschen Staat, auf das auch Käthe Vordtriede hinweist, wird in der Geschichte der Stadt Hessisch Oldendorf ebenso ausführlich geschildert wie in seiner Ironie gewürdigt:

»Als Capitain d'Armes im Kurhessischen Regiment von Biesenrodt hatte er 1814/15 an den sogenannten ›Befreiungskriegen‹ teilgenommen und geholfen, das französische Regime zu vertreiben (das ihn eigentlich befreit hatte). Für diese Pflichterfüllung im ›Kampf für Deutschlands Unabhängigkeit‹ verlieh ihm die kurfürstliche Ordenskommission im Jahr 1823 die ›allergnädigst bestimmte Denk- und Ehren-Medaille‹. Überdies befahl der dankbare Landesherr, Tafeln mit den Namen ›derjenigen Israeliten, welche zur Verteidigung des deutschen Bodens mit ins Feld gezogen, [...] in den Gotteshäusern der Christen‹ anzubringen« (ebd., S. 32).

Der älteste Sohn von Baruch Blumenthal, Levy (Levi), dessen Berufsbezeichnung ebenfalls Metzgermeister, jedoch zudem Kornhändler lautete, was einen weiteren ökonomischen Aufstieg signalisiert, lebte von 1818-1896. In den »Gründerjahren« nach dem deutsch-französischen Krieg von 1870/1871 gelang ihm der ökonomische Durchbruch als »Kaufmann mit Produktengeschäft«.

Von seinen beiden Söhnen führte der jüngere Sohn Max (1856–1916) die Kornhandlung fort. Der Erstgeborene Bernhard (29. 11. 1849 – 7. 7. 1920), Käthes Vater, besuchte dagegen das Gymnasium in Hameln, was sowohl auf einen guten finanziellen Hintergrund als auch auf die Bildungsaspirationen der auf Assimilation und sozialen Aufstieg bedachten Eltern hinweist.

Bernhard Blumenthal nahm am deutsch-französischen Krieg von 1870/71 teil und wurde hoch dekoriert. Im Anschluss daran suchte er sein Auskommen in der Fremde[4]; als Zeitpunkt kann Mitte oder auch erst »Ende der 70er Jahre«, so Elisheva Schoenfeld, die Tochter von Else-Jeny Blumenthal (Käthes Stiefschwester), in einem Brief vom 31. März 1986, angenommen werden.

Auch über Bernhard Blumenthal finden wir unter der Überschrift »Juden und Christen als koloniale Glücksritter« eine recht ausführliche Beschreibung in der Studie von Erik Hoffmann. »Der [...] Sohn Levy Blumenthals, Bernhard Blumenthal, hielt sich zu Beginn der 80er Jahre als Verwalter einer Tabakfarm in der holländischen Kolonie Sumatra[5] auf. Er war mit dem Oldendorfer Carl Krebs befreundet und liess ihn offenbar nachkommen. Krebs schrieb seinem Onkel:

B. Blumenthal hatte [...] Befehl gegeben, uns einen Wagen (2-rädrige Kutsche) nach Medan zu geben [...] und wurde dann richtig zu B. Blumenthal nach Bekalla beordert. [...] Von B. Blumenthal wurde ich natürlich herzlich bewillkommt. Er ist Administrator von einer Plantage, [...] er hat als solcher eine ausgezeichnete Stelle, indem er bei einer guten Ernte ausser seinem Gehalt sehr viel Geld verdient. So hatte derselbe dieses Jahr einen Nettogewinn von 100 000 Gulden, wovon er selbst 10 000 Gulden bekommt.

[Bernhard Blumenthal] wollte bis 1884 in Sumatra bleiben und ›noch gern tüchtige Ernten und hohe Preise fürlieb nehmen‹ und mit einem anständigen Stück Geld nach Hause kommen‹« (ebd., S. 53f.).

Es scheint sicher, dass Bernhard Blumenthal sein Vorhaben, nach Deutschland zurückzukehren, nicht sofort in die Tat umsetzte bzw. nicht längere Zeit in Deutschland verbrachte. So hielt er sich für seine Heirat, die am 28. 12. 1885 erfolgte, lediglich von November 1885 bis zum 30. Dezember 1885 in

4 Die letzte Erwähnung zu Bernhard Blumenthal in Hessisch Oldendorf datiert aus dem Jahr 1870. Hier findet sich sein Name auf einer Liste der Männer, die zum Dienst bei der Feuerwehr eingeteilt sind (diesen Hinweis verdanke ich Herrn Erik Hoffmann).

5 Sumatra gehörte damals zu Niederländisch-Indien, dem heutigen Indonesien; D.G.

Hannover auf und meldete sich dann nach Paris ab.[6] Der älteste Sohn Erich wurde am 8. 11. 1887 in Boeloe-Tijina auf Sumatra geboren. Über den Geburtsort des zwei Jahre später, am 1. 2. 1889 geborenen Sohnes Georg ist nichts bekannt, es gibt jedoch Hinweise, dass auch er auf Sumatra zur Welt kam.
Käthe Vordtriede wiederum, die ja 1891 in Hannover das Licht der Welt erblickte, schreibt, dass sie ihre beiden ersten Lebensjahre in Deli auf Sumatra verbrachte. Dem widerspricht allerdings, dass die am 10. Juli 1891 erfolgte Abmeldung der Familie aus Hannover als neuen Wohnort Herford in Westfalen ausweist. Hier hatte ihr Vater, der sich als Rentier nicht ausgelastet fühlte, zusammen mit dem Kaufmann August Schaper am 4. 4. 1891 eine in Konkurs gegangene Bürstenfabrik übernommen und unter der Firma Schaper und Blumenthal in das Handelsregister eintragen lassen.[7] Nach über 20-jähriger Tätigkeit schied Bernhard Blumenthal am 1. April 1913 mit 64 Jahren aus der Firma, die mittlerweile als Werth & Blumenthal firmierte, aus,[8] und sein Sohn Georg trat seine Nachfolge an. Dieser wiederum verliess die Firma am 23. Juli 1921 und übernahm die Firma König & Boeschke, ebenfalls eine Besen- und Bürstenfabrik (vgl. Schierholz, Geschichte der Herforder Industrie, S. 116f.). Käthe Vordtriede schreibt, dass sie ihre Jugend und die ersten Jahre ihrer Ehe in Herford verbracht hat.

---

6 Die nächste Wohnsitznahme in Hannover, die wohl die Rückkehr nach Deutschland einleitete, umfasste den Zeitraum von September 1890 bis zum Juli 1891 (alle Hinweise zum Aufenthalt der Familie Blumenthal in Hannover verdanke ich Herrn Dr. Peter Schulze).

7 Möglicherweise nutzte Bernhard Blumenthal hier seine Kontakte nach Sumatra, denn die Firma befasste »sich mit der Herstellung von Besen und Bürsten aus überseeischen Pflanzenstoffen, Haaren und Borsten« (Schierholz 1956, S. 117). Für die dort gefertigten Piassavabesen verwendete man Blattfasern von Palmen.

8 Im März 1913 meldete sich Bernhard Blumenthal mit den beiden Töchtern aus seiner zweiten Ehe erneut in Hannover an. Als Berufsbezeichnung gibt er Privatier an, zum Familienstand Witwer. Bernhard Blumenthal stirbt am 7. Juli 1920 in Hannover (diese Hinweise verdanke ich Herrn Dr. Peter Schulze).

Ihr Vater hatte nach dem frühen Tod seiner Frau erneut geheiratet, aus dieser Ehe sind zwei Töchter hervorgegangen. Käthe Vordtriede erwähnt weder ihre Stiefmutter und Stiefschwestern, noch geht sie auf den frühen Tod ihrer Mutter ein.[9]

Von 1897 bis 1906 besuchte Käthe die Höhere Töchterschule in Herford, daran anschließend, von 1907 bis 1909, das Auguste-Viktoria-Lehrerinnen-Seminar in Bielefeld. Hierzu lassen sich keine weiteren Aussagen in den vorliegenden Dokumenten finden. Aus Käthe Vordtriedes Autobiographie erfahren wir erst wieder das Datum ihrer Eheschließung mit dem, wie sie schreibt, »Fabrikanten Gustav Adolf Vordtriede, in Firma Schnabel und Vordtriede, Schokoladenfabrik, Herford in Westfalen, Bünderstrasse«.

Die Ehe wurde am 3. November 1910 in Herford geschlossen. Aus ihr gingen zwei Kinder hervor, die Tochter Fränze kam am 7. Oktober 1911 in Dortmund zur Welt, der Sohn Werner wurde am 18. 3. 1915 in Bielefeld[10], wohin die Familie im Januar 1914 übersiedelte, geboren. Beide Kinder konnten später emigrieren. Werner Vordtriede ging bereits im März 1933 als »Hauslehrer« in die Schweiz, von dort reiste er im April 1938 nach New York weiter;[11] Fränze emigrierte nach dem aus

---

9 Über die zweite Frau Bernhard Blumenthals wissen wir nur den Vornamen Sidonie. Die beiden Töchter Else-Jenny, * 10. 5. 1896, und Irma, * 25. 7. 1899, werden in Herford geboren.

10 Merkwürdigerweise nennt Käthe Vordtriede als Geburtsdatum den 15. 3. 1915. Ich enthalte mich hier jeglicher Spekulation und unterstelle einen aus der Eile entstandenen Tippfehler.

11 Werner Vordtriede studierte ab 1934 in Zürich, erwarb nach seiner Emigration im Jahr 1939 den M.A. an der Universität von Cincinnati mit einer Arbeit über Hölderlin. Er wurde 1945 an der Northwestern University in Evanston promoviert; das Thema seiner Dissertation lautete: *The conception of the poet in the works of Stéphane Mallarmé and Stefan George*. Nach kurzer Lehrtätigkeit an der Rutgers University war er von 1947 bis 1961 Professor an der University of Wisconsin; von 1962 bis zu seiner Emeritierung im Jahr 1976 hatte er eine Professur für Germanistik an der Universität München inne. Er starb am 25. September 1985 »auf einer Reise zu den antiken Stätten der Türkei in Smyrna (Izmir)« (vgl. Weber 1988).

politischen Gründen schon schwierigen, aber erfolgreichen Abschluss ihrer Promotion über den Imagismus (Tag der mündlichen Prüfung war der 20. Dezember 1934) 1935 zunächst nach England, wurde dort nach dem Ausbruch des Krieges interniert und ging nach dessen Ende in die USA.[12]
Auch über den am 28. Juni 1882 in Herford geborenen Ehemann Gustav Adolf Vordtriede, dessen Vater in Herford an einer Wäschefabrik beteiligt war, ist wenig bekannt. Im Hinblick auf die von Käthe Vordtriede erwähnte berufliche Tätigkeit weist die »Geschichte der Herforder Industrie« lediglich die am 1. April 1913 gegründete »Fabrik feiner Schokoladen und Pralinen Hermann Schnabel KG« aus, ohne Gustav Adolf Vordtriede zu erwähnen. Möglicherweise war dieser nur als Komplementär an der Fabrik beteiligt, sodass sein Name in der offiziellen Firmenbezeichnung nicht genannt wurde. Auch wie lange Gustav Adolf Vordtriede in dieser Firma mitwirkte ist nicht bekannt. Jedenfalls schreibt Käthe Vordtriede, dass ihr Mann 1914 zum Militär eingezogen und als ungedienter Landsturmmann[13] auf einem Büroposten hinter der Front eingesetzt wurde.
Es muss nach der Geburt des Sohnes Werner im März 1915 bald zu einer Trennung des Ehepaares gekommen sein – »Werner Vordtriede [...] besaß an seinen Vater schon keine Erinnerung mehr« (Bosch 1998, S. 367). Am 1. September 1916 meldete sich Gustav Adolf Vordtriede nach Karlsruhe ab – ob er dort tatsächlich seinen Wohnsitz genommen hat, ist nicht aufzuklären; eine Anmeldung in Karlsruhe liegt jedenfalls nicht vor. Von einer Scheidung ist nicht auszugehen, da sich Käthe Vordtriede durchgängig als Witwe bezeichnet; zudem war sie Nutznießerin der Lebensversicherung, die nach dem Tod Gustav Adolf

---

12 Dr. Fränze Vordtriede, später Frances Vordtriede-Riley, lebte Mitte der 50er-Jahre in Buckingham, Pennsylvania; sie verstarb im November 1997 in Fort Myers Beach, Florida.

13 In einem Schreiben vom 7. Januar 1957, das sich in den Wiedergutmachungsakten befindet, gibt Käthe Vordtriede jedoch an, dass ihr Mann, »am 1. Weltkrieg in Frankreich bei der Fahrenden Artillerie teilnahm«.

Vordtriedes fällig wurde. – Die angestellten Recherchen konnten erst wieder erweisen, dass Gustav Adolf Vordtriede in den späten 20er-Jahren in Dortmund wohnhaft war und bei einem Eisenbahnunglück in Herne ums Leben gekommen ist. Der Todestag ist der 31. Oktober 1929.

Bereits im Frühjahr 1922 zieht Käthe Vordtriede zusammen mit ihren beiden elf bzw. sechs Jahre alten Kindern nach Todtmoos im Schwarzwald (die Abmeldung aus Bielefeld erfolgte am 26. Mai 1922). Beruflich bedingt scheint dieser Wechsel nicht zu sein, da Käthe Vordtriede zunächst keiner Beschäftigung nachgeht.

Nach einem Aufenthalt in Todtmoos von einem knappen Jahr erfolgt zu Ostern 1923, wie Fränze Vordtriede in ihrem Lebenslauf, der ihrer Dissertation als Anhang beigefügt ist, angibt, ein erneuter Umzug, diesmal nach Freiburg im Breisgau. Käthe Vordtriede arbeitet nun, von Anfang 1923 bis 1925, als Universitätssekretärin am Hygienischen Institut der Universität Freiburg bei dem dort ebenfalls seit 1923 wirkenden Geheimrat Professor *Uhlenhuth*, einem Fachmann für Bakteriologie. Seit 1925 ist sie als freiberufliche Lokalberichterstatterin der sozialdemokratischen »Freiburger Volkswacht«, von 1930 bis 1933 an gleicher Stelle als fest besoldete Lokalredakteurin beschäftigt. Zugleich hielt sie für die Sozialdemokratische Partei Vorträge, die sie weit über Freiburg hinaus in viele Regionen Südwestdeutschlands führten. 1925 kandidierte sie, wenn auch ohne Erfolg, für den badischen Landtag; außerdem war sie in Freiburg »ehrenamtliches Mitglied zweier städtischer Ausschüsse für die Sozialdemokratische Partei (Invaliden- und Jugendwohlfahrt)«. Mit der im März 1933 bewirkten Schließung der Zeitschrift durch die S.A. wurde sie als Lokalredakteurin entlassen.

Käthe Vordtriede musste aufgrund ihrer politischen Aktivitäten unmittelbar nach dem Wahlsieg der Nationalsozialisten mehrere Hausdurchsuchungen über sich ergehen lassen, und im Sommer 1933 wurde sie, vermutlich aufgrund einer Denunziation, verhaftet. In einem Brief vom 7. Januar 1957 an das Landesamt für Wiedergutmachung erläutert Käthe Vordtriede recht lakonisch, wie sie als politisch Verfolgte in »Schutzhaft«

genommen wurde: »Von Zeit zu Zeit erhielten meine Nazinachbarn für ihre Parteimitgliedsbeiträge ein Schauspiel. In meinem Fall haben sie es wohl ausdrücklich verlangt. [...] Der Geistliche Rat, *Karl Kistner* [machte mir – nach meiner Entlassung –] einen Besuch. Er riet mir, mich vor meinen Nachbarn, den Söhnen und dem Schwiegersohn des Wachtmeisters [...] in acht zu nehmen, da sie sich bei der Ortsgruppe Haslach der NSDAP darüber beklagt hätten, dass ich noch immer nicht im Gefängnis gesessen hätte wie alle anderen führenden Sozialdemokraten, obgleich seit so vielen Jahren meine mit meinen Initialen gezeichneten Lokalartikel in der ›Freiburger Volkswacht‹ erschienen wären.«

Das Landesgefängnis Freiburg bestätigt die vollzogene Inhaftierung Käthe Vordtriedes im Rahmen des Wiedergutmachungsverfahrens in einem Brief vom 26. November 1956: »Wie aus der hier vorliegenden polizeilichen Gefangenenliste aus dem Jahr 1933 hervorgeht, saß die s. Zt. 42-jährige, verheiratete Käthe Vordtriede aus Hannover in der Zeit vom 14. 8. 1933, 12.30 Uhr bis zu der am 4. 9. 1933 erfolgten Freilassung hier in Schutzhaft ein. Der Grund ist nicht angegeben« (aus den Wiedergutmachungsunterlagen des Staatsarchivs Freiburg, S. 53).

In dem Schreiben an das Landesamt für Wiedergutmachung vom 7. Januar 1957 geht Käthe Vordtriede auch auf die Ursachen für ihre Verfolgung ein. Augenscheinlich hatte die Behörde gefragt, inwieweit »rassische Gründe« eine Rolle für ihre Emigration spielten. Käthe Vordtriede erläutert in diesem Zusammenhang: »Meine Brüder und ich haben keine jüdische Erziehung genossen, sondern eine evangelische durch die dortigen Missionare [in Sumatra]« (aus den Wiedergutmachungsunterlagen des Staatsarchivs Freiburg, S. 59).

Noch präziser schildert Käthe Vordtriede das Verhältnis ihrer Familie zum Judentum in einem Brief vom 11. November 1933 an die Schweizer Familie, in der Werner Vordtriede als Hauslehrer arbeitete: »Ich weiß auch nicht, ob Werner ihnen sagte, dass auch mein Vater aus dem Judentum austrat. [...] Nie haben wir uns [...] als Juden gefühlt. [...] Der Religionszugehörigkeit nach sind wir es natürlich nie gewesen, mein Vater ließ seine Kinder taufen und hätte nie erlaubt, dass eines einen Juden heiratete. [...] Drüben [auf Sumatra, D.G.] ließ er seine dort geborenen Kinder von einem befreundeten Missionar gleich taufen. Eine Zugehörigkeit zum Judentum konnte er bei seinem dortigen Freundeskreis, der hauptsächlich aus Missionaren bestand, ja auch nicht haben. Wir haben dann in Deutschland nie mit Juden verkehrt« (zitiert nach Weber 1995, S. 143f.).

Da ab 1934 die Verzinsung des in Wertpapieren angelegten Vermögens in Höhe von 20 000.–, das die Lebensversicherung nach dem Tod des Ehemanns auszahlte, von 8% auf 4% sank, war Käthe Vordtriede auf weitere Einkünfte angewiesen. So arbeitete sie von Ende November bis zum Jahresende 1934 als Aushilfe beim Austragen von Waren und Einkassieren von Rechnungen bei einer Wäscheagentin, und von Januar 1935 bis 15. Juli 1938 war sie als Reisende der Firma Sunlicht-Gesellschaft A.G., Berlin, bei, wie sie angibt, recht guter Bezahlung als »Umfragedame«, d. h. als »Marktforscherin«, tätig. Auch diese Tätigkeit musste sie aufgrund der Intervention der S.A. beenden.

Der 1938 im Anschluss an den Novemberpogrom geschriebene Satz aus der Autobiographie »Viele Juden fühlten, dass der Tod unser Ziel und dass das Leben ein sehr ungewisses Geschenk ist« weist auf den an den Tatsachen geschulten, nüchternen Blick Käthe Vordtriedes hin. Doch was sie hier formulierte, ahnte sie bereits frühzeitig. In einem Brief vom November 1933 an die Schweizer Familie, bei der Werner Vordtriede als Hauslehrer arbeitete, beschreibt sie ihre Empfindung. »Als ich im April in allen Zeitungen die gehässigen Ausführungen des badischen Ministers für Kultus und Unterricht [...] las, die besagten, dass der Dr. nur noch an einwandfreie, würdige und anständige Personen verliehen wird, also nicht an Juden, Sozialdemokraten und Kommunisten, seitdem habe ich keine ruhige Minute mehr gehabt« (zitiert nach Weber 1995, S. 143).

Dass schließlich Vertreibung und Tod ihren Preis fordern und dass damit das jüdische Assimilationsprojekt gescheitert ist, auch das hat Käthe Vordtriede früh erkannt und im Jahr 1937

formuliert: »Heute will es mir scheinen, dass die Deutschen ewig Sklaven sein werden, weil sie der Freiheit in den Jahren 1918–1933 nicht wert waren. Die Freiheit ist begraben – der Traum von drei deutschen Generationen ist ausgeträumt.«
Eine weitere Schikane des Jahres 1938 bestand in der erzwungenen Namensänderung für die deutschen Juden, die nun verpflichtet waren, ihrem Vornamen den Zusatz Israel (für Männer) und Sarah (für Frauen) hinzuzufügen. So ist Käthe Vordtriede gezwungen, u. a. an das Standesamt in Herford zu schreiben und um die Ausstellung der »Judenkennkarte« zu bitten.

Freiburg, i. Br., den 24. 12. 1938.

Dem Standesamt,
H e r f o r d i. Westf.

Da ich dem Reichsgesetz nach Jüdin bin, nehme ich den Namen Sarah zusätzlich zu meinem Vornamen an. Ich bitte unter Verwendung der beiliegenden 50=Pfgs.-Marke um Bescheinigung meines Antrags. Sie würden mich sehr verbinden, wenn Sie mir die Bescheinigung baldigst senden würden, da ich meine Auswanderung vorbereite.

Trotz aller Bemühungen kann Käthe Vordtriede Freiburg erst im Herbst 1939 verlassen. Ihr autobiographisches Manuskript endet mit der Schilderung der am 2. September 1939 erfolgten Flucht über Basel in die Schweiz. Darstellungen, die diese Flucht beschreiben, gibt es, darauf weist Manfred Bosch hin (vgl. Bosch 1998, S. 375ff.), in unterschiedlichen Versionen, wobei m. E. der in der nun vorliegenden Autobiographie geschilderten Fassung aufgrund ihrer narrativen Struktur und der Detailtreue große Plausibilität zukommt.
Über Käthe Vordtriedes Aufenthalt in der Schweiz und die damit verbundenen Schwierigkeiten, ihre Emigration in die USA, die am 5. Dezember 1941 erfolgen konnte und über Genf, Barcelona nach Lissabon und von dort »mit dem Dampfer ›Excalibur‹ nach New York« führte, wo sie am 17. Dezember

eintraf, sowie ihr weiteres Leben in dieser Stadt informieren ihre Briefe und das bereits erwähnte Nachwort von Manfred Bosch. Um jedoch abschließend ein Licht auf ihre tief greifenden, lebenslang währenden Schwierigkeiten im Eingangsland zu werfen, ihre, mit Anselm Strauss gesprochen, »cultural dislocation«, referiere ich die von Käthe Vordtriede ausgeübten Tätigkeiten, so wie sie von ihrem Anwalt am 17. Mai 1957 beim Landesamt für Wiedergutmachung in Freiburg aufgelistet wurden. »In den Vereinigten Staaten war die Antragstellerin zunächst als Putzfrau und später als Hausangestellte tätig. Anschließend hieran war sie Bucheinkäuferin für den Verein christlicher junger Männer, danach Verkäuferin in einem Warenhaus. Seit 1946 war sie Fabrikarbeiterin in einer Kleiderfabrik und später einer Schokoladenfabrik sowie in verschiedenen anderen Fabrikationsbetrieben. Von 1947 bis 1949 war sie als Redakteurin bei der New Yorker Staatszeitung und Herold tätig, allerdings gegen ein sehr geringes Entgelt, da sie froh sein musste, wieder in ihrem alten Beruf unterzukommen. Im Februar 1949 verlor sie diese Stellung und war während der folgenden Zeit wiederum im Haushalt tätig. [...] In der Folgezeit war die Antragstellerin bei der Stadtverwaltung in New York tätig, wo sie auch jetzt noch arbeitet und im Einkaufs- und Materialamt tätig ist.« Aufgrund ihres Antrags wurde vom Landesamt für Wiedergutmachung am 29. Juni 1957 festgestellt, »dass sie in ihrem beruflichen Fortkommen nicht nur geringfügig benachteiligt wurde. Hierfür hat sie Anspruch auf eine Kapitalentschädigung. [...] Zur Berechnung der Kapitalentschädigung wird die Antragstellerin nach ihrer Berufsausbildung sowie auch nach ihrer wirtschaftlichen Stellung, die nach dem Durchschnittseinkommen in den letzten 3 Jahren vor Beginn der Verfolgung zu beurteilen ist, in die vergleichbare Beamtengruppe des *einfachen Dienstes*[...] eingereiht« (Hervorhebung D.G.). Dass damit möglicherweise dem Gesetz, keinesfalls aber der Person Käthe Vordtriede Genüge getan wurde, ist offensichtlich.

Käthe Vordtriede starb im August 1964, nachdem sie »1963 einen Herzinfarkt und 1964 erneut einen schweren Herzanfall« erlitten hatte, im Alter von 73 Jahren, kurz bevor sie nach

Deutschland zurückkehren und sich in einem Altersheim in München, in der Nähe ihres Sohnes, niederlassen wollte.

Schluss – Danksagungen

Auch mit der Vorlage der Autobiographie Käthe Vordtriedes und den in Verbindung damit angestellten Recherchen sind nach wie vor viele Fragen und Unklarheiten nicht beantwortet.

Auch dieses Nachwort, das von den genannten Vorarbeiten ausgeht und diese erweitert, ist noch immer mit Unsicherheiten belastet. Einige davon werden durch weitere Recherchen ausgeräumt werden können, andere werden weiterhin fraglich oder prinzipiell nicht mehr aufdeckbar bleiben – ein Zustand, der in der Biographieforschung, speziell bei der Bearbeitung historischer Biographien, durchaus bekannt ist.

Für Hilfe und Unterstützung möchte ich den folgenden Personen wie Institutionen danken: Dem Houghton-Archiv der Harvard Universität, Herrn Christoph Laue vom Kommunalarchiv Herford, Frau Dr. Monika Minninger vom Stadtarchiv Bielefeld, Herrn Dr. Peter Schulze in Hannover, Herrn Erik Hoffmann, Frau Krieg vom Staatsarchiv Freiburg, Frau Heidrun Fink vom Deutschen Literaturarchiv Marbach, Frau Koch vom Stadtarchiv Herne, Frau Eleonore Jüngel vom Stadtarchiv Hessisch Oldendorf, Frau Holtgreve vom Stadtarchiv Dortmund, Frau Dr. Regina Weber in Stuttgart, Frau Michaela Bitter vom Standesamt Herford und dem Institut für Erziehungswissenschaft der Carl von Ossietzky Universität Oldenburg sowie meinen MitarbeiterInnen Ursula Blömer, Stephanie Bretschneider, Axel Fehlhaber, Kathrin Gupta und Stefan Kanke.

Für das Nachwort verwandte Literatur

Allport, G.W./Bruner, J./Jandorf, E. M.: Personality under social catastrophe. Ninety life-histories of the Nazi revolution. In: *Kluckhohn, C./Murray, A. (eds.):* Personality in nature, society and culture. New York 1941, S. 347–366.

Borchmeyer, D./Heimeran, T. (Hg.): Weimar am Pazifik. Literari-

sche Wege zwischen den Kontinenten. (Festschrift für Werner Vordtriede zum 70. Geburtstag.) Tübingen 1985.
Bosch, M.: »Nie, solange das dritte Reich besteht, will ich mich vom Hass reinigen.« Ein Nachwort. In: *Vordtriede, K.:* »Mir ist es noch wie ein Traum, dass mir diese abenteuerliche Flucht gelang…«. Briefe nach 1933 aus Freiburg im Breisgau, Frauenfeld und New York an ihren Sohn Werner. Lengwil 1998, S. 363–387.
Hoffmann, E.: Jüdische Nachbarn in Hessisch Oldendorf. Hameln 1998.
Marquardt-Bigman, P.: Amerikanische Geheimdienstanalysen über Deutschland 1942–1949. München 1995.
Minninger, M. et al. (Hg.): Antisemitisch Verfolgte registriert in Bielefeld 1933–45. Eine Dokumentation jüdischer Einzelschicksale. (Herausgegeben vom Stadtarchiv Bielefeld 1985.) Bielefeld 1985.
Schierholz, G.: Geschichte der Herforder Industrie. Herford 1956.
Vordtriede, F.: Der Imagismus. Sein Wesen und seine Bedeutung. Dissertation Freiburg 1935.
Vordtriede, K.: »Mir ist es noch wie ein Traum, dass mir diese abenteuerliche Flucht gelang…«. Briefe nach 1933 aus Freiburg im Breisgau, Frauenfeld und New York an ihren Sohn Werner. Lengwil 1998.
Vordtriede, W.: Das verlassene Haus. Tagebuch aus dem amerikanischen Exil 1938–1947. München o. J. (1975).
Weber, R.: Werner Vordtriede (1915–1985). In: Jahrbuch der Deutschen Schillergesellschaft 32 (1988), S. 406–422.
Weber, R.: Der emigrierte Germanist als »Führer« zur deutschen Dichtung? Werner Vordtriede im Exil. In: Exilforschung. Ein Internationales Jahrbuch 13 (1995), S. 137–165.

Register

Manche der folgenden Personen werden aus Käthe Vordtriedes Briefen an ihren Sohn Werner (»Mir ist es noch wie ein Traum, dass mir diese abenteuerliche Flucht gelang...) anschaulicher; mit ausgewählten Seitenzahlen wird jeweils auf dieses Buch verwiesen.

Aldington, Richard: englischer Lyriker und Romancier, Mitbegründer des Imagismus (1892–1962).
Arbeiterwohlfahrt: Der Hauptausschuss für A. wurde am 13. 12. 1919 von den Gewerkschaften und der SPD, vor allem auf Betreiben der Frauengruppen unter Federführung von Marie Juchacz gegründet. Dem Hauptausschuss, der sich aus einem Arbeitsausschuss und einem Beirat zusammensetzte, gehörten eine Reihe in der Öffentlichkeit bekannter Personen an: So zählten folgende Personen zu den ersten Mitgliedern des Arbeitsausschusses: »Marie Juchacz als Leiterin; Johanna Heymann als Sekretärin; Fr. Bartels als Kassierer (Max Fechner als Vertreter); Elfriede Reyneck; Ernst Schulze (ADGB); Hedwig Wachenheim, Regierungsrat im Reichsministerium des Innern; Generalkonsul M. Schlesinger; Anna Nemitz, M.d.R., Landeshauptmann Dr. Caspari (Provinz Grenzmark); Karl Schulz (Verband der Krankenkassen Gross-Berlin); Gertrud Hanna, M.d.L.« (Zitiert nach *Juchacz, M./Heymann, J.*: Voraussetzungen und Entwicklung. Berlin o. J., S. 27.)
Asal, Heinrich: Hausmeister, zuständig für Käthe Vordtriedes Siedlungshaus; vgl. Briefe, S. 100f.
Auerbach, Berthold: d. i. Moses Baruch Auerbacher, Schriftsteller, bekannt durch seinen Erzählzyklus »Schwarzwälder Dorfgeschichten« (1812–1882).
August Wilhelm, Prinz von Preußen: (Prinz Auwi) vierter Sohn Kaiser Wilhelms II., SA-Obergruppenführer, 1933 M.d.R., 1948 zu 30 Monaten Arbeitslager verurteilt (1887–1949).
Bacmeister, Ernst: Schriftsteller in Wangen am Untersee, hatte mit antimodernistischen Dramen vor allem während der NS-Zeit seine Erfolge (1874–1971).
Barmat, Julius: Wurde in einen politischen Skandalprozess (zu-

sammen mit *Iwan Kutisker*) verwickelt, der zum Zusammenbruch seines Konzerns führte (1887–?).

Bartels, Adolf: Schriftsteller, Antisemit, völkischer Literaturhistoriker, 1933 Professur (1862–1945); vgl. Briefe S. 198.

Bartels, Friedrich: vgl. Stichwort *Arbeiterwohlfahrt*.

Barthel, Max: Schriftsteller, Mitglied der KPD, 1923 SPD, 1933 NSDAP (1893–1975).

Bebel, August: gründete mit Wilhelm Liebknecht die Sozialdemokratische Arbeiterpartei, ab 1892 Vorsitzender der SPD (1840–1913).

Bender, Dr. Karl: Politiker (Zentrum), Oberbürgermeister Freiburgs von 1922–1933 (1880–1970).

Binding, Rudolf Georg: Schriftsteller, ab 1932 Mitglied der Preußischen Akademie der Künste, dort ein nationalkonservatives Führungsmitglied (1867–1938).

Blumenthal, Baruch: Ururgroßvater von *Käthe Vordtriede* (1791–1836); vgl. Nachwort.

Blumenthal, Bernhard (Baruch): Vater von *Käthe Vordtriede* (1849–1919); vgl. Nachwort.

Bock, Max: Freiburger Landtagsabgeordneter (KPD) (1881–1946).

Brauchitsch, Walther von: Generalfeldmarschall, Oberbefehlshaber des Heeres (1881–1948).

Braun, Anton: Direktor am Realgymnasium in Freiburg, wurde 1933 entlassen (1876–?).

Braun, Carl Otto: Politiker (SPD), preußischer Ministerpräsident bis 1932, März 1933 Exil Ascona (1872–1955).

Brie, Friedrich: Professor für englische Sprache und Literatur an der Universität Freiburg; Doktorvater *Fränze Vordtriede*s (1880–1948).

Bröger, Karl: Schriftsteller, Journalist, 1912–1933 Redakteur der Fränkischen Tagespost; Mitglied der SPD, arrangierte sich nach KZ-Haft 1933 mit den Nationalsozialisten (1886–1944).

Carlyle, Thomas: schottischer Schriftsteller (1795–1881).

Carossa, Hans: Arzt, Schriftsteller, 1941 erster Präsident des von Goebbels initiierten »Europäischen Schriftstellerverbands«; Bewunderer Hitlers, sein Verhältnis zum Nationalsozialismus blieb aber ambivalent (1878–1956).

Chamberlain, Sir Joseph Austen: konservativer britischer Politiker (1863–1937).
Claudius, Hermann: Urenkel von Matthias Claudius, SPD-naher Schriftsteller, ließ sich 1933 in die von den Nationalsozialisten »gesäuberte« Akademie der Künste wählen, verfasste u. a. zu Hitlers 50. Geburtstag ein »Führergebet« (1878–1980).
Claudius, Matthias: Schriftsteller, Autor des »Wandsbecker Boten« (1740–1815).
Cuno, Wilhelm: Reeder und Politiker, Dr. jur., 1922 Reichskanzler, 1923 Rücktritt (1876–1933).
Cuntz, Carla: Kommunistin, Ehefrau von *Erwin Cuntz* (1894–1988).
Cuntz, Erwin: Rechtsanwalt, Freidenker, Pazifist, Anhänger der Weltsprache IDO (1878–1977).
Cysarz, Herbert: Literaturhistoriker, Professor in Prag, ab 1938 in München, wo er mit dem Führungsanspruch des deutschen Großreichs auch den Krieg rechtfertigte.
Daluege, Kurt: SS-Oberstgruppenführer und Chef der Ordnungspolizei, hingerichtet (1897–1946).
Dambacher, Wilhelm: Zimmermann, nahm Käthe Vordtriede nach dem Verlust ihres Hauses als Untermieterin auf.
Dehmel, Paula, geb. *Oppenheimer*: Schriftstellerin, verfasste zusammen mit ihrem Mann Richard Dehmel humorvolle Kinderbücher (»Rumpelpumpel«) (1862–1918).
Doolittle, Hilda: US-amerikanische Schriftstellerin, Dichterin, mit ihrem Mann *Richard Aldington* zum Imagismus gehörend (1886–1961).
Duderstadt, Henning (Pseudonym: Max Mackens): Journalist und Schriftsteller (1896–?).
Ebert, Friedrich: Sattler, Politiker (SPD), seit 1905 im Parteivorstand, seit 1913 Mit-Parteivorsitzender, 1919–1925 Reichspräsident (1871–1925).
Eisner, Kurt: Journalist und Politiker (USPD), 1918 von Arbeiter- und Soldatenräten zum bayerischen Ministerpräsidenten gewählt, im Februar 1919 erschossen (1867–1919).
Ermatinger, Emil: Schweizer Literaturhistoriker und Schriftsteller, Professor an der ETH und ab 1912 Professor an der Universität Zürich (1873–1953).

Erzberger, Matthias: Politiker, befürwortete die Annahme des Friedensvertrags von Versailles; ermordet (1875–1921).
Evers [Ewers], Hanns Heinz: Schriftsteller (1871–1943).
Feder, Gottfried: Parteitheoretiker der NSDAP, 1934 »Abschiebung auf den Posten als Reichskommissar für Siedlungswesen«; September 1934 Pensionierung (1883–1941).
Fehr, Bernhard: Professor für englische Sprache und Literatur an der Universität Zürich (1876–1938).
Fritz, Karl [Carl]: Erzbischof in Freiburg (1864–1931).
Fuchs, Carl Johannes: »Kathedersozialist«, Begründer des Freiburger Bauvereins (1865–1934).
Gareis, Karl: Fraktionsführer der USPD im bayerischen Landtag, 1921 ermordet.
Geiler, Franz: SPD-Stadtrat, ab 1945 Bürgermeister Freiburgs (1879–1948).
George, Stefan: einflussreicher Lyriker, Ästhet und Kunsttheoretiker (»Blätter für Kunst«) (1868–1933). *Werner Vordtriede* nahm im Dezember 1933, in einer von der Zürcher »Weltwoche« abgedruckten Entgegnung auf einen Nekrolog, George gegen eine Assoziierung mit dem NS-Führerkult in Schutz.
Gröber, Konrad [Conrad]: seit 1932 Erzbischof von Freiburg (1872–1948). Gröbers Nähe zu den Nationalsozialisten hat KV nicht wahrgenommen.
Grünspan [Grynszpan], Herschel: verübte in Paris das Attentat auf *Ernst vom Rath*, das die Nationalsozialisten zum Vorwand für die »Reichskristallnacht« nahmen.
Haarmann, Fritz: Massenmörder und Polizeispitzel (1879-–925).
Hanna, Gertrud: vgl. Stichwort *Arbeiterwohlfahrt*.
Heidegger, Martin: Philosoph, Rektor der Universität Freiburg ab 21. 4. 1933, Beitritt zur NSDAP am 1. 5. 1933 (1889–1976).
Heymann, Johanna: vgl. Stichwort *Arbeiterwohlfahrt*.
Hichens, Robert: englischer Romanautor (1864–1950). Vgl. Briefe S. 348f.
Hoche, Alfred Erich: Professor für Psychiatrie an der Universität Freiburg, Gegner der Freud'schen Psychoanalyse (1865–1943).
Hofner, Dr. Karl: Kommunalpolitiker (parteilos), 2. Bürgermeister Freiburgs bis 1944 (1878–1968).
Hölz, Max: kommunistischer Politiker, rief 1920 die Räterepub-

lik aus, danach inhaftiert bis 1928. Emigrierte 1929 in die Sowjetunion, von Stalins GPU ertränkt (1889–1933).

Hölzl, Josef: Bürgermeister (SPD) in Freiburg, am 17. 3. 1933 verhaftet (1886–1936).

Huch, Ricarda: Schriftstellerin, trat 1933 aus der Preußischen Akademie der Künste aus (1864–1947).

Huggenberger, Alfred: Schweizer Bauerndichter, Nähe zum Nationalsozialismus (1867–1960).

Johst, Hanns: Schriftsteller, brachte als Chefdramaturg des Preußischen Staatstheaters zu Hitlers Geburtstag 1933 sein »Schlageter«-Drama zur Aufführung, ab 1935 Präsident der Reichsschrifttumskammer (1890–1978).

Juchacz, Marie: Politikerin, Gründerin der *Arbeiterwohlfahrt* (1879–1956); vgl. Stichwort *Arbeiterwohlfahrt* und Briefe S. 199f.

Kantorowicz, Hermann: Rechtsphilosoph, Professor, Nachfolger *Radbruchs* in Kiel, Entlassung 1933, 1933/34 Professur an der New School for Social Research in New York (1887–1940).

Kellermann, Bernhard: Schriftsteller (»Der Tunnel«), verlor seine Mitgliedschaft in der Akademie der Künste 1933 bei der »Säuberung« durch die Nationalsozialisten (1879–1951).

Kerber, Franz K.: seit 1933 Oberbürgermeister in Freiburg, Kreisleiter der NSDAP (1901–1945).

Killinger, Manfred Freiherr von: SA-Obergruppenführer, Gesandter in Bukarest, Selbstmord (1886–1944).

Kircher, Rudolf: Korrespondent, Publizist, Redakteur der FZ (1885–1954).

Kirdorf, Emil: Großindustrieller, lehnte die Weimarer Republik und die Gewerkschaften ab; zeitweise Mitglied in der NSDAP (1847–1938).

Kistner, Karl Wilhelm: katholischer Pfarrer (seit 1903) in Haslach, dem Freiburger Stadtteil, in dem Käthe Vordtriede wohnte (1875–1946).

Knittel, John: Romanautor (»Via Mala«) (1891–1970).

Körner, Theodor: Schriftsteller, schloss sich 1813 dem Lützow'schen Freikorps an (1791–1813).

Kramer, Theodor: österreichischer Lyriker, Sozialdemokrat, Emigration nach Großbritannien 1939, Rückkehr nach Wien 1957 (1897–1958).

Krupp von Bohlen und Halbach, Gustav: Großindustrieller, 1937 Wehrwirtschaftsführer (1870–1950).
Kube, Wilhelm: Redakteur, Politiker (DNVP), ab 1928 NSDAP, Gauleiter und Generalkommissar in Minsk, dort Opfer eines Sprengstoffanschlags (1887–1943).
Kunze, Richard: Politiker, Mitbegründer der DNVP, später NSDAP, 1945 von sowjetischen Soldaten verhaftet und verschollen (1872–1945).
Kürten, Peter: Massenmörder (1883–1931).
Kutisker, Iwan: Inflationsgewinnler, Skandalprozess (zusammen mit *Julius Barmat*), starb während des Prozesses 1927.
Landauer, Gustav: Schriftsteller und Politiker, Anarcho-Sozialist, Mitglied der Münchner Räteregierung, am 1. Mai 1919 nach seiner Gefangennahme erschossen (1870–1919).
Lassalle, Ferdinand: Gründer der sozialdemokratischen Bewegung in Deutschland (1825–1864).
Lehar, Franz: ungarischer Operettenkomponist (1870–1948).
Lessing, Theodor: Schriftsteller und Philosoph, wurde von den Agenten des nationalsozialistischen Sicherheitsdienstes im Exil in Marienbad/Böhmen ermordet (1872–1933).
Ley, Robert: Politiker, Leiter der Deutschen Arbeitsfront, beging Selbstmord (1890–1945).
Liebermann, Max: Maler und Graphiker (1847–1935[sic]).
Liebknecht, Karl: Politiker, zunächst SPD, Ende 1918 Mitbegründer der Kommunistischen Partei Deutschlands, zusammen mit *Rosa Luxemburg* verhaftet und ermordet (1871-1919).
Linke, Paul [Lincke]: Operetten- und Schlagerkomponist (1866–1946).
Lowell, Amy Lawrence: US-amerikanische Schriftstellerin, zur Imagismus-Gruppe gehörig (1874–1925).
Löwenstein, Kurt: Pädagoge und Politiker (USPD, SPD), 1920-1933 M.d.R., 1933 Exil (1885–1939).
Luxemburg, Rosa: sozialistische Politikerin, Ende 1918 Mitbegründerin der Kommunistischen Partei Deutschlands, zusammen mit *Karl Liebknecht* verhaftet und ermordet (1870 oder 1871–1919).
Martzloff, Philipp: Sekretär der Freien Gewerkschaften, 1930–1933 Vorsitzender der Freiburger SPD (1880–1962).

Marum, Ludwig: Politiker (SPD), 1928–1933 M.d.R., im KZ Kislau erdrosselt (1882–1934).

Marx, Wilhelm: Politiker, Zentrumsabgeordneter, Reichskanzler von 1923 bis 1925 und 1926 bis 1928 (1863–1946).

Mayer, Peter: Politiker (SPD), Stadtrat in Freiburg (1885–?); vgl. Briefe S. 24, 200.

Miegel, Agnes: ostpreußische Schriftstellerin, Redakteurin, Nähe zum Nationalsozialismus (1879–1964).

Milch, Erhard: Generalfeldmarschall der Luftwaffe (1892–1972).

Mohr, Heinrich: Priester, NSDAP-Redner (1874–1951).

Möllendorff [Moellendorff], Wilhelm von: Mediziner, Universitätsrektor, der SPD nahestehend, nach nur fünftägiger Amtszeit durch Martin Heidegger als Rektor abgelöst (1887–1944).

Münchmeyer, Ludwig Johannes Herbert Martin: Pfarrer, zunächst Borkum, Mitglied der NSDAP, ab 1930 M.d.R. (1885–1947).

Nußbaum, Christian: SPD-Landtagsabgeordneter (1888–1939).

Paasche, Hans: Berufsoffizier, Publizist, im Ersten Weltkrieg zum Pazifisten geworden, ermordet (1881–1920).

Pacelli, Eugenio: vgl. *Pius XII.*

Papen, Franz von: Major, Reichskanzler Juni bis November 1932, Januar 1933 bis Juli 1934 Vizekanzler, 1938 Ehrenmitgliedschaft der NSDAP (1879–1969).

Parvus-Helphand: Alexander Israel Helphand, genannt Parvus, Berufsrevolutionär und Unternehmer, aus Russland stammend und mit Trotzki befreundet, einflussreicher sozialistischer Theoretiker in Deutschland und Österreich (1867–1924).

Pfempfert [Pfemfert], Franz: Publizist, seine Literaturzeitschrift »Aktion« wurde wegweisend für den deutschen Expressionismus, 1933 emigriert (1879–1954).

Pius XII.: ab 2. 3. 1939 Papst, ursprünglich *Eugenio Pacelli* (1876–1958).

Pound, Ezra: US-amerikanischer Schriftsteller, hielt 1943/44 profaschistische Rundfunkvorträge, 1945–1958 in einer Heilanstalt interniert, beeinflusste grundlegend die Lyrik des 20. Jahrhunderts (1885–1972).

Pressmar, Daniel: Mitbegründer der Freiburger NSDAP, Fraktionsvorsitzender (1891–1962).

Radbruch, Gustav R.: Jurist, Rechtsphilosoph, Universitätsprofessor, Reichsjustizminister (1878–1957).
Rath, Ernst vom: Diplomat, am 9. 11. 1938 von *Herschel Grynszpan* in Paris ermordet (1909–1938).
Reinbold, Georg: seit 1924 Landesvorsitzender der SPD, bis 1933 Vizepräsident des Badischen Landtags, 1933 Emigration (1885–1946); vgl. Briefe S. 16.
Remmele, Adam: SPD-Minister und badischer Staatspräsident (1876–1951). Vgl. Briefe S. 39.
Reventlow, Ernst Graf zu: Marineoffizier, politischer Schriftsteller (NSDAP) (1869–1943).
Ritter, Gerhard: Historiker, Professor für Geschichte an der Universität Freiburg von 1925 bis 1956, nationalkonservativ (1888–1967); vgl. Briefe S. 65f.
Rosenfeld, Kurt: Rechtsanwalt und Politiker, Mitbegründer der Sozialistischen Arbeiterpartei Deutschlands (SAPD), 1920–1933 M.d.R., 1933 Exil (1877–1943).
Roth, Joseph: österreichischer Schriftsteller und Journalist, gestorben im Pariser Exil (1894–1939).
Rothmund, Toni: Erzählerin, Schriftstellerin (1877–1956); vgl. Briefe S. 198f.
Sack, Alfons: Berliner Rechtsanwalt, Verteidiger im Reichstagsbrandprozess.
Sacksoffsky [Sacksofsky], Günther: Freiburger Polizeidirektor (1901–1983).
Sauer, Joseph: Professor, Kunsthistoriker, Universitätsrektor (1872–1949).
Schaffner, Jakob: Schweizer Schriftsteller, wude ein kriegsbegeisterter Sympathisant des Dritten Reichs (1875–1944).
Scheidemann, Philipp: Politiker (SPD), rief im November 1918 die Republik aus, 1920–33 M.d.R, ab 1933 Exil (1865–1939).
Schelshorn, Karl: Polizist, Freiburg (1895–1933).
Schirach, Baldur von: Reichsjugendführer, (1907–1974).
Schlageter, Albert Leo: Freikorpsmitglied; Offizier, wurde nach einem Eisenbahn-Attentat von einem französischen Kriegsgericht in Essen zum Tod verurteilt und erschossen (1894–1923).
Schlesinger, M.: vgl. Stichwort *Arbeiterwohlfahrt*.
Schreck, Karl: Politiker, M.d.R. (SPD) (1873– 1956).

Schwörer [Schwoerer], Paul: Landeskommissär (1874–1959).
Severing, Carl S.: Schlosser, Gewerkschaftssekretär, Politiker (SPD), preußischer Staatsminister (1875–1952).
Seydewitz, Max (Pseudonym: Peter Michel): Journalist, Publizist, Parteifunktionär (1892–1987).
Sieburg, Friedrich: Schriftsteller und Publizist, Korrespondent der Frankfurter Zeitung in Paris (1893–1964).
Siemsen, Anna: Pädagogin und Politikerin (SPD), Professorin an der Universität Jena, 1928–1930 Mitglied des Reichstags, 1933 Emigration in die Schweiz (1882–1952); vgl. Briefe, S. 242.
Siemsen, August: Lehrer, Politiker, Journalist, M.d.R. 1930–32, Bruder und späterer Biograph von *Anna Siemsen*, Emigration nach New York, (1884–1958).
Sklarek, Leo, Max & Willy: Brüder, Inhaber einer Berliner Kleiderverwertungsgesellschaft.
Sollmann, Wilhelm: Redakteur (Rheinische Zeitung) und Politiker (SPD), 1920–1933 M.d.R., 1933 Exil (1881–1951).
Spemann, Hans: Professor für Zoologie an der Universität Freiburg, Nobelpreis für Medizin 1935 (1869–1941).
Spengler, Oswald: Kultur- und Geschichtsphilosoph (»Der Untergang des Abendlandes«), (1880–1936).
Stelling, Johannes: Politiker (SPD), 1921–1924 Ministerpräsident Mecklenburgs, im Juni 1933 von SA-Angehörigen ermordet (1877–1933); vgl. Briefe, S. 39.
Stempfle, Bernhard: ehemaliger Pater, Journalist, NSDAP-Mitglied, redigierte Hitlers »Mein Kampf«, 1934 im Zusammenhang mit dem Röhm-Putsch ermordet.
Stinnes, Hugo: Großindustrieller, Pressezar, Kriegs- und Inflationsgewinnler (1870–1924).
Strasser, Georg [Gregor]: Apotheker, Reichsorganisationsleiter der NSDAP, trat im Dezember 1932 von allen Parteiämtern zurück, ermordet (1892–1934).
Strauß, Emil: Schriftsteller, Landwirt, Siedler in Brasilien, zeitweise in Freiburg lebend, Nähe zum Nationalsozialismus (1866–1960).
Streicher, Julius: Gauleiter, Herausgeber des »Stürmer«, der ersten antisemitischen Wochenzeitung, hingerichtet (1885–1946).

Stresemann, Gustav: Politiker (DVP), Reichskanzler und Außenminister, 1926 Friedensnobelpreis (1878–1929).
Stucken, Eduard: Ägyptologe, Schriftsteller (1865–1936).
Taft, Robert A.: Rechtsanwalt, Sohn des 27. Präsidenten der USA, ab 1939 republikanischer Senator von Ohio und später Initiator des *Taft Hartley Act*, hat – nach *Werner Vordtriedes* Tagebuch (S. 55) – zusammen mit dem US-Botschafter in Paris, William Bullit, die Freilassung Werner Vordtriedes aus dem französischen Internierungslager bewirkt (1889–1953).
Thannhauser, Siegfried: Internist, Leiter der Universitätsklinik Freiburg, Entlassung April 1933, Exil USA 1934, Professur Tufts University bei Boston (1885–1962).
Thyssen, Fritz: Großindustrieller, Gegner der Weimarer Republik, aus Enttäuschung über die Kirchen- und Judenpolitik der Nationalsozialisten floh er 1939 in die Schweiz, 1940 Verhaftung in Frankreich, 1940–1945 Haft in verschiedenen KZs (1873–1951).
Uhlenhuth, Paul: Hygieniker und Bakteriologe, seit 1923 Professor an der Universität Freiburg (1870–1957).
Undset, Sigrid: norwegische Schriftstellerin, Nobelpreis 1928 (1882–1949).
Vordtriede, Elise geb. *Adams*: Schwiegermutter von Käthe Vordtriede, wohnhaft in Herford bei Bielefeld (1855– ca. 1935).
Vordtriede, Fränze Elise Helene: Tochter von Käthe Vordtriede, seit Sommersemester 1930 Studium der Neuphilologie an der Universität Freiburg, wurde mit einer Arbeit über den »Imagismus« promoviert (Tag der mündlichen Prüfung 20. 12. 1934, Referent Prof. Dr. *Friedrich Brie*), emigrierte nach England (Käthe Vordtriede nennt als Datum den 18. 8. 1936), dort 1940 interniert, später weiter in die USA emigriert (Ankunft am 7. 4. 1947), (7. Oktober 1911 in Dortmund – November 1997 in Fort Myers Beach, Florida); vgl. Nachwort.
Vordtriede, Friedrich Adolf: Schwiegervater von Käthe Vordtriede, Fabrikant (22. 4. 1844 – 1. 2. 1919); vgl. Nachwort.
Vordtriede, Gustav Adolf: Ehemann von Käthe Vordtriede, Fabrikant (28. 6. 1882–31. 10. 1929); vgl. Nachwort.
Vordtriede, Werner: Sohn von Käthe Vordtriede, studierte Germanistik, Anglistik und Romanistik in Zürich, 1938–1940 in

Cincinnati, Dissertation 1945 an der Northwestern University in Evanston, 1947–1961 Professor für Germanistik und vergleichende Sprachwissenschaft an der University of Wisconsin; 1962–1976 Professor für Germanistik an der Universität München (18. März 1915 in Bielefeld – 25. September 1985 in Izmir in der Türkei) [Käthe Vordtriede gibt als Geburtsdatum den 15. 3. 1915 an]; vgl. Nachwort.

Vortisch, Minna: u. a. 1909 Gründerin des Vereins für Frauenstimmrecht in Lörrach (1874–1976).

Wachenheim, Hedwig: Lehrerin, Politikerin (SPD), 1928–1933 Mitglied des preußischen Landtags, 1933 Emigration (1891–1969); vgl. Stichwort *Arbeiterwohlfahrt*.

Wagner, Robert: Gauleiter und Chef der Zivilverwaltung im Elsass, 1923 Beteiligung am Hitlerputsch, im August 1946 in Strassburg hingerichtet (1895–1946).

Weber, Johann: Polizist, Freiburg (1886–1933).

Weiss, Dr. Bernhard: 1918 stellvertretender Leiter der Kriminalpolizei Berlin, 1919 Leiter der »Politischen Polizei«, 1925 Leiter der Kriminalpolizei (Abt. IV), 1927–1932 stellvertretender Polizeidirektor von Berlin (1880–1951).

Werfel, Franz: österreichischer Lyriker, Erzähler und Dramatiker, Exil ab 1938 in Frankreich, ab 1940 in den USA (1890–1945).

Werthmann, Lorenz: Prälat, Gründer des Caritasverbandes mit Sitz in Freiburg (1858–1921).

Wessel, Horst: NSDAP- und SA-Mitglied, SA-Sturmführer, bei einer Auseinandersetzung nach finanziellen Unregelmäßigkeiten tödlich verwundet (1907–1930).

Wirth, Joseph: Lehrer, Politiker (Zentrum), Reichsfinanzminister, 1921–1922 Reichskanzler (1879– 1956).

Wittkopp [Witkop], Philipp: Professor, ab 1922 Ordinarius für deutsche Literaturgeschichte an der Universität Freiburg; deutschnational (1880–1942).

Wölfflin, Heinrich: Schweizer Kunsthistoriker, Renaissance-Spezialist, seit 1924 Professor in Zürich (1864–1945).

Wüst, Ida: Schauspielerin (1884–1958).

Zeydel, Edwin: Professor für deutsche Literatur an der Universität Cincinnati, von November 1938 bis Juni 1940 akademischer Vorgesetzter *Werner Vordtriedes* (1893–1973).

Zörgiebel, Karl Friedrich: Politiker (SPD), Polizeipräsident von Köln (1922–1926), Berlin (1926–1930) und Dortmund (1931–1933), (1878–1961).
Zumtobel, Reinhold: seit 1911 Redakteur der Freiburger Volkswacht, seit 1919 deren politischer Leiter, Vorstandsmitglied der Freiburger SPD (1878–1953).

Hauptsächlich verwandte Literatur

Benz, Wolfgang/Graml, Hermann (Hg.): Biographisches Lexikon zur Weimarer Republik. München 1988.

Benz, Wolfgang/Graml, Hermann/Weiß, Hermann (Hg.): Enzyklopädie des Nationalsozialismus. Stuttgart 1997.

Boldt, Werner/Grathoff, Dirk/Kraiker, Gerhard/Suhr, Elke (Hg.) (unter Mitwirkung von *Rosalinde Ossietzky-Palm):* Carl von Ossietzky: Sämtliche Schriften in 8 Bd. Oldenburger Ausgabe. Reinbek bei Hamburg 1994.

Bosl, Karl/Franz, Günther/Hofmann, Hans Hubert (Hg.): Biographisches Wörterbuch zur deutschen Geschichte. Studienausgabe in 3 Bd. München 1995.

Geschichte der Stadt Freiburg im Breisgau. 3 Bände. Hg. im Auftrag der Stadt Freiburg von *Heiko Haumann* und *Hans Schadek*. Stuttgart 1992.

Killy, Walther/Vierhaus, Rudolf (Hg.): Deutsche Biographische Enzyklopädie. München 1995–1997, bisher 6 Bd.

Krohn, Claus Dieter/von zur Mühlen, Patrick/Paul, Gerhard/ Winkler, Lutz (Hg. in Zusammenarbeit mit der Gesellschaft für Exilforschung): Handbuch der deutschsprachigen Emigration 1933–1945. Darmstadt 1998.

Röder, W./Strauss H.A. (Hg.): Biographisches Handbuch der deutschsprachigen Emigration nach 1933 München 1980–1983.

Vordtriede, Käthe: »Mir ist es noch wie ein Traum, dass mir diese abenteuerliche Flucht gelang...« (Herausgegeben von Manfred Bosch). Lengwil 1998. [zit. als: Briefe]

Weiß, Hermann (Hg.): Biographisches Lexikon zum Dritten Reich. Frankfurt am Main 1998.

Käthe Vordtriede hat ihr Typoskript handschriftlich durchnummeriert; es endete mit S. 116. Auch die Jahreszahlen und Kapitelzählungen sind handschriftlich zum Schluss eingefügt worden.
Sie schrieb vermutlich auf einer Schreibmaschine ohne »ß«, jedenfalls setzte sie überall *ss*. In diesem Detail ist der Text so nah an der neuen Rechtschreibung, dass wir ihre *ss*-Schreibung nicht verändert und auch die Trennregeln der neuen Rechtschreibung angewendet haben. Wo dennoch *ß* auftaucht, handelt es sich um buchstabengetreue Abschriften zeitgenössischer Zeitungsberichte, die dem Original beigefügt waren.
Ansonsten blieben die Sonderschreibungen dieser überaus geübten Journalistin bis ins Mundartliche erhalten. Nur an wenigen Stellen wurden Tippfehler verbessert, freilich nicht bei Eigennamen: diese sind im Register in [ ] berichtigt.
Wir konnten bei weitem nicht alle Dokumente abdrucken, die Käthe Vordtriede ihrem Text beigegeben hatte, auch sind manche Zeitungsausschnitte in der Verfilmung nicht ganz enthalten; das ist schade, aber die Journalistin KV wäre ohnehin eine eigene Studie wert. (Dies ist ein Wink für ForscherInnen, die auf der Suche nach einem überaus interessanten Fall im Fadenkreuz von politischem Journalismus und emanzipatorischer Lebensführung sind.)
Die gehäuften [?] auf unseren Seiten 159ff. betreffen die Originalseiten 72–75, auf deren Mikrofilm-Version die Randzonen fehlen.

Abbildungen

Die Abdruckrechte für die Fotos auf *S. 18, 42, 91, 96, 99* liegen beim Schiller-Nationalmuseum und dem Deutschen Literaturarchiv. Wir danken für die freundliche Abdruckerlaubnis.
Das Genogramm auf S. 252f. wurde vom Herausgeber erstellt.
Alle übrigen Abbildungen stammen aus Käthe Vordtriedes Beitrag für das Preisausschreiben.

Bei der Vorbereitung unseres ersten Buchs, das den Namen Käthe Vordtriede wieder kenntlich machen sollte, stellte Manfred Bosch als Herausgeber nach vergeblichen Recherchen in Marbach und Harvard fest: »Leider muss diese Arbeit … als verschollen gelten« *(S. 382)*. Gemeint war ihr Beitrag zum amerikanischen Preisausschreiben (s. o. S. 10). Manchmal wird eine verlorene Schrift auf Papier aber durch geheimdienstliche Konservierung gerettet: Am 18. Januar 1999, mitten im ersten Gespräch mit **Ulrich Ritzel,** dessen spannender Roman **»Der Schatten des Schwans«** dann bald zum Haupttitel dieses Jahres avancierte, kam ein Anruf aus Oldenburg. Detlef Garz, Professor an der dortigen Universität, hatte gerade Käthe Vordtriedes Briefe **(»Mir ist es noch wie ein Traum, dass mir diese abenteuerliche Flucht gelang…«)** gelesen, und der dort noch vermisste autobiographische Text war ihm wohl bekannt. Im Rahmen eines Forschungsprojekts war er auf eine Mikroverfilmung von »war papers« jenes Professor Hartshorne gestoßen, der Käthe Vordtriedes Text offenbar für eine speziellere Verwendung im US-Geheimdienst beiseite genommen hatte *(s. o. Nachwort S. 250ff.)*

Es gibt solche Glückstage in der Verlegerei.

Nur 6 Monate später geht Käthe Vordtriedes »politische Autobiographie« in Druck. Nein, das ist keine übertriebene Hektik: Die Rezeption dieser hervorragenden politischen Journalistin mit ihrem hartnäckig mutigen Blick ist viel zu lange verzögert worden. Wir hoffen noch auf weitere akademische Forschungen *(s. o. S. 278)* und auf alle möglichen journalistischen Einfälle zur Beleuchtung einer noch nicht realisierten Geschichte…

…Käthe Vordtriede lebte als Exilierte z. B. in derselben Stadt New York wie die 15 Jahre jüngere Hannah Arendt… …der in Klaus Manns Tagebüchern (1944–46) erwähnte Hartshorne, mit dem er im Rahmen des PWB (Psychological Warfare Branch) im befreiten Italien die Interviews mit deutschen Kriegsgefangenen auswertete, könnte ja *unser* Mann Hartshorne sein, der den Text der Frau wegen seines unvergleichlichen Nachrichtenwerts vorab aus dem Preisausschreiben entfernt haben mag… …und es wäre doch die Frage wert, ob es zum Putzfrauenalltag dieser hochintelligenten und politisch erfahrenen Vertriebenen in New York, dieser Deutschen, die vom Gedanken nicht loskam: »…dass dieses Land meine eigenen Fähigkeiten brachgelegt und meine eigene Hingabe an Volk und Nation mit Gefängnis und Verachtung bezahlt hat« *(s. o. S. 14)*, nicht eine Alternative hätte geben können, wenn man die deutschsprachigen boys Klaus Mann, Hans Habe oder Saul K. Padover ab 1944 in ihren jobs bei der psychologischen Kriegsführung betrachtet…?

Umschlag: natürlich von Elisabeth Tschiemer Faude *vulgo* Phlox-Art

Gesamtherstellung: Pustet in Regensburg
2 3 4 5   05 04 03 02 01 2000 1999

ISBN 3-909081-13-4

ISBN ↑ HIER